Gaby Hauptmann
Ran an den Mann

PIPER

Zu diesem Buch

Eigentlich wollte sich Eva nach einem anstrengenden Tag nur einen Drink an der Bar gönnen, bevor sie sich wieder zu Hause ihren schwer pubertierenden Töchtern und dem unerledigten Haushalt stellen muss. Einfach nur ein paar Minuten für sich allein sein … Doch plötzlich bemerkt sie, wie sie im Spiegel gegenüber unverwandt von einem dunklen Augenpaar angelächelt wird. Schnell wird sie von dessen Besitzer angesprochen, der sich als Thomas Rau vorstellt und als hartnäckiger Flirter entpuppt. Zum Flirten ist Eva jedoch gar nicht aufgelegt und dieser selbstbewusste Schönling ist auch gar nicht ihr Typ. Aber dennoch, irgendwie geht ihr dieser Thomas nicht aus dem Kopf. Vielleicht wäre es ja doch ganz schön, einen Mann in ihrem Drei-Mädel-Haushalt zu haben? Oder wenigstens einen, der sie auf das Frühlingsturnier ihres Golfclubs begleitet. Es ist jedoch ziemlich unwahrscheinlich, dass ausgerechnet dieser arrogante Kerl der richtige Kandidat dafür ist. Doch andererseits, wie sagen ihre Töchter immer? »Ran an den Mann!«

Gaby Hauptmann, geboren 1957 in Trossingen, lebt als freie Journalistin und Autorin in Allensbach am Bodensee. Ihre Romane sind Bestseller, wurden in zahlreiche Sprachen übersetzt und erfolgreich verfilmt. Außerdem veröffentlichte sie mehrere Erzählungsbände, Kinder- und Jugendbücher.

Triff mich auf www.facebook.de/hauptmann.gaby

Gaby Hauptmann

Ran an den Mann

Roman

PIPER

Mehr über unsere Autoren und Bücher:
www.piper.de

Von Gaby Hauptmann liegen im Piper Verlag vor:

Suche impotenten Mann fürs Leben
Nur ein toter Mann ist ein guter Mann
Die Lüge im Bett
Eine Handvoll Männlichkeit
Die Meute der Erben
Ein Liebhaber zuviel ist noch zuwenig
Fünf-Sterne-Kerle inklusive
Hengstparade
Frauenhand auf Männerpo
Yachtfieber
Ran an den Mann
Nicht schon wieder al dente
Rückflug zu verschenken
Das Glück mit den Männern
Ticket ins Paradies
Hängepartie
Gelegenheit macht Liebe (Hg.)
Wo die Engel Weihnachten feiern
Liebesnöter
Ich liebe dich, aber nicht heute
Liebling, kommst du?
Zeig mir, was Liebe ist
Die Italienerin, die das ganze Dorf in ihr Bett einlud
Scheidung nie – nur Mord!

FSC
www.fsc.org
MIX
Papier aus verantwortungsvollen Quellen
FSC® C083411

Ungekürzte Taschenbuchausgabe
November 2006 (TB 6207)
1. Auflage Juli 2012
3. Auflage April 2017

Umschlaggestaltung: Cornelia Niere mit Bettina Steenbeeke
Umschlagmotiv: Corbis / Shutterstock
Satz: Uwe Steffen, München
Gesetzt aus der Adobe Garamond
Druck und Bindung: CPI books GmbH, Leck
Printed in Germany ISBN 978-3-492-27470-8

Für Heidi und Gabriela.

Danke
für Eure jahrelange Treue,
Fröhlichkeit und Loyalität.

EVA BEACHTETE IHN NICHT, bis sie bemerkte, daß sein Blick sie abtastete. Da beachtete sie ihn noch weniger. Sie drehte sich auf ihrem Barhocker leicht weg und ihm damit den Rücken zu. So, jetzt konnte er weiterschauen. Aber das Gefühl blieb da und lenkte sie ab.

Sie hatte sich nach einem anstrengenden Tag ein Pils an der Bar des Maritim-Hotels gönnen wollen, ganz für sich allein, bevor sie sich zu Hause ihren Töchtern und dem unerledigten Haushalt stellen mußte. Sie brauchte das manchmal. Einfach ein paar Minuten für sich, fern von allem Trubel, jeder Form von Chaos und pubertären Ausbrüchen. Auf diese Weise hatte sie ihre Nerven besser im Griff, ging nicht gleich hoch und konnte auch mal lächeln, statt gleich aus der Haut zu fahren.

Eva nahm noch einen Schluck aus ihrem Glas, und dabei blieb ihr Blick zunächst an der Flaschenbatterie hinter der Theke hängen und dann an den Augen, die sie im Spiegel anschauten. Sie starrte zurück. Es war ein unglaubliches Gefühl, einfach in ein Paar Augen zu schauen, die zu keinem Gesicht gehörten – zwei Whiskyflaschen verdeckten den Rest. Es waren schöne Augen. Dunkle Augen. Und sie bewegten sich nicht.

Langsam drehte sich Eva zu ihrem Barnachbarn. Jetzt hatte er auch ein Gesicht, und die Augen lächelten ihr aus nächster Nähe zu.

»Warum tun Sie das?« fragte sie.

»Was?« wollte er wissen.

Eva schwieg. Wenn er es nicht selbst wußte, was sollte sie dann dazu sagen?

Sie wollte sich wieder wegdrehen, und das schien er gespürt zu haben.

»Sie haben schöne Augen«, sagte er schnell.

Eva musterte das Gesicht zu den Augen jetzt etwas genauer.

Ein leichtes Lächeln zupfte an seinen Mundwinkeln, um die braunen Augen lagen kleine Fältchen, seine Gesichtszüge waren kantig, weich schienen nur die Haare, die leicht gewellt waren und in seine Stirn fielen.

Er müßte zum Friseur, dachte Eva.

»Danke«, sagte sie automatisch.

Alles in allem sah er nicht schlecht aus. Nicht direkt ihr Typ, aber das mußte er ja auch nicht sein, er saß ja nur hier an der Bar.

»Und Sie sind tiefgründig!« fügte er hinzu.

Tiefgründig?

»Haben Sie gerade einen Esoterikkurs für Männer belegt?«

Er mußte lachen und zeigte eine Reihe gleichmäßiger Zähne.

Könnten weißer sein, dachte Eva. Schade.

»Nein«, sagte er. »Ich dachte nur, das kommt gut!«

»Falsch gedacht«, erwiderte Eva, setzte nach einer kleinen Pause aber ein »Wenigstens sind Sie ehrlich« hinzu.

Er lächelte noch immer.

»Was bin ich noch?« fragte Eva und strich sich ihr schulterlanges dunkelbraunes Haar nach hinten. Ich müßte eigentlich auch mal wieder zum Friseur, überlegte sie dabei. Einen neuen Schnitt, eine neue Farbe ... schließlich ist Frühling.

»Verheiratet?« tippte er.

»Stimmt!« Wenigstens auf dem Papier, dachte sie und senkte ihren Blick auf seine Hände. Sie waren erstaunlich feingliedrig und schmucklos.

»Sie auch!« erklärte Eva ohne zu zögern.

Er hob seine Hände, drehte sie langsam und spreizte dabei die Finger. »Nicht einmal der Schatten eines Ringes«, erklärte er.

»Das hat ja wohl nichts zu sagen!« Eva zuckte die Achseln.

»Bei mir schon!« Er lächelte wieder und drehte seine Hand in ihre Richtung. »Ich heiße Thomas. Thomas Rau.«

Sie lachte, gab aber keine Erklärung, sondern ließ sich Zeit, um ihre rechte Hand in seine zu legen.

»Was ist so lustig?« fragte er, und sie stellte ein Glitzern in seinen Augen fest.

»Wir können nie heiraten«, sagte sie und entzog ihm ihre Hand wieder.

»Warum?«

»Sie sind zu empfindlich!« behauptete sie.

»Darf man das bei Ihnen nicht sein?«

Eva griff nach ihrem Pilsglas und leerte es. Das Bier schmeckte bitter und war auch noch warm geworden. Dann schaute sie ihn an und mußte wieder lachen.

»Nein, darf man nicht!« Sie lachte noch immer. »Aber der wahre Grund ist: Ich heiße Eva. Eva Kern.«

»Schöner Name!« Er nickte. »Rauher Kern in einer weichen Schale. Paßt doch!«

»Und wo ist die Schale?«

»Ihre Schale ist schon mal sehr hübsch!«

Eva sah sich nach dem Barkeeper um. Das verschaffte ihr die Gelegenheit, schnell in den Spiegel zu schauen. Hübsch war sie heute sicherlich nicht. Sie war abgekämpft hierher gekommen, hatte sich in ihrer Bluse, die sie schon längst ausmustern wollte, wenig attraktiv gefühlt, und außerdem zwickte ihre Jeans.

Sie war schon den ganzen Tag nicht mit sich selbst eins gewesen.

»Blöder Spruch!« wies sie ihn zurecht.

»Stimmt!« gab er zu.

»Warum tun Sie's dann?« fragte sie und machte dem Barkeeper ein Zeichen für ein weiteres Pils.

»Ich habe gerade das Buch *So flirtet man an der Bar* gelesen und versuche nun, alles richtig zu machen.«

Eva zog eine Augenbraue hoch. »Das ist nicht Ihr Ernst«, sagte sie und wußte nicht, ob er einfach bluffte.

»Was müßte ich dann Ihrer Meinung nach tun?« wollte er wissen.

»Sie könnten sich ein Thema ausdenken. Kultur, Politik, Sport – irgendwas.«

Sie schaute ihn mißtrauisch an. Nahm er sie etwa auf den Arm?

»Okay, lassen Sie mich nachdenken«, sagte er.

Eva rührte sich nicht.

Thomas holte tief Luft, dann richtete er sich auf.

Er war größer, als sie gedacht hatte. Und hatte breite Schultern, wenn ihr sein Hemd auch etwas zu hellblau war. Sie stand eher auf Pastelltöne. Eva schätzte ihn auf etwa vierzig, und auf seinem Kinn sah sie jetzt den Anflug eines leichten Tagesbarts. Je länger sie ihn betrachtete, desto besser gefiel er ihr. Oder lag es am Alkohol?

»Nun gut«, sagte er. »Probieren wir's!«

»Dann los!«

»Haben Sie noch Sex, oder golfen Sie schon?«

Ach, du je, dachte sie und verzog das Gesicht.

»Beides!« sagte sie. »Durchgefallen!«

Sie hatte Thomas schon fast wieder vergessen. Ihre ältere Tochter Caro hatte sie auf dem Handy angerufen und nach Toni gefragt. Toni hieß eigentlich Antonia und war vierzehn. Sie war eben dabei, die Welt zu entdecken. Vorzugsweise die männliche. Eva war sofort von ihrem Barhocker aufgesprungen.

»Hast du sie schon angerufen?«

»Toni hat das Handy ausgeschaltet, die ist doch nicht doof!«

»Zu Hause ist sie wirklich nicht?«

»Mum! Das ist hier kein Palast. Es liegen dreitausend Kleidungsstücke in ihrem Zimmer, aber sie ist sicherlich nicht da!«

»Verdammt!« Es war neun Uhr vorbei, keine Ausgehzeit für minderjährige Schülerinnen.

»Und ihre Freundinnen?«

»Unerreichbar!«

»Die Eltern?«

»Jetzt hör aber auf! Ich mach mich doch nicht zum Affen!«

Caroline hatte recht. Zuviel der Aufregung. Trotzdem mußte Eva nachschauen. Sie machte sich auf den Heimweg. Thomas Rau drückte ihr noch hastig seine Visitenkarte in die Hand, dann war sie weg. Sie scheuchte ihren alten Golf durch die Straßen, um vor ihrem Häuschen auf einige junge Rollerfahrer zu treffen, mit denen Toni gerade herumplänkelte. Sie war gut in Form, das sah Eva auf den ersten Blick. Ein zu kurzes Top für die Jahreszeit, die angesagte Jeans und die Sneakers, die sie ihr nach einer relativ guten Mathearbeit abgeschwatzt hatte. Jetzt kam alles voll zur Geltung.

Tonis Miene verdüsterte sich.

»Guten Abend«, sagte Eva und wußte auch nicht so recht, wie sie sich verhalten sollte. Es waren vier Jungs, die auf ihren Rollern saßen, die Helme lässig über die Rückspiegel gestülpt. Sollte sie nun jedem die Hand geben und warten, daß er sich ihr vorstellte? Ich bin Antonias Mutter, und wer bist du? Das war ihr zu spießig. Das hatte sie schon an ihren eigenen Eltern gehaßt. Sie fingerte den Haustürschlüssel aus ihrer Handtasche und kam sich dabei extrem ungeschickt vor.

»Ist Caro schon da?« fragte sie, um überhaupt etwas zu sagen.

»Wird wohl«, nuschelte Toni und schaute sie ungeduldig an. Am liebsten hätte sie sie mit einer Handbewegung verscheucht, es war ihr deutlich anzusehen.

»Macht nicht so lange, morgen ist Schule!« Sie bekam keine Antwort, hatte aber auch keine erwartet. Als sie sich auf der Schwelle noch einmal umdrehte, nickten ihr die Jungs zu. Immerhin. Das war doch schon mal als Gruß zu werten. Vielleicht hatte ihre Tochter ja gar keinen so schlechten Geschmack.

»Zwanzig Minuten«, sagte sie noch, bevor sie die Tür hinter sich zuzog.

Manchmal haderte sie mit sich selbst, manchmal mit ihrer Umgebung, manchmal mit ihrem Job und manchmal mit ihrem Mann. Und manchmal war auch alles ganz wunderbar, dann freute sie sich über ihre Unabhängigkeit: Sie hatte zwei fast erwachsene Töchter, sie hatte nette Kolleginnen und ein Kilo weniger. Aber eben nur manchmal.

Eva Kern machte sich keine Illusionen. Sie war achtunddreißig Jahre alt, hatte zu früh geheiratet, ihr Mann war als Ingenieur an Entwicklungshilfeprojekten beteiligt und seit der Tsunamiwelle in Südostasien verschollen. Allerdings nur ihr gegenüber. Es war klar, daß es kein Unglück, sondern eine neue Liebe war. Eva versuchte, vor ihren Kindern die heile Familienwelt zu bewahren. Er hat an euch gedacht, er kommt wieder, er hat Geschenke geschickt, aber vor allem an Weihnachten hatte sie damit arge Probleme. Warum sollte ein Vater an Weihnachten nicht dasein können, wenn er es wirklich wollte? Sie spürte, daß er in der Zwischenzeit eine andere Familie hatte, unkomplizierter lebte, deutsche Probleme, deutsche Bürokratie und das deutsche Finanzamt abgestreift hatte und damit leider auch Toni, Caro und sie selbst. Er hatte noch einmal von vorn begonnen.

Sie konnte das nicht, sie konnte nichts abstreifen, sie hatte täglich alles vor Augen. Das Haus, das sie von ihrer Großmutter geerbt hatte und das immer renovierungsbedürftiger wurde, ihren Golf, der dringend neue Reifen brauchte, ihre Mutter, die mit nun vierundsiebzig seltsame Anwandlungen hatte, ihre Töchter, die sie manchmal an die Grenze ihrer Geduld brachten, ihr Job als freie Maskenbildnerin, der ihr immer wieder Existenzängste bescherte, und ihr Haushalt, der sie schlichtweg überforderte. Sie kam einfach nirgends nach. War die Wäsche gemacht, verwilderte der kleine Garten. Hatte sie Unkraut gejätet, verschmutzte das Bad. Sie hatte ständig das Gefühl, hinterherzuhinken. Wenn sie durch das kleine alte Haus ging, entdeckte sie an jeder Stelle etwas. Da wackelte eine Stufe, dort fehlte eine Glühbirne, in der Ecke machten sich Spinnweben breit, und irgendwo tropfte garantiert der Wasserhahn. In ihrem Leben gab es viel zu viele Baustellen, und sie selbst war die größte.

Der Wecker klingelte früh, und Eva mußte sich besinnen. Sie drehte sich noch einmal im Bett herum und überlegte. Es war Dienstag, sechs Uhr fünfunddreißig, sie mußte Toni wecken. Toni brauchte morgens länger als ihre achtzehnjährige Schwester. Und was Eva überhaupt nicht brauchen konnte, war der morgendliche Krach im Bad zwischen den Schwestern. Sie griff nach ihrem Morgenmantel und ging über die knarzenden Dielen ihres Schlafzimmers auf den Flur. Erst dort machte sie Licht und klopfte an Tonis Tür.

»Halb sieben vorbei«, rief sie. »Toni, hörst du mich? Du mußt aufstehen!«

Seitdem kein Mann mehr im Haus war, schloß sich ihre jüngere Tochter ständig ein. Sie behauptete, das Haus sei ihr unheimlich, zu verwinkelt, zu alt, und sicherlich spuke auch ihre Uromi herum, die sie zwar gemocht, die aber auch hier im Haus gestorben war.

Insgeheim gab ihr Eva recht. Sie mußte zwar glücklich sein, denn in ihrer Situation hätte sie nie ein solches Haus mieten können, aber ganz geheuer war es ihr auch nicht. In den Keller ging sie jedenfalls nur bei Tag, obwohl sie das natürlich nie laut gesagt hätte.

Aus Tonis Zimmer kam kein Ton.

»Antonia, hörst du mich? Es ist sechs Uhr vierzig! Du mußt aufstehen!«

Ein schwaches »Ja« war zu ahnen.

»Antonia! Toni!!!«

»Ich bin schon aufgestanden! Ich richte noch meine Sachen!«

Eva überlegte. Dann klopfte sie wieder. »Mach die Tür auf, ich will dich sehen!«

Sie hörte Protest, dann wurde der Schlüssel herumgedreht. Völlig verschlafen, mit Kindergesicht und verwuschelten Haaren, stand ihre Vierzehnjährige vor ihr. Nie und nimmer hatte sie schon ihre Kleider gerichtet.

»Los jetzt! Gleich will Caro ins Bad!«

»Dann soll sie halt nach unten gehen!«

Unten, neben der Küche, gab es noch eine kleine Dusche, die aber mit ihrem winzigen vergitterten Fenster und den grauen Steinfliesen so kalt und ungemütlich war, daß sie nur Konservendosen und Getränkekisten darin stapelten.

»Sei nicht albern! Mach jetzt! Ich habe auch keine Lust, stundenlang auf dem Flur herumzustehen.«

»Dann geh doch einfach wieder ins Bett! Ich komm schon klar!«

»Und wie du klarkommst!«

Sie haßte diese morgendlichen Kraftakte. Aber ohne sie würde Toni erst zur fünften Stunde erscheinen. Oder überhaupt nicht.

Eva ging die kleine Treppe hinunter. Nach dem Tod ihrer Großmutter hatten sie die Wand zwischen Küche und Wohnraum durchbrochen und die kleinen Fenster in den Garten durch Bodenfenster ersetzt. Das war Gerolds letzte Heldentat gewesen, aber immerhin: Es war der schönste Raum im ganzen Haus. Eva wusch zwei Äpfel, richtete zwei Brote, eines mit Nußcreme und eines mit Leberwurst, stellte zwei Getränke dazu und war sich sicher, daß nichts davon in die Mägen ihrer Töchter wandern würde. Sie hatte es schon längst aufgeben wollen, aber der mütterliche Versorgungstrieb hinderte sie noch immer daran.

»Hast du zwei Euro?«

Sie drehte sich um. Caro stand hinter ihr. Sie war groß und hübsch, dunkelhaarig wie sie und büffelte gerade für ihr Abi.

»Wofür?« wollte Eva wissen.

»Ich werde sie nicht verprassen!«

»Ich möchte es aber trotzdem wissen – und sprich nicht so mit mir!«

»Wir haben nachmittags Schule, und ich möchte zu Mittag etwas Kühles trinken – reicht das?«

Eva beschloß, wieder ins Bett zu gehen. Der Tag begann unerfreulich. Sollten sie doch einfach allein klarkommen, sie würde sich die Decke über die Ohren ziehen und alles ausblenden.

»In der Schale«, sagte sie im Hinausgehen.

Auf der Treppe kam ihr Toni entgegen. Sie hatte sich offensichtlich viel Mühe gegeben. Ein schwarzes Band lag über ihren Haaren, in den Ohren glitzerte es rosa, passend zum Anhänger über dem Dekolleté.

»Disko oder Schule?« fragte Eva, hatte aber keine Lust auf weitere Diskussionen.

»Morgen brauchen wir neue Monatskarten«, gab Toni

zur Antwort, und das gab Eva den Rest. Sie würde sich heute einen Depressivtag gönnen, das fiel ihr nicht schwer, denn sie hatte heute keinen Job. Weder beim Sender noch beim Theater und auch nicht bei dem Fotografen, für den sie manchmal arbeitete. Wenn es so weiterging, mußte sie akquirieren. Klinken putzen, sich anbieten. Wie sie das haßte. Und sie konnte es auch nicht. Sie konnte andere gut verkaufen, aber sie selbst war der Samaritertyp, der nichts wollte und nichts brauchte und deshalb auch nichts bekam. Sie streifte den Bademantel ab, ließ sich in ihr Bett fallen, zog die Decke über den Kopf und schwor sich, daß sie morgen angreifen würde. Morgen würde sie die Dinge angehen. Das Haus, ihre Kinder, den Job und sich selbst.

Eva hatte den Tag zur Hausarbeit genutzt. Nach einem späten Guten-Morgen-Kaffee mit geschäumter Milch und drei Stück verbotenem Würfelzucker nahm sie sich die Küche, das Bad und die Toiletten vor. Dabei mußte sie sich ziemlich zusammennehmen, denn sie kam leicht vom Hundertsten ins Tausendste. Eine herumschwirrende Getreidemotte brachte sie dazu, sich sämtliche Nahrungsmittel in ihrem Küchenschrank anzuschauen. In einer halb geöffneten Müslipackung fand sie dann die Bescherung – die versponnenen Fäden sagten ihr alles. Sie warf die gesamte Tüte weg und überlegte gerade, welcher Schritt der nächste wäre – schließlich konnte sie kein Insektenvernichtungsmittel über die Lebensmittel sprühen –, als das Telefon klingelte. Hoffentlich war das nun niemand, der sie lange aufhielt. Sollte sie überhaupt drangehen? Zumindest einmal nach der Nummer schauen, dachte sie.

Der Südwestrundfunk, einer ihrer Arbeitgeber.

Sie wischte sich kurz mit der Hand die Haare aus dem Gesicht, die Küchenschrankakrobatik hatte sie zum Schwitzen gebracht, und drückte den grünen Knopf. Ihre Kollegin hatte sich verletzt, und nun sollte sie für die Landesschau kurzfristig einspringen, sonst hätten die Moderatoren und Talkgäste kein Puder im Gesicht. Eva mußte lachen. Das war typisch für die Produktionsdisponenten. Puder im Gesicht.

»Wer moderiert?« wollte sie wissen.

»Jürgen Hörig!«

Na dann, dachte sie. Ein Mann, das ging schnell. »Und Gäste?«

»Sabine Reitz. Sie hat gerade einen Preis gewonnen.«

»Aha. Was für einen?«

»Keine Ahnung. Muß man das fürs Pudern wissen?«

Typisch Mann. Eva überlegte, aber es fiel ihr nichts darauf ein. »Okay, ich komme«, sagte sie nur schnell. Dann schaute sie auf die Uhr. Von Botnang zum Sender brauchte sie je nach Verkehr zwanzig Minuten. Es konnten auch vierzig werden, schließlich mußte sie mitten durch die Stadt, es gab bei Staus kaum Schleichwege. Die Jungs von gestern fielen ihr wieder ein, vielleicht sollte sie besser auf einen Roller umsatteln, damit kam man überall durch, und zudem war es günstig.

Jedenfalls mußte sie sich beeilen.

Mit dieser Feststellung kamen augenblicklich ihre Lebensgeister zurück. Komisch, kaum hatte man eine Aufgabe, war alles andere unwichtig. Mußten die Motten eben ohne sie auskommen.

Sie duschte schnell, schlüpfte in eine Jeans zur weißen Bluse, schrieb ihren Kindern einen Zettel, schnappte ihren großen Schminkkoffer und zog die Haustür hinter sich zu.

Die freundliche Sonne hatte getäuscht, es war noch immer empfindlich kalt. Eva sperrte noch einmal auf und nahm sich eine Jacke vom Garderobenhaken hinter der Tür. Sie mußte ihrer Kollegin für ihren kleinen Unfall dankbar sein – damit gab sie ihr die Chance, ihr mageres Budget ein bißchen aufzubessern. Wobei, kleiner Unfall? Erst jetzt fiel ihr auf, daß sie nicht einmal gefragt hatte.

Um achtzehn Uhr fünfundvierzig startete die Landesschau. Eva war früh genug da, um im Gang noch ein Schwätzchen zu halten, ihren Platz einzunehmen und ihren Koffer aufzubauen. Sie schaute ihren Plan an, den ihr jemand von der Aufnahmeleitung auf den Tisch gelegt hatte. Nichts Aufregendes. Gleich würde der Moderator kommen, das war immer nett, denn er war eigentlich dauernd gutgelaunt und außerdem unkompliziert. Da ging es tatsächlich nur ums Abpudern.

Der Raum hatte nur zwei Schminkplätze mit den typischen großen Spiegeln, dem entsprechend hellen Licht und den Stühlen mit den hohen Lehnen. Durch die großen Fenster wirkte er hell und freundlich. An der einen Wand hingen unzählige Autogrammkarten, die von echten Stars, kommenden Stars, vergangenen Stars und verglühten Sternchen signiert worden waren. Manche waren uralt, richtige Kindergesichter strahlten sie da an. Die Denkerpose kam bei den Männern gut, Kinn auf die Faust, die Frauen warfen dagegen eher lachend den Kopf zurück. Manche von ihnen waren schon tot.

Eva drehte sich wieder um.

Jürgen Hörig kam im selben Augenblick herein, ließ sich in den Stuhl vor ihrem Kosmetikkoffer fallen, und sie scherzten übers Leben, während sie ihm ein fernsehgerechtes Make-up auflegte. Eva fragte ihn nach Sabine Reitz, denn es war angenehmer, wenn man wußte, wen man vor sich hatte. Die Dame hatte einen Designerpreis gewonnen. Das hörte sich jedenfalls schon mal spannend an. Design war geheimnisvoll – da hatte jemand eine Idee, gestaltete sie im Kopf, und später wurde daraus ein Kleidungsstück, ein Stuhl, eine Yacht. Es war eine andere Welt, größer, weiter, erfolgreicher als ihre. Eva hing den Bildern nach, die ihre Phantasie produzierte, wärmte schon einmal die Lokkenwickler an, falls sie denn gebraucht würden, und legte sich das Glätteisen zurecht. Sie war gewappnet.

Die Frau, die dann von der Aufnahmeleitung hereingeführt wurde, ließ Eva zögernd nachfragen: »Sabine Reitz?«

Die Frau nickte, fuhr sich mit der Hand durch die viel zu langen und in allen Stufen ausgefransten Spaghettihaare und setzte sich ohne ein weiteres Wort in Evas Sessel. Sie war blaß und mager und hatte mit Donatella Versace oder Wolfgang Joop nicht im Traum was zu tun.

»Ich bin Eva Kern«, stellte sich Eva vor und versuchte, die vielen falschen Designerbilder loszuwerden.

Die Frau nickte und sah sie im Spiegel an. Schon wieder so ein Spiegelblick, und in derselben Sekunde fiel ihr Thomas Rau ein. Er hatte satte dunkelbraune Augen, die ständig belustigt schauten. Die hier waren blaßblau und wachsam.

»Haben Sie einen besonderen Wunsch?« fragte Eva, während sie die Farbzusammenstellung des Blazers studierte. Hellgrün-orange gestreift, viele extradünne Streifen. Da würden die Kameraleute ihre Freude haben. Stand nicht ausdrücklich in den Verträgen, man möge kleinkarierte und unruhige Kleidungsstücke vermeiden?

»Dunkelbraun«, sagte die Frau mit überraschend fester Stimme. »Dunkelbraun für die Augen und dichte Locken!«

»Dunkelbraun?« Eva war überrascht. »Zu Ihren hellen Augen?«

»Ja, eben. Das bringt die Augen besser zur Geltung!«

Eva betrachtete die hellen Wimpern und Augenbrauen. Dunkelbraune Augendeckel würden das Gesicht zerschlagen.

»Ist das nicht zu schwer?« versuchte sie es, schließlich wollte sie die Frau hübscher machen, nicht verschandeln. Sie konnte ja schlecht »Auf ausdrücklichen Wunsch« daneben schreiben. Jeder Zuschauer, Redakteur und Regisseur würde glauben, sie habe ihren Beruf verfehlt.

»Ich mag's so!«

Bingo. Na, dann! Sie zog die kleine Schublade mit den verschiedenen Lidschatten heraus. Darauf war sie beim Kauf dieses Schminkkoffers besonders stolz gewesen. Er war mit 370 Euro zwar unglaublich teuer gewesen, aber er war so professionell gestaltet, daß sie kaum noch etwas ausräumen mußte. Sie brauchte nur verschiedene Seitenteile aufzuklappen oder Schubladen herauszuziehen und hatte immer alles nach Farben oder Anwendung geordnet dabei.

Doch jetzt starrte sie auf die kleine Schublade mit den schmalen Leisten. Die ganz außen rechts war leer. Sämtliche Brauntöne, von Beige bis Dunkelbraun, Puder *und* Lidstrich *und* Wimperntusche waren verschwunden.

Eva mußte erst einmal tief Luft holen. Ich erschlage dich, dachte sie dann, wußte aber nicht so richtig, wen. Toni oder Caro? Beide?

Doch das half ihr jetzt nicht. Die hellblauen Augen hielten sie im Spiegel fest. Eva setzte ein Lächeln auf, während ihre Wangen glühten.

»Wir machen erst einmal die Haare«, sagte sie freundlich. »Locken dauern etwas länger. Während dieser Zeit können Sie relaxen, und ich lege Ihnen dann das entsprechende Make-up auf.«

Die Frau im Spiegel nickte, legte den Kopf zurück und schloß die Augen. Eva blies langsam die aufgestaute Luft aus, knetete die feucht gewordenen Hände und schwor sich, daß diese Sache Folgen haben würde. Egal für wen, eine Woche Ausgehverbot mindestens!

Sie drehte die dünnen Haare auf, ganz in der Gewißheit, daß das Ergebnis fürchterlich aussehen würde, und dann machte sie sich unter einem Vorwand auf die Suche. Jetzt brauchte sie eine Kollegin mit komplettem Braunsortiment.

Sie hörte Regine lachen, bevor sie sie sah. Sie fand die ganze Frau fürchterlich, Regine kreischte immer in den höchsten Tönen und gab sich dabei so burschikos-männerfreundlich, daß es Eva bei all dem Schenkel- und Oberarmgeklopfe immer ganz schlecht wurde. Aber sie war beliebt, durfte zu Filmen mit, bei denen andere Schlange stehen mußten. Böse Zungen behaupteten, sie mache nicht den großen Unterschied, wo sie giggelnd hinklopfte, aber das wollte Eva nicht wissen.

Jetzt mußte sie durch.

Regine gab sich gönnerhaft, setzte ihren drallen Busen

und den ganzen Körper in Schwung, bückte sich neben einem männlichen Gast über ihren Koffer und kam, von seinen Blicken verfolgt, mit mehreren Utensilien wieder hoch.

»Das dürfte für das Mädchen reichen«, sagte sie und grinste. Sie hatte ein hübsches Gesicht, aber für Evas Geschmack war sie überall ein bißchen zu künstlich. Selbst die Lippen waren zu voll.

»Ich danke dir«, sagte sie und setzte nach: »Ich mach's wieder gut! Ganz bestimmt!«

»Kein Problem«, lächelte Regine süß. »Wir sehen uns in der Kantine!«

Auf dem Heimweg überlegte Eva, ob sie nicht noch am Maritim vorbeifahren und in die Bar hineinschauen sollte. Vielleicht ... aber nein. Er war arrogant und blöd gewesen, und sie lief keinem Mann nach. Seine Visitenkarte fiel ihr ein. Sie hatte gestern nicht einmal mehr draufgeschaut. Und wer sagte ihr denn, daß er ein Stuttgarter war? Er sprach gepflegtes Hochdeutsch, mit satter, wohlklingender Stimme und gut prononciert.

Jetzt hör aber auf! rief sie sich selbst zur Ordnung. Es ist gleich neun, und du hast Kinder, mit denen du außerdem noch ein Hühnchen zu rupfen hast! Und nicht nur eines!

Allein, was die Kosmetik kostete! Und eine Maskenbildnerin ohne Handwerkszeug! Es war völlig untragbar!

Aber richtige Wut wollte sich nicht mehr einstellen, im Gegenteil. Auf Höhe Gaußstraße ertappte sie sich schon beim ersten Lächeln, und vor einer roten Ampel mußte sie dann schließlich herzhaft lachen.

Klauten sie ihr einfach die ganze Braunpalette! Es war

nicht zu fassen! Und diese Designerin, die sie so herumgescheucht hatte, der die Locken nicht richtig saßen und die sie dafür verantwortlich gemacht hatte, daß sie nicht wie Cindy Crawford rüberkam, und die insgesamt wie ein gerupftes Huhn aussah, aber trotzdem kein nettes Wort übrig hatte, diese Kuh also hatte den Preis für einen Kochtopf bekommen, in dem man Fisch oder Spargel oder sonstwas garen, braten oder dünsten konnte. Eva wollte sich darüber gar nicht mehr beruhigen. Zudem: Gab es so was nicht schon längst? Sie war nicht auf dem neuesten Stand, aber sie erinnerte sich, daß ihre Großmutter schon ovale Töpfe verwendet hatte; die hießen damals Römertopf.

Vor ihrem Haus bremste sie ab. Schon wieder Roller. Diesmal aber nur einer. Und niemand zu sehen und alle Fenster dunkel, das war verdächtig. Eva fuhr ihren Golf in die Garage, die mit Fahrrädern, Rasenmäher und allem möglichen Krimskrams so vollgestellt war, daß der Wagen kaum noch hineinpaßte. Es fehlte einfach jemand, der Spaß an Krimskrams hatte, aufräumen wollte, aussortieren mochte und Überflüssiges entsorgen konnte. Sie hatte manchmal entsprechende Anfälle, aber wenn sie sich dann mit vollem Elan auf alte Kisten und Schubladen stürzte, blieb sie an so vielen Details hängen, daß sie zum Schluß alles wieder zuklappte und an seinen alten Platz zurückschob. Sie war eine Sammlerin. Traurig, aber wahr.

Caro konnte sich dagegen ratzfatz von allem trennen. Sie räumte ihren Schrank grundsätzlich aus, bevor sie etwas Neues kaufte. Manches tauschte sie direkt beim Second-Hand-Shop ein. Das eine Teil hin, ein anderes her.

Toni dagegen hatte den Überblick schon längst verloren. Sie schaufelte immer erst einmal alles in eine Ecke und von dort, wenn sie etwas suchte, in die nächste. Sie war ein Chaoskind.

Trotzdem, auch ein Chaoskind mußte sich nicht schon mit vierzehn mit irgendeinem Kerl herumtreiben. Eva ging die drei Steinstufen zur Haustür hinauf und suchte mit ihrem Schlüssel das Türschloß. Die Lampe ging schon ewig nicht mehr, aber es war eine von der mühsamen Art, bei der man nur mit Schraubenzieher und Trittleiter an die Glühbirne herankam. Nicht, daß sie das nicht könnte. Sie konnte auch Reifen wechseln und Löcher in die Wand bohren. Eva vergaß diese dämliche Glühbirne nur immer wieder. Am Tag fiel es nicht auf, und in der Nacht war es dann wieder zu spät.

»Toni!« rief sie, kaum daß sie die Tür hinter sich geschlossen und das Flurlicht eingeschaltet hatte. Vor der Garderobe lagen Tonis Schuhe übereinander, und ein großes Paar stand daneben. Weiße Ledersneakers mit schwarzen Streifen. Eva verharrte kurz. Zumindest war er ordentlich. Ob er seine Boxershorts auch zusammenlegte? Mit drei Sätzen war sie an der schmalen Holztreppe.

»Toni!« rief sie noch einmal, und als sie noch immer nichts hörte, pfiff sie schrill durch die Finger. Das tat sie nur, wenn wirklich alle Zeichen auf Sturm standen. Und in manchen Situationen war es auch die einzige Art, sich bei ihrer Tochter bemerkbar zu machen. Das hier war so eine.

Sie hörte eine Tür. Ziemlich leise. »Ach, Mami! Psst! Du verschreckst ihn ganz!«

»Was?« Eva blieb wie angewurzelt auf der untersten Stufe stehen. War es nicht gerade das, was sie wollte?

Toni erschien am obersten Treppenabsatz. Sie trug ihre

schwarze Trainingshose, ein enges Top und hatte den Finger auf den Mund gelegt. »Komm hoch! Aber leise!«

Eva wußte nicht, was sie sich vorstellen sollte. War der Kerl beim ersten Besuch im Zimmer ihrer Tochter eingeschlafen? War so etwas möglich? Sie mußte dringend mit Toni über Verhütung sprechen. Wenn sie nur wüßte, wie sie es anfangen sollte. Vielleicht beauftragte sie besser Caro damit, bei der eigenen Mutter würde Toni sowieso nur flüchten.

Ihre Tochter strahlte über das ganze Gesicht. Ihre Haut glänzte zartrosa, die Gesichtszüge waren weich, fast kindlich, ihre Haare leicht zerzaust, und irgendwie erinnerte sie das ganze Kind an Weihnachten.

Abwartend blieb Eva vor ihr stehen. Was würde sie ihr jetzt präsentieren?

Mit einem »Schau mal«, das in der Höhe fast Regines Stimmlage erreichte, schob sie langsam die Tür zu ihrem Zimmer auf. Alles war in einer gigantischen Heumenge untergegangen.

»Was ist denn das?« Eva war ehrlich entsetzt. Wollte ihre Tochter jetzt im Heuschober leben?

»Psst! Er ist so süüüüüß!«

Das wollte Eva bezweifeln, trotzdem warf sie einen Blick aufs Bett. Dort saß in feierlicher Pose, aber immerhin vollständig angezogen, ein etwa siebzehnjähriger Junge, den sie noch nie gesehen hatte. Er nickte ihr leicht zu, bewegte sich aber sonst nicht.

»Ist er nicht süß, Mami? Sag selbst …«

Eva betrachtete ihre aufgeregte Tochter und fragte sich einen Moment lang, ob sie noch alle Tassen im Schrank hatte, als etwas Dunkles auf sie zufederte. Toni sprang sofort ins Zimmer und warf sich auf den Boden, Eva wich einen Schritt zurück.

Der Junge lächelte, und Toni hatte etwas Zappelndes im Arm, das sie ihr stolz als »Hoppelhoff« präsentierte.

»Hoppelwas?« fragte Eva, weil sich ihr Verstand weigerte, das Ganze als Realität zu erfassen.

»Hoppelhoff«, wiederholte ihre Tochter geduldig, und jetzt konnte Eva sehen, daß es ein Zwergkaninchen mit Schlappohren war.

»Das hat mir Sven geschenkt! Stell dir vor!!!«

»Ja, stell dir vor!« wiederholte Eva und machte nun doch einen großen Schritt ins Zimmer. Es roch wie im Kräutergarten.

»Hast du einen Knall?« fragte sie direkt zum Bett hin, aber Sven schien das nicht weiter zu irritieren. Er blieb sitzen, schüttelte freundlich den Kopf und sagte nur: »Nein. Wir haben es nur gesehen, Toni hat es sich gewünscht, da hab ich es eben gekauft.«

»Toni hat es sich gewünscht ...«, sagte Eva und wußte auch nicht, warum sie alles wiederholen mußte. Warum nur hatte Gerold, dieser Mistkerl, sie in diesem ganzen Schlamassel sitzenlassen? Sie wünschte ihm mehrere Krokodile an den Hals. Mindestens. »Aber *ich* hab mir das nicht gewünscht«, sagte sie und hörte selbst, wie lahm es klang. »Und ich finde, daß man keine Tiere anschafft, ohne vorher mit den Eltern darüber geredet zu haben!«

»Papa ist ja nicht da!« warf Toni ein.

»Mir egal, das Tier kommt jedenfalls wieder weg! Bring es zurück!«

»In die Zoohandlung?« In Tonis Stimme lag pures Entsetzen. »Und wer bekommt es dann? *Du* predigst doch immer, daß man Verantwortung übernehmen soll. Wer weiß, was mit dem Kerlchen geschieht?«

»Es wird ein anderes Mädchen finden, das ihn mag!«

»Aber ich mag ihn doch auch! Das ist doch völlig unlogisch!«

Hatte nicht Tonis Deutschlehrerin geklagt, sie könne nicht argumentieren? Warum hatte sie eigentlich eine so schlechte Note?

»Ihr hättet mich fragen können!«

»Du warst ja nicht da. Wie immer!«

»Mit der Nummer brauchst du mir gar nicht zu kommen. Ich bin oft genug da!«

»Dein Handy war ausgeschaltet!«

»Ihr hättet bis morgen warten können!«

»Aber das Häschen nicht. Schau doch, wie es schaut!«

Eva wollte nicht schauen. Sie kannte sich. Wenn sie schaute, war es schon zu spät.

Sie schaute. Es war ein schwarzes Kaninchen mit einer weißen Flocke auf der Nase. Es sah wirklich süß aus. Aber alle jungen Tiere sahen süß aus.

»Das ist doch noch viel zu klein, um von der Mutter … wie alt ist es denn?«

»In dem Zoogeschäft haben sie gesagt, es sei das richtige Alter. Die Mütter wollen sie dann nicht mehr.«

Eva glaubte das nicht. Da ging es ums Geschäft und nicht um Mutterliebe.

»Nimm ihn doch mal!«

Und bevor sie sich versah, hatte sie das Kaninchen auf dem Arm. Toni schaute sie erwartungsvoll an, der Jüngling auf dem Bett lächelte.

»Ich mag keine eingesperrten Tiere!«

»Wir machen den Garten ausbruchsicher«, sagte Sven.

Das war interessant. *Wir???*

Eva holte tief Luft. »Er braucht einen Käfig für die Nacht!«

»Organisieren wir!«

»Wer pflegt ihn? Holt Futter, macht den Käfig sauber?«

»Aber klar doch, Mutti!« Und in derselben Sekunde lag ihr Toni in den Armen, sprang das Kaninchen zu Boden, versteckte sich im üppigen Heu, und sie hatte sich mal wieder prächtig durchgesetzt.

»Ein Tier allein ist einsam«, sagte sie noch, aber das nur sehr leise.

Zusammen mit Hoppelhoff zog Sven ein. Eva bemerkte die schleichende Veränderung zuerst kaum, aber dann wurde es doch immer offensichtlicher. Sven besuchte täglich sein Kaninchen. Und zwischendurch ließ er auch schon mal was liegen, so daß er am nächsten Tag wiederkommen mußte. Dann stellte ein kaninchenkundiger Freund von Sven fest, daß Hoppelhoff ein Mädchen ist.

Toni lachte und veranstaltete sofort eine Art Tauffest, und mit Chips und Cola wurde das Ereignis gefeiert und Hoppelhoff in Hoppeline umbenannt. Eva sah Toni mit ihren Freunden und Freundinnen im Garten sitzen und registrierte, wie liebevoll sie mit Sven umging.

Als Toni in die Küche kam, um eine neue Cola zu holen, ging Eva zu ihr hin. »Findest du ihn so toll?« fragte sie vorsichtig.

Toni strahlte, sagte aber nur: »Ach, Mama!«

Ach, Mama? Jetzt war es wirklich Zeit! Es mußte nur die richtige Gelegenheit kommen.

Sie paßte Caro noch am selben Abend in einem Moment ab, da Toni nicht in der Nähe war. Das klappte am besten nach dem gemeinsamen Abendessen, denn wie immer suchte Toni nach dem letzten Bissen blitzartig das Weite.

Eva stapelte die Teller ineinander, während Caro noch unentschlossen am Tisch stand. Es war ihr anzusehen, daß sie sich auch gern empfohlen hätte.

»Du kannst gleich gehen, wenn du mir eine Frage beantwortet hast«, begann Eva.

»Du kannst gleich gehen? Toni *ist* schon weg!«

»Das ist auch gut so«, beschwichtigte sie Eva. »Hast du eine Ahnung, was mit Sven läuft?«

Caro klaubte sich die letzte Gewürzgurke von der leergegessenen Platte und biß genüßlich ab. Sie kaute und hob dann langsam den Blick. »Was soll sein?« fragte sie in aller Unschuld. »Sie schlafen miteinander. Ist doch normal!«

»Ist doch normal?« Eva schnappte nach Luft. »Sie ist vierzehn! Ist sie überhaupt schon aufgeklärt?«

»Ach, Mutti!«

Hatte sie das heute nicht schon einmal gehört?

»Ach, Mutti! Was, ach Mutti! Und wenn sie nun schwanger wird? Nimmt sie die Pille? Und wenn ja, welche? Und bei welchem Frauenarzt ist sie überhaupt? Es ist doch ungeheuerlich, daß man überhaupt nichts erfährt!«

»Sie ist mit ihrer Freundin bei einer Ärztin gewesen. Sie macht das schon klar!«

In Eva wuchsen zuerst die Befürchtungen, dann kam die Resignation. Ihre vierzehnjährige Tochter sprach nicht mit ihr. Sie vertraute sich lieber einer Freundin an, ging heimlich zum Frauenarzt, schloß sie aus.

Das tat weh.

»Danke!« sagte sie und schaute in den Garten. Draußen hoppelte Hoppeline herum. Es ist nicht richtig, daß das Kaninchen allein ist, dachte Eva. Und es war nicht richtig, daß sie nichts erfuhr. Sie war achtunddreißig Jahre alt. War sie in den Augen ihrer Töchter völlig vergreist? Eine verständnislose Alte, der man besser nichts mehr erzählt?

Draußen brach die Dämmerung herein. Zeit, das Kaninchen in seinen Käfig zu tun. Sie öffnete den Kühlschrank, nahm eine Flasche Bier heraus, schenkte sich ein Glas ein und ließ sich auf einen Stuhl sinken.

Es war nicht leicht.

Sie hatte sich das Erwachsenwerden ihrer Kinder so schön vorgestellt. Sie hatte gedacht, mit ihren Töchtern zusammen am Tisch zu scherzen, sich über ernste und lustige Dinge zu unterhalten, über die Schule, über Kameraden, über die Lehrer, über die erste Liebe. Nichts von dem war eingetroffen. Caro hatte ihre Pubertät irgendwie mit sich selbst ausgemacht. Es war nicht viel davon zu spüren gewesen, aber vielleicht war sie selbst durch Gerold in der Zeit zu sehr abgelenkt worden. Ein Mann, ein gestandener Familienvater, der sich plötzlich umorientierte, gab ja auch zu denken. Vor allem, wenn er nichts davon sagte.

Ein dunkler Schatten lenkte sie ab. Irgend etwas war gerade in den Garten gehuscht. Der Garten war nicht groß, der typische Versorgungsgarten früherer Zeiten. Einige Beete, ein Apfelbaum, ein paar Ackerfurchen. Geblieben war nur der Apfelbaum. Selbst das kleine Gewächshaus, das ihre Oma noch betrieben hatte, gab es nicht mehr. Sie wollte Rasen, einfachen, pflegeleichten Rasen. Ein paar Büsche am Gartenzaun, Forsythien, Pfingstrosen,

Chrysanthemen, Lupinen, Hortensien und eine ganze Reihe Margeriten, weil sie die so liebte. Weiße Margeriten waren ihre Lieblingsblumen. Sie mochte auch Rosen und Rittersporn, aber warum auch immer, wenn sie weiße Margeriten sah, fand sie die besonders schön. Und Klatschmohn.

Draußen quietschte etwas. Jetzt sprang sie auf und schaltete das Außenlicht ein. Gott sei Dank, wenigstens das funktionierte. Ihr Kaninchen schoß wild durch den Garten, sprang meterhoch in die Luft und drehte sich um die eigene Achse – es wäre faszinierend gewesen, wenn da nicht der rötliche Angreifer gewesen wäre. Ein Fuchs! Sie glaubte es ja kaum. Mitten im Wohngebiet!

Sie riß die Terrassentür auf und stürzte hinaus. Der Fuchs war erstaunlich groß. Er hielt inne und musterte sie. Einen Augenblick lang war sich Eva nicht sicher, ob er nun nicht sie angreifen würde – und obwohl sie Angst hatte, fand sie seine Augen faszinierend. Sie funkelten bernsteinfarben. Es liegt eine alte Weisheit darin, dachte Eva, aber dann wurde ihr bewußt, daß er ihre Hoppeline fressen wollte. Ganz schlicht und einfach, und sie machte einen Schritt auf ihn zu. Er verharrte, dann drehte er ab, ließ sie dabei aber nicht aus den Augen. So unbemerkt, wie er gekommen war, verschwand er auch wieder.

Erst jetzt spürte Eva ihren Herzschlag. Hinter ihren Rippen wummerte es wie wild. Und gleichzeitig dachte sie an Hoppeline. Wie es ihr jetzt wohl ging?

»Hoppeline«, rief sie und lief durch den Garten. »Hoppelinchen!« Aber das Kaninchen war schwarz und der Garten außerhalb des Lichtkreises auch. Wie konnte sie das Tier jetzt finden? War es vielleicht sogar verletzt?

Dann sah sie es. Das Kaninchen kauerte dicht am engmaschigen Zaun, hatte sich mit seinem ganzen Körper dagegen gedrängt.

Vor Erleichterung liefen Eva die Tränen herunter. Sie setzte sich neben Hoppeline auf den Boden und legte ihre Hand auf den zitternden kleinen Körper. Das hatte sie noch nie getan. Sie hatte das Kaninchen nach dem ersten Mal auch nie wieder zu sich auf den Arm genommen.

Jetzt tat sie es.

Sie wußte nicht, wie lange sie mit dem Tier so im Garten gesessen hatte. Ihre Jeans war bis auf den Hintern durchnäßt, und nach der ersten hitzigen Aufregung fing sie jetzt an zu frieren. Aber es lag ein kleiner Friede über dem Ganzen. Sie saß, schaute auf ihr Haus, in die beleuchteten Zimmer hinein und fühlte sich wie ein vom Himmel gefallener Stern. Konnte man das Leben neu begreifen? In diesem Moment empfand sie es so.

Am nächsten Morgen fuhr Eva mit Hoppeline ins Tierheim. Sie hatte erst am Abend Dienst, ihre Kinder waren in der Schule, und sie hatte eine Bringschuld: Was sie in der vergangenen Nacht dem Kaninchen ins Ohr geflüstert hatte, wollte sie halten.

»Einen Bock wollen Sie also?« fragte die Frau, die im Büro saß. Auf dem Sofa hinter ihr lag ein altersschwacher Schäferhund und neben ihr ein zu dicker Pudel.

»Einen Bock? Ich dachte, einen Rammler!«

»Ein Rammler ist ein Bock!«

»Ach!«

Warum fiel ihr jetzt Gerold ein?

»Ja, dann einen Bock!«

»Gut! Soll er kastriert sein?«

Eva hielt die Schachtel hoch, in der sie Hoppeline transportierte. »Ich habe unser Kaninchen mitgebracht. Sie sollen sich mögen, aber Nachwuchs möchte ich nicht.«

»Also kastriert!«

Eva nickte.

»Also doch keinen Bock!«

»Ein männliches, kastriertes Zwergkaninchen, das sich mit unserer Hoppeline verträgt!«

»Dann wollen wir mal!«

Eva hatte es befürchtet. Die vielen Hunde hinter ihren Gittern, die Katzen, Meerschweinchen und Hasen, es war ihr ganz elend. Und sie durfte bloß nicht zu lange schauen. Da bellte sie gerade ein mittelgroßer Hund mit dichtem schwarz-weißen Fell an und schmiegte sich gleich darauf auffordernd ans Gitter.

»Darf ich?« Eva hatte die Finger schon ausgestreckt.

»Gern! Das ist ein Border Collie, ein Klassehund. Kinderlieb, paßt auf, ist intelligent, ein richtiger Hütehund.«

Ein richtiger Hütehund wäre wahrscheinlich besser als ein Bock. Oder Rammler. Der rammelte rum, während der Fuchs kam. Der Collie würde wenigstens aufpassen.

»Wie kommt so ein toller Hund zu Ihnen?«

»Wie alle. Die Besitzer verlieren das Interesse, oder der Aufwand ist zu groß, die Wohnung zu klein, der Hund zu laut, das Futter zu teuer, die Ferien zu lang.«

Eva wand sich. Ihre Kinder hatten sich immer einen Hund gewünscht. Sie hatte immer abgelehnt. Gerold mochte keine Tiere, für ihn bedeuteten sie nur Verantwortung und Arbeit.

»Was müßte er lernen, um mit uns umzugehen?«

»Nichts, er weiß schon alles. Er ist ausgebildet. Ich sagte ja schon, ein Klassehund. Beim Züchter richtig teuer.« Sie warf ihr einen Blick zu. »*Sie* müßten lernen. Aber dafür gibt es Schulen. Und Bücher.«

Bücher. Das hörte sich schon mal gut an.

Eva bückte sich, der Hund drehte seine schmale Schnauze und leckte ihr über die Finger, die sie im Maschendraht eingehakt hatte.

»Was kostet er?« fragte Eva und spürte, wie ihre Kehle trocken wurde.

Sie kam mit dem Hund auf dem Rücksitz und dem Kaninchen in der Schachtel zurück. Hast du sonst keine Probleme, fragte sie sich unwillkürlich, aber es war schon zu spät, jetzt hatte sie ihren Mann durch einen Hund ersetzt. Nur gut, daß keine Psychologin in der Nähe war, sie hätte es nicht hören wollen.

Eva blieb eine Weile im Auto vor ihrem Haus sitzen, dann drehte sie sich langsam um. Der Border lag lang auf der Hinterbank, den Kopf auf den ausgestreckten Vorderbeinen, ein Auge beobachtete sie genau.

»So«, sagte Eva und langte vorsichtig nach hinten. Handrücken zur Hundeschnauze, das wußte sie noch aus ihrer Kinderzeit. Der Hund schnüffelte willig. Was, wenn er jetzt einfach zubeißen würde? Verbanne solche Gedanken, sagte sie sich. Er hat eine neue Heimat, und du hast einen Freund. Hoppeline hat keinen Rammler, aber das würde sie ihr hoffentlich verzeihen.

Toni war die erste, die mit lautem Gekläff an der Haustür begrüßt wurde. »Was ist denn das?« fragte sie.

»Unser neuer Hund«, antwortete Eva. »Heißt Flash und ist ein Border Collie.«

»Cool!« Mehr sagte sie nicht, da kniete sie schon vor ihm, und die beiden schlossen Freundschaft.

Eva ging das fast ein bißchen zu schnell. Schließlich war sie doch die Heldin des Tages.

Aber gleich darauf hing ihr Toni um den Hals.

»Mama! Daß du das gemacht hast! Das ist wunderbar! Ich habe mir immer so sehr einen Hund gewünscht!!!«

Sie war völlig aus dem Häuschen. Eva betrachtete ihre Tochter, deren Augen vor Freude fiebrig zu glänzen begannen. Toni küßte sie und warf sich wieder zu dem Hund auf den Boden, der sofort vorn runter- und hinten hochging, eifrig wedelte und das Ganze als Spielaufforderung verstand.

Sie tobten durchs Haus, während Eva das Kaninchen wieder in den Garten setzte und sich einen Kaffee machte.

»Ich habe ihm alles gezeigt!« Atemlos kam Toni die Treppe herunter und in die Küche geschossen, dicht verfolgt von Flash, der sie immer wieder ansprang und freudig erregt kläffte.

»Dann machen wir ihn vielleicht mal vorsichtig mit Hoppeline bekannt«, schlug Eva vor. »Nicht daß er sie uns strahlend zum Abendessen serviert.«

»Er ist doch ein Hütehund, hast du gesagt, kein Jagdhund!«

»Aber vielleicht hat auch ein Hütehund Jagdinstinkte, was weiß denn ich?«

»Halt du Flash, dann hole ich Hoppeline!«

Eva öffnete die Verandatür und setzte sich mit Flash auf den schmalen Absatz, der hinaus in den Garten führte.

»Platz«, sagte sie, und der Hund setzte sich augenblicklich dicht neben sie und schaute sie aus sandfarbenen Augen erwartungsvoll an. Sie waren fast auf Augenhöhe. Ob das für ein Experiment gut war? Sie hatte mal gehört, daß man immer größer sein sollte als der Hund. Hunde, die auf ihren Menschen herunterschauen können, fühlen sich leicht überlegen. Nun gut, dachte sie, lassen wir es darauf ankommen.

Toni versuchte Hoppeline einzufangen, was die ihr nicht ganz einfach machte. Flash verfolgte die Szene mit interessierter Miene.

Eva betrachtete ihre Tochter. Sie war gutgewachsen, nicht übermäßig groß, aber schlank und muskulös, hatte einen schönen, kleinen Busen, den sie mit entsprechenden BHs zur Geltung brachte. Ihr dichtes Haar fiel ihr im Stufenschnitt auf die Schultern. Sie war die einzige in der verbliebenen Familie, die naturblond war. Das hatte sie von ihrem Vater geerbt, die grünen Augen und den vollen Mund dagegen von ihr. Und sie wurde schnell braun, was für eine Blondine ja außergewöhnlich war.

Caro war größer und schlanker, sehr viel sehniger, sie wirkte gegen Toni wie eine Ballerina. Auch sie wurde schnell braun, aber sie hatte das dunkle Haar ihrer Mutter, dafür die blauen Augen ihres Vaters. Die Nase war länger als die von Toni, die eher eine Stupsnase hatte, und der Mund schmäler. Sie hatte etwas von einer griechischen Schönheit, auch wenn Caro das überhaupt nicht hören wollte. Sie wollte kein klassisches Profil, sondern ein modernes.

Eva kraulte Flash. Es war schon eigenartig, wie unterschiedlich Geschwister sein können. Auch im Charakter. Toni war die Draufgängerin. Kein Baum war zu hoch, keine Wand zu steil, kein See zu kalt. Sie mußte einfach immer alles ausprobieren. Caro dachte immer erst einmal nach. Bis Caro sich zu etwas entschieden hatte, war Toni längst schon fertig.

Komisch. Gerold war kein wilder Draufgänger gewesen, und sie war es auch nicht. Sie war eher vorsichtig, wenn sie sich manchmal auch zu etwas hinreißen ließ … Sie schaute den Hund an und mußte lächeln. Möglicherweise war sie ihrer Tochter doch ähnlicher, als sie selbst dachte.

Toni hatte Hoppeline gefangen, die noch wild mit den Hinterläufen zuckte, aber schließlich doch in Tonis Arm zur Ruhe kam.

»Na, denn«, rief Eva und hoffte, daß sie alles richtig machte. Sie konnte schließlich in keinem Lehrbuch nachschauen. »Ich halte Flash fest, und wir lassen sie mal gegenseitig schnuppern.«

Sie hatte einen Arm fest um Flashs Hals gelegt und hielt ihm mit der anderen zur Vorsicht die Schnauze zu, aber er machte gar keine Anstalten, dem Kaninchen etwas tun zu wollen. Seine Rute peitschte. Wedelten Hunde nicht auch vor Aufregung kurz vor dem Angriff? Jeder Hund, der ein Mauseloch ausgrub, wedelte zumindest. Aber Hoppeline schien überhaupt keine Angst zu haben. Möglicherweise war es die pure Unwissenheit, aber sie schnüffelte genauso interessiert wie Flash. Hundenase auf Kaninchennase, dachte Eva. »Schade, daß wir keine Kamera dahaben!«

»Wir hätten keine Hand frei«, erklärte Toni, die vor ihr in der Hocke saß und Hoppeline beruhigend streichelte.

Dann befreite sich Hoppeline mit einem gewaltigen Satz und sauste los. Mit wilden Sprüngen durch den Garten, manchmal überschlug sie sich fast.

Flash wedelte heftiger, aber er blieb brav sitzen.

Alle drei schauten dem ausgelassenen Kaninchen zu.

»Wenn du denkst, daß manche ihre Hasen und Kaninchen ihr Leben lang in einen Käfig sperren, der kaum größer ist als das Tier selbst ...« Eva kraulte den Hund. »Es ist doch eine lebenslange Folter, wenn du dich nie strekken kannst, nie rennen kannst, nie in die Luft springen kannst. Deine Muskeln verkümmern, deine Sehnen, deine Lebensfreude – kennst du das Gedicht von Rilke: *Der Panther*?«

Toni nickte. »Sein Blick ist vom Vorübergehn der Stäbe so müd geworden, daß er nichts mehr hält. Ihm ist, als ob es tausend Stäbe gäbe und hinter tausend Stäben keine Welt«, rezitierte sie. »Der weiche Gang geschmeidig starker Schritte, der sich im allerkleinsten Kreise dreht, ist wie ein Tanz von Kraft um eine Mitte, in der betäubt ein großer Wille steht.«

Sie schaute ihre Mutter an. »Nur manchmal schiebt der Vorhang der Pupille sich lautlos auf. Dann geht ein Bild hinein, geht durch der Glieder angespannte Stille – und hört im Herzen auf zu sein.«

Eine Weile war es still. Flash wedelte, und Hoppeline hatte sich in eines ihrer Erdlöcher geworfen, die sie beharrlich ausbuddelte.

»Schön!« sagte Eva dann. »Wann hast du das gelernt, Toni?«

»Wann? Eher warum.« Toni hockte ihr noch immer gegenüber. »Es gilt doch auch für jedes Kälbchen an der

Kette, für jede Landschildkröte in der Kiste, für jede Legehenne. Die Welt ist doch voll von solchen Panthern.«

Eva seufzte. »Es erinnert mich an das Tierheim, in dem ich Flash gefunden habe. Hätte fünfzig Flashs mitbringen können. Wenn Menschen ihren Tieren gegenüber Verantwortung empfinden würden, gäbe es solche Heime gar nicht!«

»Und wir müssen noch froh sein«, ergänzte Toni und umschlang ihre Knie. »In anderen Ländern treiben sie Hunde und Katzen zusammen und töten sie. Aber das scheint niemanden zu stören.«

Eva betrachtete ihre Tochter. Vielleicht hatte ja sie den Willen und die Kraft, später einmal in dieser Richtung etwas zu tun.

»Manchmal wäre ich gern Bibi Blocksberg«, sagte Toni. »Ich würde die Menschen aufwachen lassen!«

Eva mußte lachen. Manchmal war sie eben doch noch ein Kind.

Am Nachmittag hatte sie Dienst im Sender und, durch die fehlende Braunpalette schlauer geworden, prüfte deshalb erst einmal ihre Utensilien. Diesmal fehlte das Glätteisen. Es war doch zum Verrücktwerden. Schon bei den Brauntönen hatte es die eine auf die andere geschoben, zu beweisen gab es nichts, denn alles lag brav im gemeinsamen Bad.

Jetzt schickte sie eine entsprechend harsche Kurznachricht an ihre beiden Töchter. Von Toni kam ein »Was machst du mich denn an? Ich habe keine Ahnung« zurück, und Caro schrieb: »Habe in der letzten Stunde harte Chemiearbeit, holst du mich ab?« Sie war so schlau wie vorher, fand das Glätteisen nicht und durfte außerdem nach dem Sender noch zu Caros Schule fahren.

Zunächst ärgerte sie der Umweg, aber als sie nach der Arbeit losfuhr, fand sie es gar nicht mehr so schlecht. Denn so hatte sie ihre ältere Tochter mal wieder für sich allein und konnte ungestört mit ihr reden.

Dem war natürlich nicht so. Zusammen mit Caro standen drei Schulkameraden auf dem Parkplatz, die alle noch mit zu ihr wollten. Eva überlegte. Hatte sie genug Pizzen im Eisfach, und wollten die was anderes als Wasser? Eva hätte sich gern mit den Mädchen unterhalten, kam aber nicht zum Zug. Die vier unterhielten sich so schnell und angeregt, daß Eva keine Chance hatte, zumal sie sich auch noch auf den Verkehr konzentrieren mußte. Erst kurz vor ihrer Wohnstraße kam sie auf Flash zu sprechen.

Eva brauchte einige Minuten, bis ihr endlich alle zuhörten, aber dann kam ein Freudenschrei. Caro war völlig beglückt. Und mit ihr freute sich die ganze Meute. Eva tat es gut. Ihre Töchter waren glücklich, sie hatten gerade eine gute gemeinsame Zeit.

Das hatte sie schon anders erlebt, und sie wußte auch, daß vor allem bei Toni Stimmungen nie lange hielten. Sie war mitten in der Pubertät, und wenn sie sich gerade selbst nicht leiden konnte, dann schwappte ihre Laune über wie ein voller Eimer, und jeder bekam was ab. So gesehen war Sven ein Glücksfall, ihre Emotionen waren gerade gut bis sehr gut.

Hoffentlich gibt es jetzt keine Eifersüchteleien, dachte Eva noch, aber Caro war bereits aus dem Auto gestürmt und kramte aufgeregt nach ihrem Haustürschlüssel. Eva folgte mit den anderen. Drinnen bellte es schon, und noch bevor Caro öffnen konnte, ging die Tür auf. Toni hielt Flash am Halsband und stellte ihn ihrer Schwester vor. Zum zweitenmal an diesem Tag wünschte sich Eva eine Kamera. Die vielen jungen Menschen, der Hund, der jeden freundlich anwedelte, und die Gesichter ihrer Töchter: Das Foto hätte sie sich gern groß in ihr Schlafzimmer gehängt.

Und wieder saßen sie mit dem Hund im Garten.

»Meinst du, ich kann ihn loslassen?« wollte Caro wissen, die Flash um den Hals hielt und Hoppeline beobachtete, die sich vorsichtig näherte. Seine über den Boden wedelnde dicke Rute schien es ihr angetan zu haben, sie legte sich darauf. Flash hielt einen Moment still, sprang dann aber auf und sah sich nach dem davonspringenden Kaninchen um.

»Ich denke, das reicht für heute mit den beiden«, sagte Eva und unterdrückte ein Gähnen. »Ich verabschiede mich«, sagte sie in die Runde. »Macht nicht mehr so lang!«

»Ja, ja«, sagte Toni, und an ihren Augen konnte Eva erkennen, wie ernst sie die Ansage nahm. Caro war sowieso schon volljährig und nickte nur. Es war kurz vor zehn, aber am Wochenende liefen sie sich um diese Zeit für ihre Diskonächte überhaupt erst warm.

Morgen müßte sie in eine Zoohandlung und sich erst mal mit allem eindecken, was ein Vierbeiner so braucht. Mit diesem Gedanken ging sie nach oben, streifte ihre Schuhe ab, genoß das Gefühl, barfüßig auf den warmen Holzdielen zu stehen, ging ins Bad, stellte dann fest, daß ihr Bett noch nicht gemacht war, und öffnete die Fenster. Aufatmend legte sie sich hin und lauschte den Nachtgeräuschen, bevor sie mit guten Gedanken in den Schlaf hinüberglitt.

Ein Schmerzensschrei ließ sie hochfahren, ein langgezogenes Kreischen folgte, wie sie es nur von ihrer Tochter kannte, übertönt von wütendem Gekläff. Ohne zu wissen, was überhaupt vor sich ging, sprang Eva aus dem Bett und lief auf den Gang.

»Mama!!!« brüllte es schrill durchs Haus, und Eva stürzte in ihrem Nachthemd die Treppe hinunter. Unten lag Sven breit ausgestreckt auf dem Fußboden, hatte beide Hände um seine Hosenmitte gekrallt, und Toni lag auf dem Hund, der wütend unter ihr hervorkläffte.

»Sven!« Eva kniete sich neben ihm nieder. »Was ist denn passiert!?!«

»Er hat ihn angefallen!« schnaubte Toni.

»Was machst du um die Uhrzeit überhaupt hier?« wollte Eva erst mal wissen.

»Ich hab ihm meinen Schlüssel gegeben«, antwortete Toni für ihn.

»Es tut so weh!« stöhnte Sven.

»Wo hat er dich erwischt?« fragte Eva, obwohl es offensichtlich war. »Alles noch dran?«

»Mama!« sagte Toni, aber Sven schaute sie nur an.

»Ja – was jetzt!?!« wollte Eva wissen, aber Sven schien sich selbst nicht sicher zu sein. Er verzog nur schmerzhaft das Gesicht, und Eva überlegte für einen kurzen Moment, einen Krankenwagen zu holen. Aber dann verwarf sie den Gedanken.

»Halt den Hund!« wies sie Toni an. »Ich zieh mir nur schnell was an, wir fahren ins Krankenhaus!«

Sie lief die Treppe wieder hinauf und fragte sich im selben Moment, wo eigentlich Caro blieb. Bei dem Höllenlärm konnte doch niemand mehr schlafen. War sie gar nicht zu Hause?

Was trieben ihre Töchter eigentlich nachts?

Im Wartezimmer der Notaufnahme ließ sich Sven stöhnend auf den nächsten Stuhl fallen.

Eva warf ihrer Tochter einen Blick zu. Entweder war es wirklich schlimm, oder Sven war ein Weichei. Immerhin hatte sich herausgestellt, daß ihr Hütehund auch ein Wachhund war. Im Grunde hatte er richtig gehandelt – man schlich nachts in keine fremden Häuser. Ein feines Lächeln zog sich durch ihr Gesicht. Mit Flash verlor plötzlich auch der Keller seinen Schrecken.

Eine Krankenschwester kam kurz herein und erklärte der jungen Frau, die mit einer blutigen Stirn neben ihnen saß, daß sie gleich drankäme. Nur noch einige Minuten Geduld. Das gleiche sagte sie auch zu Eva. Eva nickte und schaute kurz auf die Uhr. Mitternacht vorbei, sie mußte ihrer Tochter die Ohren langziehen – was waren denn das für neue Moden?

»Hoffentlich schreibst du morgen keine Arbeit«, sagte sie zu ihr.

»Mama!! Als ob so was jetzt wichtig wäre!«

Eva verzog das Gesicht. »Kämpfst du nicht gerade ums Überleben?«

»Bin ich nicht ein Jahr zu früh eingeschult worden? Na bitte, dann habe ich ja noch eins gut!«

»Aber du brauchst einen guten Schnitt, um aufs Gymnasium wechseln zu können!«

»Ist das jetzt wichtig?!?«

Für Eva war es wichtig. Zu jeder Tages- und Nachtzeit, Hundebiß hin oder her. »Es geht um deine Zukunft«, sagte sie.

Toni schwieg. 0,1 hatten ihr damals zu dem erforderlichen Notendurchschnitt von 2,4 aufs Gymnasium gefehlt. Dort wäre sie genauso mitgelaufen, wie Caro das tat. Es war einfacher, als in der zehnten Klasse einen Gewaltakt für den Wechsel hinlegen zu müssen. Eva war sich nicht sicher, ob Toni das Thema wirklich ernst genug nahm. Sie war gewohnt, daß sie die Dinge immer irgendwie so drehen konnte, daß es nachher paßte. Aber Lehrer hatten eben ihre eigenen Ansichten, und die deckten sich nicht immer mit denen von Toni.

Eva seufzte.

»Wird schon gut werden«, beruhigte Sven sie.

Sie sah ihn an. Er hatte noch immer beide Hände im Schritt liegen.

»Hoffe ich auch«, sagte Eva und versuchte ein Lächeln, das im selben Augenblick entgleiste. Ungläubig blickte sie zur Tür.

Mit forschem Schritt kam ein Mann herein und steuerte geradewegs auf die junge Frau zu.

»Wie konnte denn das passieren?« fragte er sie, und sie lächelte schräg.

»Ich war einfach zu schnell unterwegs – aber danke, daß du gekommen bist! Du bist ein Schatz!«

»Aber bitte!«

Er setzte sich neben sie, und erst als er aufschaute, traf sich sein Blick mit dem von Eva.

»Sie?« Jetzt sprang er wieder auf.

»Ja, ich!«

Er kam herüber und streckte ihr die Hand hin.

Eva nahm sie, blieb aber sitzen. Sie spürte, wie sie alle anstarrten.

»Darf ich Ihnen meine Tochter vorstellen? Antonia, das ist Thomas Rau. Und das ist Sven, ihr Freund. Unser Hund hat ihn angefallen.«

»Oh!« Thomas schaute auf Svens Hände und verzog das Gesicht. »Scheint ein gefährlicher Haushalt zu sein!«

»Ihr kennt euch?« Das war die junge Frau.

Eva hätte nun doch gern gewußt, wer sie war, aber ausgerechnet jetzt wurde sie hereingebeten.

Thomas ging zu ihr hin und legte ihr eine Hand auf die Schulter.

»Wollen Sie Ihre Frau begleiten?« fragte ihn die Krankenschwester.

Aber er schüttelte nur den Kopf. »Sie ist nicht meine Frau«, sagte er, und irgendwie hatte Eva den Eindruck, daß er das für sie gesagt hatte. »Ich warte hier!«

»Und woher kennt ihr euch?« fragte Toni neugierig.

»Aus einer Bar«, sagte Thomas, was Toni ein erstauntes »Oh!« entlockte.

Eva überlegte kurz, aber dann sagte sie weiter nichts dazu. »Und wer ist die junge Dame?« fragte sie statt dessen.

Er warf ihr einen belustigten Blick zu. Seine Mundwinkel zuckten und die Fältchen um seine Augen auch. Er war doch ein recht gut aussehender Mann, so hatte sie ihn gar nicht in Erinnerung. Er trug ein rotes Poloshirt, Jeans und Slippers, die geschmackvoll und gepflegt waren.

»Meine Nachbarin«, sagte er. »Sie ist eine leichte Chaotin, und zwischendurch spiele ich den guten Engel, wenn mal wieder alles schiefläuft. Dafür kümmert sie sich um meine Pflanzen, wenn ich nicht da bin.«

»Pflanzen?« Einen Mann mit Pflanzen konnte sie sich überhaupt nicht vorstellen. Sie sah eine Wohnung vor sich, über und über mit Topfpflanzen vollgestellt, einen grünen Dschungel.

»Ja, auf meiner Dachterrasse.«

Aha. Also ein Penthouse. Kein Häuschen im Grünen, wie sie es hatte. Der Mann war Städter.

»Hier in Stuttgart?«

»Mama!«

Fragte sie zuviel? Sie schaute ihre Tochter an, die ihr einen tadelnden Blick zuwarf.

»Sven ist dran!«

Tatsächlich, in der Tür stand die Krankenschwester und winkte sie heran.

Eva wollte sich schon erheben, aber Toni stieß empört hervor: »Da willst du doch wohl nicht mit!« Und sie ließ sich wieder sinken.

Ihre Tochter begleitete ihren Freund hinein, und Eva schüttelte nur leicht den Kopf.

»Warum ist Ihr Mann nicht dabei? Der hätte mit hineingehen können.«

Thomas Rau setzte sich ihr gegenüber und beugte sich vor.

»Mein Mann ...« Sie wollte schwindeln. Aber wozu eigentlich? »Mein Mann ist mit der Tsunamiwelle verschwunden«, sagte sie kurz.

»Wie schrecklich!« Er wirkte betroffen. »Das tut mir leid!«

Wider Willen mußte sie lachen, was ihn kurz die Stirn runzeln ließ.

»Nein, nicht, wie Sie denken! Er hatte dort einen Job – und hat sich familiär umorientiert.« Sie verharrte kurz, dachte über das Gesagte nach und nickte dann entschlossen. »Ja, so könnte man es nennen!«

»Und hat Sie mit Ihrer Tochter hier zurückgelassen?«

»Ich hätte gar nicht mitgewollt!« Eva zuckte die Achseln. »Und ich habe *zwei* Töchter, Toni und noch eine ältere«.

»Hmm.« Er entspannte sich. »Tsunamiwelle und bissiger Hund. Ist ja hochinteressant. Bei Ihnen ist ganz schön was geboten!«

Eva sagte nichts.

»Wo waren wir das letztemal stehengeblieben?« fragte er nach einer Weile.

»Sie versuchten eine originelle Anmache und fragten mich, ob ich noch Sex hätte oder schon golfe!«

»Richtig!« Er grinste. »Und Sie sagten: beides!«

»Ja!«

Sie schauten sich an. Direkt in die Augen. Er hatte wirklich schöne Augen. Ganz tief. Dunkel und warm. Völlig anders als Gerolds, die sie immer an einen eisigen Gebirgssee erinnert hatten.

»Golfen Sie etwa nicht?« fragte sie.

»Ja, doch! Natürlich«, gab er zurück. »Golfen ist ein Volkssport, das kann doch jeder!«

»Wie Sex halt«, sagte sie forsch und war gespannt, was ihm darauf einfallen würde.

»Es war gar nicht so schlimm!« Das kam von der Tür und schreckte die beiden auf. »Nur drei Stiche!« Die junge

Frau betrat das Wartezimmer, hatte ein Pflaster auf der Stirn und lächelte fröhlich.

Thomas stand auf. »Okay!« sagte er. »Wo ist dein Fahrrad?«

»Liegt noch dort, ein Passant hat mich hierhergefahren.«

»Dann laß es uns jetzt holen!«

Er lächelte Eva zu. »Haben Sie meine Visitenkarte noch?« fragte er.

»Ich denke schon.«

»Dann benutzen Sie sie.« Er reichte ihr die Hand.

Eigentlich hätte sie ihm jetzt eine passende Antwort geben müssen. Knapp und abweisend. Aber da war er schon weg.

Auch Sven hatte die Behandlung überlebt. Flash hatte direkt in die Hoden gezwickt, und der Arzt diagnostizierte eine leichte Quetschung. »Schongang«, empfahl er Sven und riet ihm, dem Hund in Zukunft doch besser auszuweichen …

Toni fand das gar nicht witzig, Eva dagegen schon.

Am nächsten Morgen saß sie allein am Küchentisch, die Kinder waren schon weg, Flash hatte seinen Napf in zwei Sekunden leer. »Schling nicht so«, wies sie ihn zurecht, und das Kaninchen mümmelte im Garten an einem Bündel Löwenzahn. Ihre neue Familie. Wer hätte das vor ein paar Tagen gedacht – Eva lächelte zufrieden. Am Nachmittag hatte sie Dienst, also würde sie genug Zeit haben, um mit Flash einen ausgedehnten Spaziergang zu machen. Sie kniff sich in die Oberschenkel, vielleicht wäre sogar Joggen angebracht. Es wurde alles ein bißchen weich.

Kurzentschlossen zog Eva ihr T-Shirt aus und stellte sich vor den Garderobenspiegel. Es war der einzige Ganzkörperspiegel im Haus. Sie war achtunddreißig Jahre alt, da konnte man schon mal ein paar Zugeständnisse machen. Alles in allem war sie zufrieden mit ihrer Figur. Sie lag irgendwo zwischen denen ihrer beiden Töchter, sie war nicht so grazil wie Caro, dafür auch nicht so muskulös wie Toni. Ihr Körper war runder, die Formen weiblicher. Sie hob ihren rechten Busen etwas an. Im Vergleich zum linken sah es so besser aus, aber ihre Brüste waren voll und schwer und hielten sich deshalb nicht mehr so ganz oben. Auch ihre Bauchdecke gefiel ihr nicht mehr so richtig. Eva zupfte ein bißchen an ihrem Bauchnabel, der nicht mehr rund und straff war, sondern eine leichte Falte nach unten zeigte. Nun gut, immerhin hatte sie zwei Kinder geboren, das war für die Haut eine riesige Dehnleistung. Sie drehte sich und zog dabei ihren Bauch ein. Ihr Hintern war schön rund. Der hatte ihr an ihrer Figur schon immer am besten gefallen. Ein schöner strammer Hintern, etwas zum Festhalten für schlechte Tage. Sie grinste. Aber darunter, das hatte sie schon schöner gesehen. Die Oberschenkel waren längst nicht mehr so fest wie noch vor wenigen Jahren. Da zeigten sich leichte Unebenheiten, wo sie nicht hingehörten.

»Zum Teufel mit dem Bindegewebe«, sagte sie und beschloß, einfach nicht mehr hinzuschauen. Was mußte sie sich mit Dingen belasten, die sie sowieso nicht ändern konnte. Sie würde sich eine Pediküre gönnen. Eva dachte an ihre neuen weißen Sandalen, die einen Keilabsatz hatten und nur zwei Riemchen vorn. Zu weiß würde eine French-Pediküre gut aussehen.

Sie ging nackt und zufrieden zu ihrem Kaffee zurück, als das Telefon klingelte. Flash, der mit Blick auf Hoppeline vor der Terrassentür gelegen hatte, sprang sofort wedelnd auf, und Eva schaute auf das Display. Der Sender. Nun gut.

Die Disponentin der Maskenbildnerei besetzte einen Film, der sechs Wochen lang in Österreich gedreht werden würde. Die Hauptdarstellerin hatte nach ihr gefragt.

»Was?« Eva mußte sich setzen. »Wieso denn nach mir?«

»Keine Ahnung. Ich bin nur fürs Abklären zuständig. Drehbeginn ist der 15. Mai. Ich muß es aber möglichst bald wissen!«

»Gut, ich überlege es mir ... Halt, wer spielt denn die Hauptrolle? Und um was geht's? Und wo in Österreich?«

»Ein Samstagabend-Spielfilm. Gedreht wird bei Linz, die Hauptdarstellerin ist Katrin Fischer.«

»Katrin Fischer? Sagt mir nichts!«

»Ist wohl auch ihre erste große Rolle, kommt vom Theater.«

Aha. Das konnte natürlich sein. Eva arbeitete nebenher auch am Theater, sie arbeitete überhaupt dort, wo man eine Maskenbildnerin brauchte. Sie war käuflich.

»Danke!« sagte sie und legte auf.

Welche Chance! Und welcher Frust! Sie würde natürlich nicht für sechs Wochen nach Österreich abdüsen und ihre Töchter allein lassen können. Und wer sollte sich um den Hund kümmern? Und um das Kaninchen?

Sie setzte sich auf den nächsten Stuhl und betrachtete von oben ihre Bauchfalte. Zwei Rollen. Zwei Rollen zuviel. Aber immerhin waren sie braun, da war der Anblick halbwegs erträglich.

Sie schob ihren Stuhl zurück. »Auf, Flash, wir gehen joggen!«

Es war anstrengender als gedacht. Du lieber Himmel, war sie schlecht in Form. Nach den ersten dreihundert Metern dachte sie tatsächlich schon ans Aufhören. Flash, den sie vorsichtshalber an einer Laufleine hatte, sprang aufmunternd neben ihr her, aber sie hatte nur den Aufstieg zum Bismarckturm vor Augen und fragte sich, warum sie nicht zum Bärensee gefahren war. Dort konnte man es locker angehen lassen und sich nachher mit einem Eiskaffee im Bärenschlößle belohnen. Eva versuchte, sich abzulenken. Sie dachte an die sechs Wochen. Der Job war doch das, was sie sich immer erhofft hatte. Sechs Wochen bei Dreharbeiten für einen Spielfilm. Sechs Wochen nur eine einzige Person betreuen, sie verändern, verschönern, verwüsten, egal wie, das war doch das, wozu sie die ganze Ausbildung gemacht hatte, und nicht, um im Studio Gästen die Haare aufzuwickeln. Sie hatte viel mehr drauf.

Eva lief und lief, und als sie plötzlich neben dem gewaltigen Bismarckturm stand, konnte sie es kaum glauben. Wie hatte sie das jetzt geschafft? Sie legte zur Begrüßung eine Hand an den Stein und ließ sich dann auf den breiten Sockel sinken. Flash setzte sich direkt vor sie, suchte ihren Blick und peitschte aufgeregt mit der Rute. Offensichtlich war sie ihm zu lahm. Man sollte sich auch nicht so einfach hinsetzen, Dehnen wäre nach dem Laufen besser. Eva stand also wieder auf, dehnte und reckte sich ein bißchen, stellte dabei aber fest, daß sie die Übungen im einzelnen schon wieder vergessen hatte. Sie lief noch ein bißchen mit Flash über die Wiese, und als sie ein Stöckchen gefunden hatte, ging sie doch das Risiko ein, ihn loszumachen. Es war kein wirkliches Risiko, wie sie selbst gleich einsah; Flash war so damit beschäftigt, sein Stöckchen zu finden und zu bringen, daß Eva alles andere vergaß. Sie lief dahin und dorthin, warf weit und hoch, rief ihm zu, rannte vor ihm weg. Als sie sich wieder auf den Sockel setzte, war sie völlig ausgepumpt, aber glücklich.

Flash ging dazu über, ihr alle Stöckchen zu bringen, die er finden konnte. Er legte sie fein säuberlich nebeneinander, und Eva wartete eigentlich nur noch drauf, daß er sie der Größe nach sortierte. Ein Blick auf die Uhr ließ sie aufspringen.

Sie hatte zwar noch genügend Zeit, um in den Sender zu gehen, aber sie hatte ja auch noch einen Haushalt. Caro wollte am Nachmittag bei einer Freundin lernen, und Toni hatte bis fünf Schule, aber sie mußte noch einkaufen, und der Wäscheberg wurde auch immer größer. Vor allem ihre jüngere Tochter brachte sie mit der Marotte zur Verzweiflung, sich dreimal am Tag umzuziehen und alles Ausgezogene als Schmutzwäsche zu deklarieren.

»Komm, Flash, wir gehen.« Flash sprang auf und nahm seine Stöckchen. Mit vollem Maul stand er vor ihr. Eva hatte das deutliche Gefühl, daß er sie angrinste, aber wahrscheinlich fing sie schon an, ihn zu vermenschlichen.

»Bist ein schlaues Kerlchen«, lobte sie ihn und leinte ihn an.

Gemeinsam gingen sie den Weg wieder hinunter. Die Aussicht war die Strapaze wert. Und so schlimm war es auch wieder nicht gewesen. Vor allem … der Gedanke gefiel ihr: Evelyne wohnte hier in der Nähe. Sie hatte Evelyne während ihrer Ausbildung kennengelernt, aber Evelyne hatte recht bald nach der Abschlußprüfung eines ihrer ersten Opfer geheiratet. Luis hatte damals in einem Musical mitgespielt, und Evelyne tobte ihre Ideen an ihm aus, bis sie plötzlich schwanger war. Luis, Sprößling einer angesehenen Stuttgarter Familie, der er mit seiner Berufswahl sowieso schon arg mitgespielt hatte, gab zum erstenmal in seinem Leben nach und machte Evelyne einen Heiratsantrag, denn geordnete Verhältnisse mußten schon sein. Die beiden legten dann noch eine Tochter nach, die jüngere war in Tonis Alter.

Eva zückte ihr Handy und rief an. Evelyne war etwas zögerlich, aber als sie hörte, daß Eva ihren neuen Freund mitbringen wollte, siegte die Neugierde.

»Na ja, richtig günstig ist es nicht«, sagte sie, »aber auf ein Glas Prosecco geht es schon!«

»Das wollte ich hören!« Eva beschleunigte ihren Schritt. »Kannst ihn schon mal aufmachen!«

Evelyne wohnte standesgemäß in einer der schönen alten Villen am Kräherwald. Eva öffnete das schmiedeeiserne Gartentor und ging mit Flash an ihrer Seite den schmalen Kiesweg zum Haus hinauf. Sie hoffte inständig, daß Evelyne nicht aus dem Fester schaute, das hätte ihr die ganze Überraschung verdorben. Eva wollte gerade die Hand zur Klingel heben, als die Tür von allein aufging. Evelyne hatte von innen den Öffner gedrückt – Eva schaute auf den Hund hinunter und erntete einen erwartungsvollen Blick. Flash hatte sich den ganzen Weg lang bemüht, keines seiner Stöckchen zu verlieren, und Eva war gespannt, was er jetzt wohl damit vorhatte.

»Komm rein«, hörte sie von innen und trat mit Flash ein. Evelyne stand in der Halle mit einem weißen Turban auf dem Kopf und einer riesigen Sonnenbrille auf der Nase. Flash marschierte schnurstracks auf sie zu und ließ ein Stöcken nach dem anderen direkt vor ihre Füße fallen. Evelyne starrte ihn an, als sei er vom Mond gefallen.

»Unser Mitbringsel«, erklärte Eva und mußte über Evelynes Gesichtsausdruck lachen.

»Und ich dachte, du hättest endlich einen neuen Mann aufgetrieben!«

»Das ist ein neuer Mann!« Eva hatte unbeschreiblich gute Laune. Ihr Leben hatte einen völlig neuen Drive bekommen.

»Einen auf zwei Beinen, der Diamanten serviert statt Stöckchen!«

»So einen hat Toni doch schon. Der serviert zwar erst Kaninchen, aber …«

»Ach – die Toni!« Evelyne seufzte, als hätte sie ein ganz fürchterliches Bild vor Augen. »Aber kommt doch erst mal rein!«

Eva liebte dieses Haus. Es hatte etwas an sich, es empfing einen mit großer Wärme, die Atmosphäre war gut, so als ob die Wände über die Jahre nur Schönes gesehen hätten. Und es wirkte selbst nach heutigen Gesichtspunkten immer noch modern. Geräumige, offene Räume mit kühlen Steinböden und wenig Mobiliar. Eva fühlte sich hier immer frei, frei von Ballast, so als ob sie ihren eigenen Krempel, den tatsächlichen und den ihres Lebens, einfach hinter sich gelassen hätte. Vom hellen Wohnzimmer aus gingen große Fenster, die sich im Sommer absenken ließen, in den Garten, wo ein nierenförmiger Swimmingpool glitzerte. Evelynes Kinder hatten eine Traumkindheit, dachte Eva, und manchmal gab ihr das einen Stich. Nicht, weil sie sich selbst sehr viel weniger leisten konnte, sondern weil sie ihren Kindern so gern so viel mehr geboten hätte.

»Wollen wir raus?« Unter dem Sonnenschirm stand ein kleiner Tisch mit weißbezogenen Sesseln, und der Sektkübel mit der Flasche und den beiden Gläsern sah besonders einladend aus.

Eva nickte erfreut. »Sieht gut aus!« Rote Steinfliesen bedeckten den Terrassenboden, und Eva zog ihre Laufschuhe aus. Zuerst testete sie den Stein mit ihren Zehen, dann rollte sie den ganzen Fuß ab. Der Stein fühlte sich warm an. »Es ist einfach schön bei dir«, sagte sie und ließ sich in einen der Sessel sinken. »Warst du schon im Wasser?«

Evelyne griff nach der Sektflasche und schüttelte dabei den Kopf. »Ist noch nicht meine Temperatur. Ich warte, bis die Sonne noch etwas zulegt.«

Kaum ausgesprochen, platschte etwas neben ihnen so gewaltig in den Pool, daß sie beide von dem aufspritzenden Wasser naß wurden und aufsprangen. Flash pflügte hoch erhobenen Kopfes durch das Becken.

»Ach, du lieber Himmel!« Eva wußte im Moment nicht, ob sie ihn zurückpfeifen oder weiterschwimmen lassen sollte. Sie schaute schnell zu Evelyne, die vor Schreck ihre Sonnenbrille abgenommen hatte. Sie hatte eindeutig zwei Veilchen. Eva schaute schnell wieder weg. Sollte sie nachher die Sprache drauf bringen? War das etwa das Resultat einer handfesten Meinungsverschiedenheit mit Luis?

In der Zwischenzeit hatte Flash die breite Treppe erreicht, sprang fröhlich heraus und kam schwanzwedelnd und vor Nässe triefend auf sie zu. Wie mager er ist, dachte Eva noch, als Evelyne kreischte: »Was tut er da?« und Flash sich so kraftvoll vor ihnen schüttelte, daß ihm sein Fell klatschend um den mageren Körper wedelte und unendlich viele Wassertropfen umherstoben. Die meisten fanden ihr Ziel auf den Gläsern und auf den weißen Sitzbezügen.

»Nur gut, daß er sauber war«, sagte Eva und verzog das Gesicht.

Evelyne sah aus, als wollte sie Flash zurück ins Wasser stoßen, aber dann fing sie unvermittelt an zu lachen und ließ sich in ihren feuchten Sessel fallen.

»Er paßt zu dir«, sagte sie und deutete auf die triefenden Gläser: »Du weißt ja, wo frische stehen!«

Eva nahm sie und stand auf, hatte aber Mühe, Flash daran zu hindern, ihr, naß, wie er war, durchs ganze Haus zu folgen.

Evelyne sah darüber hinweg, aber ihr konnten die Schmutzspuren ja auch egal sein, sie hatte schließlich eine Putzfrau.

Aufatmend kam Eva zurück und stellte die Gläser ab. »Entschuldige«, sagte sie, während Evelyne einschenkte.

Aber die zuckte nur mit den Schultern und hob dann ihr Glas zum Toast. »Gibt Schlimmeres im Leben!« sagte sie dazu.

»Deine blauen Augen?« rutschte es Eva heraus; sie hätte es in derselben Sekunde gern wieder zurückgenommen.

Evelyne stieß seelenruhig mit ihr an, nahm einen tiefen Schluck, ließ sich in den Sessel zurücksinken und nahm die Sonnenbrille ab. »Die habe ich Susanne zu verdanken!«

»Bist du an ihren Mann ran?«

»Mann?« Evelyne starrte sie verständnislos an und prustete dann los. »Nix Mann. Sie hat meine Lider gestrafft!«

»Wie?«

»Ja meine Güte! Ich hatte hier so zwei Hautfalten über dem Lid, das sieht dann wie ein Schlupflid aus. Du hast es auch schon ein bißchen, kannst ja nachher mal im Spiegel nachschauen. Mich hat das gestört, und Susanne hat es mit Radiowellen weggeschnitten.«

»Mit Radiowellen? Einfach so?«

»Einfach so!«

»Ist ja ungeheuerlich!«

»Sie ist Chirurgin!«

»Ach so!«

»Und dein Turban?« Jetzt war Eva schamlos geworden.

»Eine Haarpackung. Spüle ich nachher wieder aus. Ich hab dir ja gesagt, du kommst nicht ganz gelegen!«

Eva nahm einen Schluck. Haarpackung und Lidstraffung. Es war schon irgendwie eine andere Welt, in der Evelyne lebte.

»Und wo hast du deinen neuen Begleiter aufgegabelt?«

Eva war froh, das Thema wechseln zu können. Sie erzählte von dem Kaninchen und ihrem Wunsch, dem Kaninchen einen Gefährten zu verschaffen.

Evelyne lachte, bis sie hörte, daß Flash den nächtlichen Eindringling angefallen hatte.

»Der kommt nachts? Der Junge schläft bei euch?«

Eva nahm noch einen Schluck und spürte langsam die Wirkung. Klar, sie war viel gelaufen und hatte noch nichts gegessen.

»Es ist der netteste erste Freund, den sie haben kann. Stell dir vor, da kommt so ein Rotzlöffel, entjungfert sie und läßt sie sofort wieder sitzen, das wäre doch ein Trauma. Die beiden sind das perfekte Liebespaar, ich höre nur noch ›Scha-a-atz‹ durchs ganze Haus!«

Evelyne kräuselte skeptisch die Nase. »Trotzdem«, sagte sie schließlich. »Sie ist doch erst vierzehn!« Ihre eigene Tochter Denise war im selben Alter, kein Wunder, daß sich Evelyne Gedanken machte. Falls sie nach der Mutter kam, hätte sie allen Anlaß dazu.

Eva mußte lächeln. Evelyne war ein ganz wilder Feger gewesen. Bevor sie Luis die Standhafte vorgespielt hatte, hatte sie Strichlisten geführt. Abschüsse hatte sie das genannt. Eva kraulte Flashs Kopf, der bereits wieder trocken war, und überlegte, ob Evelyne so etwas noch hören wollte. Eher nicht.

»Mir ist lieber, sie sind bei mir«, erklärte sie. »Verhindern kannst du es ja doch nicht, dann drücken sie sich halt sonstwo rum. Oder glaubst du, deine ist anders?«

»Bei uns würde jeder Kerl rausfliegen.«

»Aber nur, weil Luis keine Konkurrenz ertragen kann.«

Evelyne sagte nichts.

»Und sieh's doch mal so«, legte Eva noch eins drauf. »Ich habe Mädchen, damit ich auch mal nette Jungs zu Hause habe. Frei Haus sozusagen. Was fürs Auge!«

»Such dir lieber selber was!«

Eva verstummte.

Evelyne machte eine entschuldigende Geste. »Entschuldige! War dumm von mir!«

»So dumm auch wieder nicht. Weißt du, was mir meine eigenen Töchter kürzlich gesagt haben?«

Ihre Freundin zuckte die Schultern.

»Sie sind am Samstag in irgendeine Disko abgeschwirrt und haben mir eine Abendparole ausgegeben.«

»Jetzt mach's nicht so spannend!«

»Ran an den Mann!«

Evelyne lachte. »Nicht schlecht«, sagte sie. »Und? Hast du es befolgt?«

Eva holte tief Luft. »Vor meinen Töchtern … und ich kann ja nicht so einfach …«

Evelyne unterbrach sie mit einer ungeduldigen Handbewegung. »Gerold ist ein Arsch, und deine Kinder wissen längst, was los ist. Was glaubst du denn – die sind doch nicht doof! Und mit ihrem Spruch haben sie völlig recht! Hätte ich nicht schon Luis, würde ich direkt mitmachen!«

»Was? Bei: *Ran an den Mann*?«

Evelyne sah sich schnell um und beugte sich dann etwas vor: »Wie früher halt!«

Sie mußten beide lachen, und Eva war erstaunt über ihre Offenheit.

Hatte Evelyne ihre Vergangenheit also doch nicht ganz verdrängt, selbst wenn sie immer so tugendhaft tat. Aber: ran an den Mann? Sie war sich nicht so ganz darüber klar. Wollte sie überhaupt einen Mann? Hatte sie die Nase nicht gestrichen voll? Und wegen einer Glühbirne und ein paar Unzulänglichkeiten im Haus mußte sie sich den ganzen Streß nicht antun. Andererseits brauchten sie ihn ja auch nicht gleich ins Haus zu holen. Nur gelegentlich. Just for fun eben. Mal wieder ein gemeinsames Frühstück wäre schon nicht schlecht. Nach einer guten Nacht. Aber wo bekam man eine gute Nacht her?

Sie schaute auf die Uhr und erschrak. »Oh, jetzt muß ich aber los!«

»Landesschau?« Evelyne hob noch einmal die Flasche und zeigte auf Evas leeres Glas.

»Ja, nein!« sagte Eva. »Landesschau ja, aber keinen Sekt mehr, danke!«

»Vergiß bei deinem ganzen Trubel unser Frühlingsfest nicht!«

»Frühlingsfest?« Eva war schon aufgestanden, und Flash folgte ihr.

»Am Golfplatz, Darling. Wolltest du nicht spielen?«

Das hatte sie tatsächlich total vergessen. »Ja, den Partnercup!« dachte sie und verzog das Gesicht.

Im selben Moment fiel ihr Thomas ein. Sex oder Golf? Beides!

Während ihrer Arbeit ging ihr ständig der Spielfilm durch den Kopf. Vielleicht hätte sie Evelyne fragen können. Ob sie eine Idee gehabt hätte? Einen Muttterersatz für sechs Wochen, Hausfrau und Tierdompteuse – so etwas gab es doch häufiger. Eine Super-Nanny aus dem Fernsehen, Thomas Gottschalk vielleicht?

Sie konzentrierte sich nicht wirklich auf das, was sie tat, aber es war auch schon so viel Routine, daß ihre Hände automatisch ihre Arbeit machten. Ob es bei Konzertpianisten auch so ist, überlegte sie. Die Hände spielten Beethoven, und der Kopf war bei der Geliebten? Wieder dachte sie an Thomas. War sie jetzt von allen guten Geistern verlassen? Sie hatte ihn doch überhaupt nicht attraktiv gefunden. Zumindest nicht besonders. Oder besser, nicht über die Maßen. Oder doch? Sie sah seine Augen vor sich und seine Hände, und als sie den Sender verließ, kramte sie in ihrer Tasche nach seiner Visitenkarte. Sie brauchte eine Weile, weil das Innenleben der Tasche turbulent war, aber bis sie am Wagen war, hatte sie die Karte tatsächlich gefunden. Thomas Rau, Unternehmensberater. Unternehmensberater? Für sie waren das Leute, die keinen wirklichen Beruf hatten. Man ging doch nicht einfach zu einem Unternehmen hin und sagte, so, jetzt berate ich Sie mal. Entlaß ein paar Leute, dann hast du mehr Gewinn, streiche die Fassade grün, das gibt Hoffnung. Das war doch alles Blödsinn. Ein Windei also, dieser Thomas.

Sie steckte die Karte wieder weg. Und überhaupt: Was hatte er noch zu ihr gesagt? Im Wartezimmer hatte er danach gefragt, ob sie seine Visitenkarte noch habe, und dann kam sein arrogantes: »Dann benutzen Sie sie.« Dann benutzen Sie sie? Wer war sie denn? Das hatte sie doch überhaupt nicht nötig!

Sie würde sie wegwerfen. Gleich heute abend.

Toni war noch beim Sport, aber Caro war schon zu Hause. Musik wummerte durchs ganze Haus, und als Eva etwas nach oben rief, knallte eine Tür. Du lieber Himmel. Das hörte sich nach ausgemachtem Streß an. Wo war der Hund? Jedenfalls hatte er sie nicht begrüßt, das kam Eva seltsam vor. Sie zog nicht einmal ihre Jacke aus, sondern ging direkt in die Küche. Die Terrassentür stand sperrangelweit offen, feuchte Abendluft zog herein, draußen dämmerte es. Sofort hatte Eva wieder die Szene mit dem Fuchs vor Augen. Sie ging direkt in den Garten und sah sich um. Kein Hund, kein Kaninchen.

»Hoppeline«, flötete sie und ging von Busch zu Busch, suchte die ganze Hauswand ab, fand aber nichts. Ihr Herz pochte. Waren Kaninchen und Hund über den Zaun gesprungen? Hatte der Hund das Kaninchen gejagt? Würde sie morgen eine Vermißtenanzeige aufgeben müssen?

Da, wo sie wohnte, gab es viele Häuschen wie ihres. Sie standen alle idyllisch am Hang, mit Gärtchen und Büschen und Hecken, und weiter oben begann schon der Wald. Die Straße war vielbefahren und führte in Richtung Schloß Solitude. Sie durfte sich nicht ausmalen, was dort einem Kaninchen, das von einem Hund gejagt wurde, passieren konnte. Und auch nicht, was einem Autofahrer passieren konnte, wenn er einem solchen Duo auswich. Gab es Haftpflichtversicherungen für Kaninchen? Für Hunde sicherlich. Darum mußte sie sich gleich morgen kümmern. Wahrscheinlich stand das sogar in diesem Vertrag, den sie im Tierheim unterschrieben und nicht gelesen hatte.

Und warum war diese dusselige Tür überhaupt offen? Die Wut, die sie packte, führte sie schnurstracks zu Caroline. Sie klopfte, und als sie nicht sofort Antwort erhielt, riß sie die Tür auf.

Ihre ältere Tochter saß auf dem Boden, den Rücken gegen das Bett gelehnt, und hielt Flash im Arm. Flash bewegte zur Begrüßung leicht seine Rute, verzog aber sonst keine Miene.

»Caro!« sagte Eva aufgebracht. »Ich habe mir solche Sorgen gemacht! Unten ist die Terrassentür offen, ich dachte, Flash …«

Bei seinem Namen wedelte er stärker, und erst jetzt sah Eva, daß Caro tränenverschmiert war.

»Du lieber Himmel«, sagte sie. »Was ist denn passiert?«

»Nichts!«

»Wie – nichts! Ich sehe doch, daß was ist!«

»Es ist nichts!«

Eva überlegte. Dann ging sie zu ihrer Tochter und hockte sich vor sie hin. »Vielleicht kann ich ja helfen? Was ist denn?«

»Kannst du nicht!«

Caro schaute sie nicht an, sondern hielt ihren Blick gesenkt. Ihr braunes Haar war zerzaust.

»Ist es was mit der Schule?«

»Nein!«

»Mit einem Freund?«

»Bemüh dich nicht!«

»Wenn du mir nichts sagst, kann ich dir nicht helfen!«

»Mama!«

Eva holte tief Luft. Ein kleines Kind konnte man einfach tröstend in den Arm nehmen, aber was tat man mit einer Achtzehnjährigen?

»Kann ich dir wenigstens was zu trinken oder zu essen bringen?«

Caro rührte sich nicht. »Ich brauch nichts. Ich will nur allein sein!«

Das war deutlich.

Eva stand auf. Sie könnte Hanna anrufen, Caros Freundin. Aber das würde Caro ihr sicherlich krummnehmen. Sie ging langsam zur Tür und schaute sich noch einmal um, aber nur Flash sah ihr hinterher. Bedrückt ging sie in die Küche zurück. Warum nur wurde mit dem Älterwerden alles schwieriger? Sie setzte sich auf einen Küchenstuhl und schaute hinaus. Und warum war sie als Mutter so außen vor? Sicherlich gab es Jugendliche, die mit ihren Eltern alles besprachen, Rat einholten, kleine und große Ereignisse teilten. Was war bei ihnen so schiefgelaufen, daß sie noch nicht mal den Hauch einer Ahnung hatte? Hatte Caro eigentlich gerade einen Freund? Eva war überfragt. Zumindest keinen, den sie mit nach Hause gebracht hätte. Wo trieb sie sich herum, wenn sie angeblich mit Freundinnen unterwegs war? Wo war sie beispielsweise gewesen, als Flash Sven gezwickt hatte?

Apropos herumtreiben. Wo war bloß das Kaninchen? Eva erwischte sich dabei, wie sie regungslos auf ein und denselben Punkt an der Terrassentür starrte, und gab sich einen Ruck. Sie mußte Hoppeline finden, es wäre traurig, wenn sie tatsächlich verschwunden wäre. Wieder lief sie von einer Ecke des Gartens zur anderen, schaute unter die Büsche und sogar in den Kaninchenstall, in dem Hoppeline schlief, aber nicht freiwillig hineinhoppelte, und gab es auf. Da erschien Toni in der Terrassentür, aber auch sie und Sven erreichten nichts. Hoppeline blieb verschwunden.

Jetzt hatte sie den zweiten Trauerfall im Haus, und nachdem ihr Toni bei Caros Kummer auch nicht hatte weiterhelfen können oder wollen, ging Eva ins Bett. Manchmal wäre ein Partner doch ganz schön, dachte sie bekümmert. Sorgen teilen, Rat holen, über alles sprechen. Auf der anderen Seite wäre ihr Gerold auch keine große Hilfe gewesen, er war kein Seelentröster, und Tiere mochte er sowieso nicht. Eva schaltete den kleinen Fernseher an, den sie sich als ihren eigenen kleinen Luxus ans Bett gestellt hatte, und versuchte sich abzulenken.

Ein Schrei weckte Eva auf. Das wird wohl zur Gewohnheit, dachte sie noch, während sie sich aufrichtete. Aber er kam aus dem Fernseher, irgendeine frühmorgendliche Gruselgeschichte sollte wohl auf den Tag einstimmen. Sie schaltete den Apparat mit der Fernbedienung aus und ließ sich wieder ins Bett zurücksinken. Es gab nichts Schöneres, als zu früh wach zu werden und genußvoll noch einmal in den Schlaf sinken zu können.

Eva lächelte, drückte ihr Kissen zurecht und ließ sich in die Schwere eines neuen Traumes fallen. Er kam, zupfte an ihren Füßen, krabbelte hoch und öffnete in ihrem Kopf ein neues Fenster.

Sie saß in der Dunkelheit auf dem Steg eines Bootshauses und wartete. Die kleinen Wellen eines Sees schlugen gegen die Dalben, der Mond spiegelte sich im Wasser, und außer einem leisen Rauschen und den vereinzelten Rufen irgendwelcher Nachtvögel war nichts zu hören. Sie wartete und wußte, daß sie irgendwann das Boot aus dem Bootshaus würde nehmen müssen, wenn er nicht kam. Sie hoffte, daß er kommen würde, denn sonst müßte sie in das Bootshaus hinein, und das wollte sie nicht. Sie fürchtete sich vor der Finsternis, dem wackeligen Steg, den vielen Spinnen und dem dunklen Wasser. Sie blieb sitzen. Wie lange, das konnte sie nicht sagen, aber irgendwann war ihr klar, daß sie aufstehen mußte. Sie ging langsam auf das Gebäude zu, das wie ein großer Schatten vor ihr lag. Ein riesiges offenes Tor gähnte sie an. Dahinter hörte sie es nur plätschern. Der schmale Steg schwankte, doch sie ging weiter. Das Boot dort drin war ihre einzige Rettung. Sie mußte nur hineingehen, es losbinden, sich hineinsetzen und hinausfahren. Langsam tastete sie die schmale Tür ab, die an der Seite des Hauses nach innen führte. Das Holz fühlte sich rauh an. Ein alter Riegel hing nur noch an einer Schraube, sie zog daran, und die Tür gab nach. Modrige Luft schlug ihr entgegen, aber sie würde nicht zurückweichen. Sie trat über die Schwelle, und jetzt konnte sie auch vage die Umrisse des Bootes erkennen, das leise vor ihr schaukelte. Sie ignorierte die Spinnweben und das faule Holz, das ihre Hände auf der Suche nach Halt berührten, sie ging Schritt für Schritt weiter und suchte dabei nach einem festen Stand auf dem schwankenden Boden und hörte nicht auf ihr Gefühl, daß die Bretter nachgeben könnten und sie im schwarzen Wasser landen würde. In dem Moment, als sie sich zu dem Boot hinunterbeugte, um nach den Leinen zu tasten, kam etwas von oben auf sie zugeflogen, und sie schrie auf, weil sie den Halt verlor.

Eva schoß im Bett hoch, und da zischte etwas von ihr weg. Eva war atemlos und noch so in ihrem Traum, daß sie einen Moment brauchte, um ihre Nerven wieder zu beruhigen. Es war schwarz um sie herum, aber es gab kein Wasser. Sie war zu Hause in ihrem Bett. Was hatte sie angegriffen? Oder hatte sie auch das nur geträumt?

Mit zitternden Fingern suchte sie nach dem Lichtschalter. Wie kam sie nur auf eine solche Idee? Was hatte sie mit Wasser und einem Boot zu tun? Ihr Herzschlag beruhigte sich nur langsam. Sie griff nach der Mineralwasserflasche neben ihrem Bett, bekam statt dessen aber etwas Pelziges zu fassen und schrie auf. Ein Schatten huschte über den Boden, und mit einem Schlag war es ihr klar. Hoppeline hatte sich in ihr Schlafzimmer verirrt.

Eva brauchte noch einen Moment, bis sie sich wieder ganz unter Kontrolle hatte. »Oma, das machst du nicht noch mal mit mir«, sagte sie schließlich laut, denn erkannte Geister soll man ansprechen.

Es war schon ungewöhnlich, mit ihrer vierzehnjährigen Tochter und deren Liebhaber am Frühstückstisch zu sitzen. Toni hatte heute eine Stunde später Schule, und Sven schloß sich ihr gleich an. Ob er schwänzte oder nicht – so genau wollte sie es gar nicht wissen. Eva hatte ein paar

Aufbackbrötchen in den Backofen geschoben und schnell den Frühstückstisch gedeckt. Sie hoffte, Caro noch auf ein Wort zu erwischen, aber sie war schon leise verschwunden, und so blieb Eva mit ihren Gedanken allein. Es brannte ihr auf der Seele, was mit ihrer großen Tochter los war. Wie gingen andere Mütter damit um, wenn ihre Töchter Probleme hatten und nichts verrieten? In Gedanken strich sie kräftig Butter auf eine Brötchenhälfte und ließ Honig drüberlaufen. Goldgelb sah er aus, wie er so in einem dünnen Faden vom Löffel glitt, und sie malte ein Gittermuster. Dann sah sie auf, und ihr Blick fiel auf Sven, der ebenfalls ein Butterbrötchen vor sich hatte.

»Magst du Honig?« fragte Eva Sven und wollte ihm den Topf reichen.

Aber Toni schüttelte entschieden den Kopf. »Sven mag keinen Honig.«

Eva wartete auf eine Reaktion, aber Sven verzog keine Miene. »Wirklich nicht?«

»Ich sag's doch!« antwortete Toni.

»Würdest du Sven einfach für sich selbst antworten lassen?«

Aber Sven lächelte sie nur freundlich an und ließ es dabei bewenden.

»Du bist ja schlimmer als ich«, sagte Eva zu ihrer Tochter und dachte, daß sie Gerold nie so unterdrückt hatte. Wo hatte sie das nur her?

Eine Weile plätscherte das Gespräch so dahin, aber dann hielt es Eva nicht mehr aus.

»Weißt du wirklich nicht, was mit Caro los ist?« bohrte sie nach, als sie Tonis Blick auf die Uhr bemerkte. Gleich würden die beiden aufbrechen.

»Sie glaubt, daß ihr Typ fremdgeht. Aber sie ist neurotisch, und außerdem hat sie keine Ahnung von Männern, sie macht alles falsch!«

Toni stand entschieden auf, und Eva stellte ihre Kaffeetasse ab.

»Sie macht alles falsch?« wiederholte sie ungläubig.

»Ja, das hat sie von dir«, sagte Toni und klopfte vor Svens Augen kurz auf ihre Armbanduhr. »Wir müssen los! Und, ach, Mutti, bevor ich's vergesse, Frau Funk will dich sprechen, sie sagt, ich sei zu selten in der Schule.«

»Du bist … was?«

»Ruf sie halt an. Sie verwechselt da was.«

Jetzt stand Eva auch auf. »Wie kann sie da was verwechseln, sie ist deine Klassenlehrerin! Und überhaupt, was heißt da zu selten in der Schule? Wo bist du denn?«

»Ich *bin* in der Schule. Sie überreißt es bloß nicht!«

Und damit waren die beiden weg, bretterten mit Svens Roller los, und Eva stand allein vor dem Küchentisch.

Sie setzte sich wieder. Sie trank ihren Kaffee aus und fragte sich, wo Flash war. Normalerweise stand er morgens immer als erster schwanzwedelnd vor der Terrassentür und schaute, ob er einen Blick auf Hoppeline erhaschen konnte. Ja, und wo war Hoppeline? Sie hatte sie nachts nicht mehr erwischt, das Kaninchen war durch den unvermittelten Körperkontakt mindestens so erschrocken gewesen wie sie selbst und in den dunklen Flur gelaufen. Sie konnte überall sein. Eva vertraute darauf, daß schon nichts passieren würde. Ein paar Kaninchenböppelchen, in Gottes Namen.

Das Haus war still, kein Laut zu hören. Der Tag schlich silbern heran. Es war Mitte April, und gestern bei Evelyne hatte es noch nach prallem Frühling ausgesehen, aber jetzt versteckte er sich wieder. Es versprach ein trüber Tag zu werden.

Auf, Eva, reiß dich zusammen, das Leben ist schön, du hast zwei gesunde Töchter, und du bist glücklich! Sie goß sich noch eine Tasse nach und lauschte in sich hinein. War sie wirklich glücklich? Bestimmt nicht. Sie war aber auch nicht richtig unglücklich. Was würde sie anders machen, wenn sie den Lottojackpot endlich knacken würde? Sie würde neue Reifen für ihren Golf kaufen, mit den Kindern zu einem tollen Urlaub in die Südsee fliegen und nach Singen zum Shoppen fahren. Evelyne kaufte immer bei Fischer ein, und sie wollte unbedingt mal mit. Aber das konnte sie vielleicht auch ohne Millionen. Sie brauchte keinen Jackpot, sie kam ganz gut allein zurecht, beschloß sie, als das Telefon ging.

Der Sender? Wollten die schon eine Entscheidung wegen Österreich? Nein, für den Sender war es zu früh. In der Dispo schliefen sie noch.

»Guten Morgen. Ich wollte nur mal hören, wie es dir geht.« Schon der Ton ihrer Mutter verriet, daß es eine Spitze war.

»Oh, danke, gut. Ist viel los. Und du? Wie geht es dir?«

»Danke der Nachfrage!«

Das war klar! Ihre Mutter nahm ihr übel, daß sie sich seit Tagen nicht gemeldet hatte.

»Mutti, hier war so viel los, du glaubst es ja nicht!«

»Mir wird ja auch nichts mehr erzählt …«

Ach du je. Manchmal konnte sie damit umgehen, manchmal nicht. Heute nicht.

»Dann mußt du einfach mal wieder herkommen und

das alles selbst erleben. Wir haben jetzt einen Hund! Stell dir vor!«

»Er wird den Boden ruinieren. Scharfe Hundekrallen auf Parkett – aber du wolltest ja unbedingt Holzböden. Ich hätte ja Teppichböden …«

Eva unterbrach sie. »Ja, ja, Mutti, ich weiß. Freu dich lieber mit uns, daß wir einen Hund haben.«

»Mir wäre das zuviel. Ich komme ja so kaum noch nach. Die Tochter von Frau Dr. König …«

»Frau König hat keinen Doktortitel, und ihre Tochter ist eine gut versorgte Witwe ohne Anhang. Die hat Zeit.«

»Ja …«

Eva ahnte, daß jetzt die Platte von ihren verpaßten Chancen kommen würde. Sie mußte das Gespräch irgendwie freundlich beenden.

»Nimm dir doch eine Zugehfrau, das kannst du dir doch leisten!«

»Die letzte hat um die Flecken herumgeputzt. Der eine am Hängeschrank, ich habe ihn vorher gesehen und nachher. Er hat jeden Besuch von dieser Dame überlebt.«

»Ja, Mutti. Sollen wir dich nächsten Sonntag zu uns holen?«

»Schaun wir mal, wie es mir am Sonntag geht!«

»Es wird dir gut genug gehen.«

Irgendwann hatte sie ihre Mutter dann doch beruhigt und konnte auflegen.

Nach dem Gespräch mußte sie sich eine Tasse einschenken. Drei Tassen Kaffee waren zwar zuviel, aber wie sollte sie ihren Ärger sonst runterspülen. Ihre Schwester lebte in Lübeck, die tat rein gar nichts für ihre Mutter, aber wenn sie einmal im Jahr zu Besuch kam, war sie immer die strahlende Heldin. Diejenige, die alles richtig machte, diejenige, die sich kümmerte, diejenige, die den richtigen Mann geheiratet hatte, im Nobelviertel wohnte und zwei stramme Söhne auf einem Eliteinternat hatte. Ihre Schwester war wer. Ihr selbst dagegen war der Mann davongelaufen, sie hauste in der Kate ihrer Großmutter, und der Hund hatte Flöhe. Daß der wunderbare Schwiegersohn mit seiner Sekretärin fremdging, spielte dabei keine Rolle. Männer waren halt so.

Eva stand auf. Sie brauchte eine Ablenkung. Einmal Bad und Küche schrubben und die Böden feucht wischen. Und dabei Hoppeline und Flash aufstöbern.

Caros Tür war nur angelehnt, und Eva schob sie etwas auf, um einen kurzen Blick hineinzuwerfen, aber dann blieb sie doch auf der Schwelle stehen. Flash lag seitlich ausgestreckt in der Mitte des Raumes, drehte seinen Kopf leicht zu ihr hin und schaute sie aufmerksam an, bewegte sich aber ansonsten keinen Millimeter. Eva glaubte nicht richtig zu sehen. Was da dunkel an seinem Bauch aussah, als sei es mit seinem eigenen schwarzweißen Fell verwachsen, gehörte nicht zu Flash. Es war Hoppeline. Hoppeline schlummerte wie ein Hundebaby dicht an den Riesen gekuschelt und war augenscheinlich im Tiefschlaf. Sie rührte sich nicht. Und Flash auch nicht. Nur seine Schwanzspitze zuckte zur Begrüßung, ganz so, als ob er Angst hätte, das kleine Wesen durch eine zu hastige Bewegung zu vertreiben.

Eva spürte, wie ihr vor Rührung die Tränen kamen. Da hatte sie sich Gedanken gemacht und die Vermittlerin gespielt, und die beiden hatten klammheimlich zueinander gefunden. Wie hatten sie das gemacht? War Hoppeline so mutig gewesen, einfach auf den großen Hund zuzuspazieren? Oder hatte Flash ein Signal gegeben?

Sie würde es nicht erfahren, aber es war wunderbar. Traumschön.

Auf Zehenspitzen schlich Eva hinaus und holte ihre kleine Digitalkamera. Das Foto würde sie ihren Töchtern heute abend groß ausgedruckt als Willkommensgruß aufs Bett legen. Da mußte es einem doch sofort gutgehen, Liebeskummer hin oder her.

Beschwingt fing sie mit ihrer Hausarbeit an, und sie kam so gut durch wie selten. Gerade als sie unter die Dusche wollte, kamen Flash und Hoppeline gemächlich aus Caros Zimmer spaziert. Flash voran, Hoppeline dicht dahinter.

»Na, ihr beiden«, sagte Eva und ging in die Hocke. Hund und Kaninchen blieben vor ihr stehen, und Eva kraulte mit der einen Hand Flash, der sich ihr entgegenstreckte, und streichelte mit der anderen Hoppeline, die sich flach auf den Holzboden drückte. »Jetzt mach ich euch erst mal Frühstück. Und sicherlich müßt ihr beide ganz dringend in den Garten. Und dann sehen wir weiter …«

Der Tag war gerettet. Am liebsten hätte sie ihre Mutter angerufen und ihr erzählt, wie schön die Welt sein kann. Aber für ihre Mutter waren Kaninchen das Unheil aller Zeiten. Kaninchen und Maulwürfe schrien geradezu nach konsequenter Kriegsführung. Das hatte sie von ihrem Mann, der beim renommierten Stuttgarter Golf-Club Solitude Head-Greenkeeper gewesen und somit für die Pflege des Golfplatzes verantwortlich war. Wenn er irgendwo ein Kaninchen sah, wurde er zum Wolf, auch wenn er sonst ein gutmütiger, friedlicher Mensch war.

Als Kind hatte Eva seinen Beruf wunderbar gefunden. Sie liebte die Weite der Golfplätze, die morgendliche Einsamkeit, sie genoß es, wenn ihr Vater seine Kontrollfahrten mit dem Golfcart machte und sie mitfahren durfte. Golf gehörte für sie so früh zum Leben wie für andere Radtouren oder Kinderspielplätze. Es war selbstverständlich, daß sie früh Caddy wurde, Trolleys zog, Schläger reichte, aufgerissene Schlaglöcher reparierte und schließlich selbst spielen durfte. Eva gehörte schon als Jugendliche zu den Besten des Clubs, wenn sie den Sport auch immer nur aus Spaß und nicht aus Ehrgeiz betrieb. Golfen war für sie eine Selbstverständlichkeit, sie dachte nicht darüber nach.

Aber jetzt dachte sie darüber nach. Sie stand im Badezimmer vor dem Spiegel und zog sich mit einem kleinen Pinsel einen feinen Lidstrich. Evelyne hatte sich einen Permanentlidstrich stechen lassen, die hatte diese morgendliche Zitterpartie nicht mehr, aber ein Permanentlidstrich kostete viel Geld, und außerdem hatte Eva vor allen Dingen Angst, die sich anschließend nicht mehr ändern ließen. Auf dem Weg zum Standesamt war es ihr auch so gegangen. Hätte sie mal auf ihren Bauch gehört.

Klar, ein dicker, schwarzer Farbfleck breitete sich aus und färbte das untere Lid gleich mit. So, Frau Maskenbildnerin, sagte sie, jetzt schau mal, wie du das wieder hinbekommst!

Es war ihre kleinere Übung. Die größere rumorte in ihrem Bauch. Das Frühlingsfest des Golfclubs: morgens ein kleines Turnier der Clubmitglieder zur Eröffnung der neuen Saison, nicht jeder Golfer spielte gern im Winter, und abends der rauschende Ball, die Damen in Lang, die Herren im Smoking.

Ob Thomas ein Smoking stehen würde?

Sie war sich sicher.

Ohne lange darüber nachzudenken, ging sie zu ihrer Tasche, holte die Visitenkarte und griff zum Telefon. Ein Blick auf die Uhr, es war elf vorbei, da konnte auch ein Herr Unternehmensberater wach sein. Sie holte noch einmal tief Luft, dann wählte sie die Nummer.

Sie ließ es einige Male läuten und wollte schon gerade wieder auflegen, als eine klare Männerstimme sagte: »Eva Kern. Wie schön. Ich hatte schon fast nicht mehr daran geglaubt!«

Der erste Impuls war, ihn wegzudrücken, so sehr hatte sie sich erschrocken. Dann riß sie sich zusammen: »Aha, der Herr hat mich schon gespeichert!«

»Gespeichert? Was denken Sie von mir!« Sie hörte ein erstauntes kurzes Lachen. »Ich trage Sie in meinem Herzen!«

Dazu fiel Eva nichts ein.

»Ich glaube Ihnen kein Wort«, sagte sie, »Sie denken an eine schnelle Nummer und an sonst nichts!«

»Das auch«, gab er zu.

Verflixt, sie war doch sonst so schlagfertig.

»Aber außer Sex können Sie ja auch golfen, haben Sie gesagt!«

»Selbstverständlich. Womit soll ich dienen?«

Er war wirklich – ungeheuerlich. Eva kam nicht dahinter, ob er sie abstieß oder ob ihr seine Art gefiel. Seine Offenheit verwirrte sie, aber auf der anderen Seite *war* er offen. Wer war das schon?

»Ich schau mir erst mal an, wie Sie golfen. Und tanzen. Beim Tanz erkennt man, ob ein Mann wirklich gut im Bett ist oder nur angibt!«

»Ist das wahr!« So wie er es aussprach, klang es nach keiner Frage, sondern eher zynisch. »Wieso denn?«

»Körpergefühl. Ideenreichtum. Abwechslung. Wie er einen hält, ob er einem auf die Füße tritt, ob er gleich schwitzt, wie er riecht, welches Tempo er einschlägt, ob er einem ins Ohr prustet, ob er Spannung im Körper hat, ob seine Hände lasch sind, ob …«

»Ist schon gut. Wir tanzen!«

»Aber vorher golfen wir!«

»Wir können das Golfen auch weglassen und gleich tanzen.«

»Aber hier handelt es sich um das Frühlingsfest meines Golfclubs, und wenn wir da gemeinsam hingehen, dann müssen wir vorher golfen. Wie sieht das denn sonst aus! Besitzen Sie einen Smoking?«

»Einreiher oder Zweireiher?«

»Ist ein Unternehmensberater ein seriöser Job?«

»Nein!«

»Na, gut. Ich hab's befürchtet!«

»Aber er bringt Geld!«

»Geld ist nicht alles!«

»Aber alles ist nichts ohne Geld!«

»Dummer Spruch!«

»Stimmt! Wann steigt das Golffest?«

Als Thomas Rau auflegte, blieb er erst einmal nachdenklich vor seinem Auto stehen. Worauf hatte er sich da eingelassen? Auf ein Golffest? Saisoneröffnungsparty? Er konnte überhaupt nicht golfen.

Er hatte sich damals an der Bar einen netten Abend ausgemalt. Da legte man schon mal etwas zu, um den Marktwert zu steigern. Golfen? Ja, bitte! Wasserskifahren? Nichts leichter als das. Drachenfliegen? Gehört doch dazu. Aber so etwas rettete man selten in den nächsten Morgen hinüber. Doch jetzt war es passiert. Er hatte gepokert und verloren.

Golfen!

Er konnte es ja auch einfach lassen. Er konnte sie anrufen und ihr sagen, daß es ein dummes Spiel war. Daß er sie hübsch und anziehend gefunden hatte, daß sie ihn angetörnt hatte, dort an der Bar, und daß das Wiedersehen im Wartezimmer ein blöder Zufall gewesen war. War es ja auch. Aber das war nicht alles. Es hatte ihn gefreut. Ihre wachen Augen, die braunen Haare mit dem rötlichen Schimmer, die sich frech um ihr Gesicht legten, der geschwungene rote Mund – und es waren nicht einmal diese Äußerlichkeiten, sondern vielmehr ihre Art. Wie sie gleich forsch zurückschoß, sich von ihm nicht verunsichern ließ. Sie packte den Stier bei den Hörnern.

Bloß, jetzt war er kein Stier mehr. Sie wollte golfen. Sicherlich war sie so eine Golflady der Stuttgarter Oberschicht, eine, die sich auf Benefiz und Society verstand. Quatsch. Sie war völlig natürlich, sagte er sich, sie war wahrscheinlich aus einer wirklich guten, alten Familie. Trainiert auf die Stuttgarter Bescheidenheit der Oberschicht.

Wie auch immer, sie wollte golfen. Und er konnte nicht golfen!

Er hatte sich nicht von der Stelle gerührt. Dabei hatte er einen Termin mit einem Kunden, den er für sich gewinnen wollte. Er mußte sich jetzt aufs Geschäft konzentrieren, aufs Wesentliche.

Das erste, das er fragte, als er endlich im Besprechungsraum war, erstaunte den Firmenchef.

»Können Sie golfen?« fragte Thomas Rau, während er ihm die Hand schüttelte.

»Nein«, sagte sein Gegenüber.

»Ich auch nicht! Also haben wir eine gute gemeinsame Grundlage!«

Eine Stunde später war er im Reisebüro. Gerade eben hatte er wohl nicht den idealen Eindruck hinterlassen, aber seit dem Telefonat mit Eva spukte ihm nur noch diese Frau im Hirn herum. Spielten seine Hormone jetzt total verrückt, oder was war los? So toll war sie auch wieder nicht. Sie hatte einen sexy Hintern und ein interessantes Gesicht, okay, aber es konnte doch wohl nicht sein, daß er sich Knall auf Fall in eine Frau verliebte, die ihn an der Bar hatte abblitzen lassen.

Er war gerade vierzig geworden, und er hatte beschlossen, sich überhaupt nichts mehr aufzuhalsen. Keine Frau, keinen Hund, keine Familie. Er trug die Verantwortung für sich, seine Firma und sein Auto, und das, fand er, war mehr als genug. Mal eine kurze Nummer, mal auch etwas länger, aber bitte kein gemeinsames Frühstück! Bloß nicht neben einer aufwachen müssen, die er nicht sehen wollte. Keine Zärtlichkeiten danach, bitte. Kein falsches Getue, wenn die Sache vorbei war. Es schüttelte ihn, wenn er an die junge Frau zurückdachte, die zwar gegangen war, aber morgens mit Brötchen und frischen Eiern wieder bei ihm aufgetaucht war. Dummerweise hatte er aufgemacht, und dann hatten sie sich gegenübergesessen, hatten sich nichts zu sagen gehabt, und das Ei war zu glibberig. Er haßte glibberige Eier. Und schlecht geschnittenes Brot. Eine

Frau, die kein Brot aufschneiden kann, brauchst du erst gar nicht anzubringen, hatte ihm seine Großmutter klargemacht. Sie war die Meisterin im Brotaufschneiden, aber er hatte ihren Rat nie befolgen können. Keine Frau hatte je bei ihm zu Hause Brot aufgeschnitten.

Die junge Frau im Reisebüro betrachtete ihn, und ihm wurde bewußt, daß er dümmlich auf ein Ibizaplakat starrte.

»Darf ich Ihnen helfen?« fragte sie.

»Helfen?« Er brauchte einen Augenblick, bis er seine fünf Sinne beisammen hatte. »Ja, das können Sie. Ich brauche einen Schnellkurs im Golfen. Das heißt, in fünf Tagen muß ich ein Altmeister sein!«

»Aha!« Sie musterte ihn. Das machte ihm nichts aus, er trug einen tadellosen Anzug feinster Qualität, passendes Hemd und Krawatte. Seine Größe machte was her, und seine Augen fanden die meisten Frauen tiefsinnig. Jetzt blickte er geradewegs in ihre Augen, was sie zu verwirren schien. Oder war es sein Anliegen?

»Gut«, sagte sie und drehte sich weg. Sie war höchstens Anfang Zwanzig. Ob sie überhaupt schon eine Ahnung von dem hatte, was sie hier tat, fragte er sich. Hoffentlich war er nicht an die Auszubildende geraten.

»Für so eine Blitzaktion habe ich eine wunderbare Adresse für Sie! Das Golfhotel ›Vivenda Mirandella‹ liegt in Lagos direkt an der Algarve, wunderschön! Sie fliegen nach Faro, nehmen einen Leihwagen, fahren achtzig Kilometer über eine neue Autobahn und sind schon in Ihrem Hotel. Dort werden Sie super betreut, machen innerhalb von fünf Tagen auf einem der vielen Golfplätze Ihre Platzreife und sind der Meister, wenn Sie hier wieder landen!«

»Donnerwetter!« Jetzt staunte er. »Und wann geht der nächste Flug?«

Sie lächelte. »Ich werde das mal kurz recherchieren, auch, ob das Hotel Zimmer frei hat. Aber ich denke, Sie können schon mal packen!«

Sie verschwand in einem Zimmer, und Thomas zückte sein Handy.

»Haben Sie 10. Mai gesagt?« fragte er, als Eva abnahm.

»10. Mai, ja. Das Frühlingsfest!«

»Das sind ja noch über zwei Wochen – und so lange wollen Sie mich nicht sehen?«

»Ich glaube nicht, daß ich das so formuliert habe!«

»Gut, das beruhigt mich. Ich bin allerdings die nächsten Tage dienstlich unterwegs, wollte nur sichergehen, daß Sie sich in der Zwischenzeit nicht umorientieren.«

»Ich orientiere mich nicht um!«

»Versprochen?«

»Versprochen!«

Eva legte auf und schaute ihr Handy nachdenklich an. Was war das für eine seltsame Geschichte? Aber egal. Sie hatte einen Partner zum Golffest, und das war großartig. Die anderen würden staunen, und sie hörte schon das Getuschel: Was? So schnell???

Irena Funk erzählt ihr Dinge, die sie eigentlich nicht hören wollte. Antonia sei eine aufgeweckte Schülerin, aber leider eben vor allem mit ihrer Freundin Theresa beschäftigt, was häufig zu Störungen führe. Man habe die beiden schon auseinander gesetzt, aber dann sei die Briefpost losgegangen. Zudem käme sie auch nicht selten zu spät, und anstatt sich dann schnell und gezielt an ihren Platz zu setzen, müsse sie sich erst einmal ausbreiten, rechts und links nach Blättern oder Stiften fragen.

Eva saß Frau Funk im Lehrerzimmer gegenüber und glaubte nicht recht zu hören.

»Zu spät in die Schule?« fragte sie. »Aber sie verläßt doch unser Haus immer rechtzeitig.«

»Sie unterhält sich noch da und dort auf dem Schulhof, flirtet ein bißchen, holt sich auch gern noch etwas zum Knabbern, und dann wird die Zeit zu knapp.«

Eva war sprachlos. »Ja, sie ist eine kleine Chaotin«, sagte sie nach kurzer Denkpause langsam. »Sie kann aber auch anders. Wenn sie will, dann ist sie mit allem pfeilgerade und schnell.«

»Sie will halt nicht.«

Sie will nicht. Das war die Mitteilung des Tages. Ihre Tochter hatte tausend andere Dinge im Kopf. Flirtete auf dem Schulhof. Sicherlich fand sie das vor den anderen prikkelnd. Eva mußte mit ihr reden.

»Die Noten sind entsprechend«, fuhr Frau Funk fort. Sie war etwa so alt wie Eva selbst und sah nicht aus, als ob sie Toni direkt ans Leder wollte, aber alles zusammen hörte sich mehr als unangenehm an.

»Wie meinen Sie das?«

»Sie macht ihre Hausaufgaben nicht immer. Wenn sie sie dreimal vergessen hat, zählt es wie eine mündliche Sechs. Man kann sich damit durchaus den Notendurchschnitt versauen. Zumal, wenn man auch andere Dinge nachlässig angeht, Sachen wie Referate oder Gemeinschaftsarbeiten, für die jeder Schüler eigentlich ausreichend Zeit bekommt.«

»Das heißt?«

»Sie macht es auf den letzten Drücker, und dann ist es mangelhaft.«

Sie ist wie ich, dachte Eva. Großer Gott, warum hast du ihr nicht die Zielstrebigkeit ihres Vaters eingeimpft? Der war immer geradeaus losmarschiert, wenn auch gelegentlich aufs falsche Ziel.

»Sie kommt in die neunte Klasse, und dann geht es auf die Zielgerade. Wenn sie weitermachen will, muß sie sich sehr zusammennehmen und lernen. Sie könnte ja, wenn sie wollte.«

Dieser Satz hämmerte den ganzen Rückweg lang in Evas Kopf. Sie könnte ja, wenn sie wollte. Das hatte ihre Mutter auch immer zu ihr gesagt. Du könntest ja, wenn du nur wolltest. Ihre Mutter hatte einen Greenkeeper geheiratet, das war damals noch etwas Exotisches. Bei Lichte besehen war es ein Landschaftsgärtner. Ein Gärtner, der den Golfplatz pflegt und später, wenn er gut ist, als Head-Greenkeeper die anderen Gärtner unter sich hat. Trotzdem. Ihre Mutter kam durch ihren Vater an die feine Gesellschaft heran, wenn auch nur peripher. Aber durch die Hochzeit einer ihrer Töchter mit einem Mann der Stuttgarter Society hätte auch sie dazugehört. Aber Eva hatte sich in einen »Entwicklungshelfer«, wie ihre Mutter Gerold nannte, verliebt, und ihre andere Tochter war nach Lübeck abgeschwirrt. Ihr Lebenstraum war nicht in Erfüllung gegangen, und als ihr Mann starb, hatte sie, die Nichtgolferin, auch keinen Grund mehr gehabt, sich auf die schöne Terrasse des Golfclubs zu setzen.

Ihre Mutter war vierundsiebzig und eine flotte Erscheinung. Eva wünschte sich seit dem Tod ihres Vaters vor sechs Jahren nichts sehnlicher, als daß ihre Mutter sich noch einmal verlieben würde. Ein neuer Mann, eine Aufgabe, jemanden, über den sie sich freuen und auch ärgern konnte, das würde den Fokus so ein bißchen von ihr nehmen. So aber hatte sie ihre Welt auf die kleinen Nebensächlichkeiten ihres direkten Umfelds begrenzt, und dazu gehörte vor allem Eva.

Sie nahm sich vor, sich heute mit Toni zusammenzusetzen und über ihre Zukunft zu reden. Irgendeinen Plan mußte sie ja haben. Sollte sie keine weiterführende Schule besuchen können, würde sie sich möglichst bald um eine Lehrstelle bemühen müssen. Aber als was? Sie konnte sich Toni in überhaupt keiner Lehre vorstellen, aber vielleicht hatte Toni sich da ja schon was überlegt?

Sie war noch nicht zu Hause, als Tom auf dem Handy anrief. Tom war Fotograf in Stuttgart, und manchmal brauchte er sie, wenn er irgendwelche Shootings mit Models hatte. Diesmal ging es um einen Prospekt für ein Hotel, und die beiden Models sollten als Paar durch die Räume führen. Zimmer, Terrasse, Spa, Restaurant, Bar. Das war nicht gerade der neueste Einfall, aber das Management stellte es sich so vor, und Tom setzte es um, Ende der Diskussion.

Eva freute sich trotzdem. Nicht hochbezahlt, verhalf ihr aber doch zu neuen Reifen. Der Haken daran war nur, daß sie gleich kommen mußte. Sie dachte an Flash und Hoppeline, die sich gemeinsam im Garten tummelten, und an ihre Tochter, mit der sie dringend reden mußte, und daß sie auch mit ihrer älteren Tochter reden mußte und daß sie nachher pünktlich im Sender sein mußte –

kurzentschlossen drehte sie um. Es ging zunächst nur um eine Art Besprechung, der Hotelmanager wollte die beiden Models sehen, die jeweilige Location klären und sie dabeihaben. Es war Eva klar, daß da jemand ausgefallen war und sie nur als Notnagel einspringen sollte, aber es war ihr egal. Sie war um jeden Job froh, egal ob von langer Hand bestimmt oder in letzter Sekunde angeheuert.

Es war das Fünf-Sterne-Hotel »Amélie«, in dem sie noch nie gewesen war. Das allein war schon spannend genug. Eva hatte Frau Funk schon wieder vergessen und überlegte gerade, ob sie wohl passend angezogen sei, als ihr im Foyer Tom entgegenkam. Er trug wie immer eine schwarze Lederjacke zur Jeans, hatte seine wenigen Haare sehr kurz geschnitten, war tiefgebräunt und sah gut aus. Kreativ eben, Künstler. Warum hatten sie beide eigentlich nie was miteinander angefangen, dachte Eva, während sie federnd auf ihn zuschritt. Er sollte ihre Dynamik direkt spüren.

»Siehst toll aus«, begrüßte er sie denn auch und küßte Eva auf beide Wangen. Gut, sie hatte sich für die Schule ein bißchen in Schale geworfen, ganz so nach armer, alleinerziehender, von Mann und der Welt verlassener Mutter hatte sie nicht aussehen wollen und deshalb einen dunkelblauen Blazer zur Jeans angezogen und Slipper, die sie im Outlet runtergesetzt erstanden hatte. Sie fühlte sich gut, und offensichtlich kam Seriös selbst bei Tom an.

»Hast dich gut verkleidet«, sagte er und nickte anerkennend, »die hier sind tatsächlich ein bißchen konservativ! Bist halt ein echter Profi!«

Eva entgegnete nichts. Zum einen hätte sie nicht gewußt, was sie darauf hätte sagen können, zum anderen war sie verletzt. Ihr Stilgefühl sagte ihr, daß ihr Blazer mindestens so in Ordnung war wie die violetten Strähnen von Toms Assistentin. Jede auf ihre Art.

»Hallo, Jeanette«, rief Eva ihr zu und erntete ein cooles Nicken. Jeanette hielt sich immer dezent im Hintergrund. Sie redete nie viel, und Eva war sich nicht sicher, ob Jeanette nichts zu sagen hatte oder ob sie die anderen einfach nur langweilig fand.

Tom eilte nun voraus zum Aufzug, drückte zielsicher die dritte Etage und lächelte Eva mit einem seltsamen Ausdruck um den Mund zu, kaum daß sich die Türen hinter ihnen geschlossen hatten.

»Ich glaube, du hast einen echten Mentor«, sagte er, und Jeanette ließ ihre hellen Augen auf Eva ruhen.

»Einen was?«

»Jemand meint es gut mir dir!« Tom zuckte die Achseln. »Oder er will was von dir ...«

Eva war baff. Die Türen des Aufzugs öffneten sich schon wieder, bis sie ein laues »Wie kommst du denn auf so eine Idee?« herausstoßen konnte.

»Ganz einfach«, sagte Tom, und der tiefe Teppichboden und die Gobelins an den Wänden verschluckten seine Worte, so daß sie genau hinhören mußte: »Ich hatte eine andere Maskenbildnerin, verzeih mir, und wurde dazu angehalten, dich zu nehmen!«

»Dazu angehalten?« Eva lief neben ihm her, zehn Schritte hinter ihnen folgte Jeanette. »Wie angehalten?«

Tom verlangsamte sein Tempo etwas – offensichtlich waren sie gleich da – und verzog leicht das Gesicht. »Im Klartext wurde mir deine Adresse übermittelt. Und zwar heute morgen. Anweisung von oben, hieß es.«

Eva blieb stehen. Ihr Herz wummerte, und sie hatte das Gefühl, daß ihr ganzes Blut aus ihrem Gesicht gewichen war.

»Von oben? Anweisung?« Sie starrte ihn an. »Du wolltest mich gar nicht?« Sie drehte sich um. »Ich geh wieder!«

»Nein!« Tom griff nach ihrer Schulter. »Das kannst du nicht machen! Versteh doch, der Job – also auch *mein* Job – hängt von dir ab!«

Eva konnte es kaum glauben. Was sollte das sein?

Sie standen vor einer weißen Flügeltür, vor der rechts und links frische Blumen in hohen Blumenvasen arrangiert waren. Schwertlilien, dachte Eva, obwohl sie das im Moment überhaupt nicht interessierte. Wo bekommen die im April Schwertlilien her?

»Also gehen wir jetzt rein?« wollte Tom wissen, und Eva nickte nur. Instinktiv fuhr sie sich noch einmal kurz durchs Haar, ärgerte sich, daß sie ihr Aussehen nicht noch in der Damentoilette überprüft hatte, ein bißchen Lippenstift wäre vielleicht nicht schlecht gewesen und ein paar Tupfer Augencreme, aber jetzt war es sowieso zu spät, jetzt kam der Auftritt. Wie auch immer.

Tom klopfte und öffnete die Tür. Vier Menschen standen im Raum, die sich nach ihnen umdrehten.

Eva trat neben Tom ein und sah zwei Frauen und zwei Männer, die ihr Gespräch unterbrachen und nun auf sie zukamen.

»Freut uns sehr, daß Sie Zeit für uns finden«, begann ein Mann im eleganten grauen Anzug, den Eva um einiges jünger als sich selbst schätzte. Er gab sich als Pressechef des Unternehmens zu erkennen und erklärte, daß er auch für das Marketing zuständig sei. Daraufhin stellte er den

Hoteldirektor, die Executive-Managerin und die Werbegrafikerin vor.

Eva nickte. Sie sei Eva Kern, Maskenbildnerin, arbeite frei für den Südwestrundfunk, verschiedene Theater und verschiedene Fotografen.

Alle vier nickten ihr zu, als ob das längst bekannt sei und überhaupt keiner Erwähnung mehr bedürfe.

»Dann schauen wir uns kurz mal den Entwurf von Frau Mayer an und gehen dann am besten direkt an die konkrete Umsetzung!«

Der Pressemensch war ein Schwätzer, das stieß Eva sofort auf. Er setzte sich zu sehr in Szene und hatte bestimmt nichts drauf. Männern in zu schönen Anzügen und zuviel Gel in den Haaren mißtraute sie. Die fanden sich selbst zu schön und zu wichtig und hatten schon deshalb keine Kapazitäten mehr frei.

Aber die Entwürfe der Grafikabteilung waren klasse, und als auch noch die beiden Models hereinkamen, war Eva motiviert. Die junge Frau war nicht auf den ersten Blick als hübsch zu erkennen, sie hatte ein asymmetrisches Gesicht, was derzeit aber beliebt und somit Geschmack der Zeit war. Ihr Partner hatte einen frechen Zug um den Mundwinkel und erinnerte sie entfernt an Til Schweiger. Sie gefielen ihr beide. Wie sie ihren Job bekommen hatte, gefiel ihr weniger, aber sie hatte jetzt auch keine Chance, das herauszufinden. Sollte sie diesen jungen Presseschnösel fragen, der die Welt erfunden zu haben schien? Er würde sicherlich eine Augenbraue hochziehen und Tom einen entsprechenden Blick zuwerfen. Eva beschloß, erst mal die Ohren offenzuhalten. Irgendwann mußte ja jemand auf sie zukommen und sich offenbaren.

Auf dem Weg aus dem Hotel in den Sender übertraf sie sich selbst im Schreiben von Kurznachrichten. Ihrer Tochter Toni drohte sie Konsequenzen an, sollte sie nicht früh im Bett sein und ihre Hausaufgaben gemacht haben, und ihre Tochter Caro bat sie, sich um die Haustiere zu kümmern. Mit einigermaßen schlechtem Gewissen kam sie im Sender an, und erst dort fiel ihr auf, daß sie ihren Kosmetikkoffer vergessen hatte.

Als sie in dieser Nacht im Bett lag, dankte sie kurz vor dem Einschlafen ihrer Kollegin Doris, die sie mit ihren Utensilien über die Sendung gerettet hatte, dankte ihrer Tochter Caro, die alles so umsichtig erledigt hatte, und nahm sich vor, morgen ganz bestimmt mit Toni zu reden. Da gab es sicherlich noch mehr als nur die Schule, sie bekam bloß nicht alles mit.

Den Anruf auf ihrem Handy registrierte sie erst, als er schon wieder weg war. Eva nahm es schlaftrunken zu sich heran, aber es war ein Anruf von »Unbekannt«. Ihre Töchter waren da, es konnte also nichts Wichtiges sein. Sie warf einen schnellen Blick auf den Wecker und sah mit Genugtuung, daß sie noch eine halbe Stunde bis zum Aufstehen hatte. Gerade war sie wieder abgetaucht, als das Handy erneut klingelte. Verdammt, sie hätte es abstellen sollen!

Sie grabschte danach, es fiel auf den Boden, klingelte aber weiter. Mit einer Kraftanstrengung, die sie unangenehm wach machte, fischte sie es zu sich herauf und hielt es ans Ohr. Sprachmailbox. Na dann, in Gottes Namen. Sie drückte den Abruf.

Thomas Rau wünschte ihr einen schönen Tag. Er sei unterwegs auf Dienstreise, würde sich aber melden, sobald er wieder heimische Gefilde betrete, sicherlich gebe es vor dem großen Golffest noch einiges zu besprechen. »Ich denke an Sie«, schloß er den Anruf.

Das tat er wirklich. Er saß zu nachtschlafender Stunde auf dem Stuttgarter Flughafen, trank einen Kaffee und fragte sich, was in ihn gefahren war. Da flog er für ein lächerliches Golffest nach Portugal und setzte sich dort einem Intensivtraining aus. War er von allen guten Geistern verlassen? War das die Midlife-crisis? Warum hatte er nicht einfach sagen können, daß er keinen blassen Dunst hat? Daß Golf für ihn stets nur einen fahrbaren Untersatz dargestellt hat? Daß Golfer unbewegliche alte Säcke sind, die mit Einstecktuch und völlig veralteten Sitten durch die Welt laufen? Warum mußte er sich zum Esel machen? Er trank seinen Kaffee aus und war nicht schlauer geworden, auch drei Stunden später noch nicht, als er bei fünfundzwanzig Grad und tiefblauem Himmel seinen lindgrünen Cuore in Empfang nahm, den Wegeplan neben sich legte und losfuhr. Algarve, dachte er. Na, gut. Wolltest du immer mal hin, sieh's mal so. Es hat nichts mit einer Frau und schon gar nicht mit einem Männlichkeitsritual zu tun. Ich kann ganz gut zu dem stehen, was ich nicht kann. Ich bin beispielsweise kein Heimwerker. Das weiß jeder in meinem Bekanntenkreis. Wände bauen, Leitungen legen, Teppiche zuschneiden, Fliesen legen – alles nicht meins. Dazu stehe ich. Habe ich je einen Zimmermannskurs belegt? Nein. Auch keinen Klempnerkurs. Ich hasse verstopfte Abflüsse. Habe ich je so getan, als ob ich ein verkappter Architekt sei? Nein. Ich habe immer gleich gesagt, daß ich nur Bilder aufhängen kann und damit basta. Ich hätte auch niemals einer Frau erzählt, daß ich ihre Terrasse verschönern würde. Keine Bewässerungsanlage und keinen grünen Daumen. Meine Pflanzen sind pflegeleicht. Sie überleben, *weil* sie pflegeleicht sind. Keine klassische Musik zum Einschlafen und kein Streichelritual. Ich habe auch immer gesagt, daß ich keine Frau will, die ihr Blumentöpfchen bei mir abstellt – Gott behüte! Und jetzt fahre ich völlig unmotiviert nach Lagos zum Golfkurs.

Er fuhr die neu gebaute breite Autobahn zwischen Faro und Lagos entlang und hörte nicht auf, sich zu wundern. Neu und üppig, dachte er. Die werden doch nicht EU-Mittel in eine Region gepumpt haben, die durch den Tourismus sowieso floriert? Seine letzte Steuernachzahlung fiel ihm ein und ließ ihn schneller fahren. Wenn dem so war, dann wollte er wenigstens etwas von seinem Geld haben.

Er war schnell in Lagos. Der Wegeplan führte ihn am Hafen entlang, beschrieb an einer alten Festung eine scharfe Rechtskurve und gab als nächste Wegmarke eine große Kugel an, die mitten in einem Kreisverkehr stand. Er fand alles auf Anhieb und fühlte sich wie ein Held. Jetzt mußte er nur noch dem Hotelschild nachfahren. Und wenn er angekommen war, würde er sich fünf Tage lang auf die faule Haut legen, Sonne tanken, Wein trinken, Fisch essen und keinen einzigen Golfschläger anrühren. Ja, das war's, Thomas freute sich über diesen Gedanken. Nach Portugal zu fliegen und sich selbst treu bleiben. Keine Extratour für eine Frau!

Das Hotel war im Haziendastil gehalten, und die Empfangschefin sprach deutsch. Wie angenehm. Er gab seine Daten an, hörte, daß »Barry« schon für den Nachmittag zur Golfeinweisung auf ihn warten würde, und beschloß, diese Information zunächst einmal mit dem angebotenen Willkommensdrink auf der Hotelterrasse zu verdrängen. Schon beim Hinaustreten traf ihn die Schönheit des Anblicks, der sich ihm bot, mit voller Wucht! Das Meer reichte bis zum Horizont, es lag tief unter ihm und leuchtete in einem solchen Türkisblau, daß er es fast als unwirklich empfand. Thomas blieb stehen und kniff vor der flirrenden Helligkeit die Augen zusammen. Dann ging er durch die Reihe der weiß eingedeckten kleinen Tische nach vorn, wo zwei kräftige Palmen eine breite Steintreppe flankierten. Sie führte nach unten auf einen schmalen Fußweg zu einem Sandstrand, der an die Steilküste stieß, die sich endlos weit weg am diesigen Horizont verlor. Schon dieser Blick war die Reise wert. Thomas hatte sich an der Bar einen leichten Fruchtcocktail ausgesucht und stand jetzt selbstvergessen vor der prachtvollen Kulisse, spürte, wie der Wind an seinem dünnen T-Shirt zupfte, und dachte an Eva.

Warum, zum Teufel, dachte er jetzt an Eva?

Er stellte sie sich vor, wie sie die Steintreppe hochlaufen würde, geradewegs auf ihn zu. Der Wind würde ihr Sommerkleid aufbauschen und mit ihrem Haar spielen, und er spürte eine Erektion.

Du lieber Himmel, dachte er und setzte sich an den nächsten Tisch. Er mußte ganz schnell auf andere Gedanken kommen. Barry? Diese Vorstellung kühlte seine Erregung recht schnell ab. Barry würde ihm in der Gluthitze des Nachmittags einen Schläger in die Hand drücken, und er würde dann die gleichen Verrenkungen machen, die er bei anderen immer so albern fand. Als mache man gerade in die Hose, und am Ende stand der Beckenschaden beziehungsweise ein lahmes Bein. Er würde sich diesen Barry erst einmal anschauen, bevor er sich einer solchen Tortur unterwarf.

Das Gepäck war schon auf seinem Zimmer, als er es betrat. Thomas schaute sich um. Es war ein in zwei Ebenen unterteilter Raum, oben das Bett, unten ein kleiner Tisch und die Tür in den Garten hinaus. Der spanische Stil gefiel ihm. Das Bett war so groß wie ein Himmelbett, wirkte dabei aber eher männlich rustikal als verspielt. Eine Tagesdecke aus schwerem Leinen lag darüber, und er meinte fast, die Kernseife riechen zu können. Alles wirkte gediegen und bodenständig, das Holz der gesamten Einrichtung war dunkel, was ihm zu Hause nicht gefallen hätte, aber hier war es perfekt.

Er warf sich auf das Bett und genoß das kühle Leinen an seiner Wange. Minuten später war er eingeschlafen.

Ein zweifaches Piepsen weckte ihn. Thomas brauchte eine Weile, bis er zu sich kam. Dann rappelte er sich aus seinem tiefen Schlaf hoch und versuchte zu erfassen, wo er war. Seine Hand langte automatisch zu seinem Handy, es war zwei Uhr, und eine Kurznachricht war eingegangen. »Vielen Dank für die guten Wünsche, bin gerade dabei, sie umzusetzen. Eva.«

Eigentlich war Evas Freizeitprogramm gar nicht so toll, sicherlich hatte er ein weitaus attraktiveres, dachte sie, aber sie hatte sich heute das Bärenschlößle vorgenommen. Dort war sie schon ewig nicht mehr gewesen, und mit Flash war es sicherlich eine wunderschöne Joggingstrecke an den drei kleinen Seen entlang. Sie dachte an den Most, den sie früher am Bärenschlößle getrunken hatte, und sogleich fiel ihr der Schweizer Wurstsalat ein, und ihr Magen meldete sich.

Der Parkplatz war erstaunlich voll für einen gewöhnlichen Freitag um zwei Uhr. Hatten die Leute alle Gleitzeit? Waren es Studenten? Hausfrauen? Oder wo kamen die jetzt schon alle her?

Flash sprang ungeduldig aus dem Golf. Er ahnte, daß es aufregend werden würde, und konnte sich kaum beherrschen, bis Eva seine Laufleine richtig verschnallt hatte und endlich loslief.

Der Weg führte zunächst breit und asphaltiert zwischen zwei Seen hindurch und bog dann links ab auf einen Naturweg. Der lag direkt am See und war wunderschön, wenn auch von Wurzeln durchzogen, aber dafür sehr weich zu laufen. Leider schien es die falsche Zeit fürs Joggen zu sein. Kaum war sie im Tritt, kam von hinten jemand Schnelleres angetrabt oder von vorn eine ganze Gruppe oder ein paar Mountainbikes. Nachdem sie ständig ihren Rhythmus hatte ändern und Flash abwechselnd zum Ausweichen nach links oder rechts hatte ziehen müssen, schwor sie sich, einen Leserbrief zu schreiben. »Einbahnverkehr am Bärensee« betitelte sie ihn und war so in ihre Schlagzeile vertieft, daß sie schneller als gedacht beim Bärenschlößle ankam. Flash war enttäuscht. Ihm hatte das Herumgezerre zwar auch nicht gefallen, aber es war immer noch besser, als unter einem Tisch sitzen zu müssen.

»Wir bleiben nur kurz«, versprach ihm Eva und ließ ihn schnell noch zur Abkühlung in die Fluten springen, wobei sie sich nicht sicher war, ob das überhaupt erlaubt war. Sie sah keinen einzigen anderen Hund im Wasser. Sei nicht so obrigkeitshörig, rügte sie sich, aber so war sie erzogen worden. Was man nicht tut, tut man nicht. Basta!

Sie lief die Steintreppe hoch in den ersten Stock, ging an der schmalen Balustrade entlang und wählte einen kleinen Tisch ziemlich weit hinten aus. Von dort hatte man den schönsten Blick auf den See und vor allem viel Sonne. Flash legte sich unter den Tisch, dann holte sie sich ihren Most und den Schweizer Wurstsalat und fühlte sich am Ziel ihrer Wünsche. Sie war gejoggt, sie war mit ihrem Hund hier, und sie konnte mit bestem Gewissen eine Kleinigkeit essen.

Zwei Radler in eigenwilliger Kleidung saßen an dem Tisch neben ihr. Beide waren nicht mehr taufrisch, dafür offensichtlich sehr aufgekratzt. Endorphine, stellte Eva mit einem Seitenblick fest. Offensichtlich befiel das Glückshormon nicht nur Jogger, sondern auch Fahrradfahrer.

»Einen schönen Hund haben Sie da«, stellte einer der beiden fest und nickte ihr wohlwollend zu. Das hatte sie schon oft gehört: Mit einem Hund bekam man schnell Kontakt. Aber gerade jetzt wollte sie keinen Kontakt haben und schon gar nicht mit den beiden. Zwei knackige Körper in dunklen Sportdressen hätte sie sich vorstellen können, aber nicht zwei Bierbäuche in einer violett-gelben Wurstpelle.

»Ja, aber er ist bissig«, gab sie deshalb zurück und hoffte, das Thema damit beendet zu haben.

»Bei so einer hübschen Frau muß man halt aufpassen«, gab der andere zum besten. »Auch als Hund!«

Eva nahm einen tiefen Schluck von ihrem Most und nickte über den Glasrand hinüber. Hoffentlich war es das jetzt.

»Sie sehen gar nicht aus wie eine Joggerin«, sagte der erste dann. Er hatte nach hinten gekämmtes lichtes Haar, das eine gelbliche Färbung hatte.

»Nein?« Jetzt war Eva doch erstaunt. Stimmte was nicht mit ihr?

»Ja, Läuferinnen haben zwar so schöne, schlanke Beine wie Sie, aber die untere Gesichtshälfte wird schlaff. Durch die Schritte wahrscheinlich. Die Mundwinkel hängen runter, die Wangen auch, das gibt so richtige Hamsterbäckchen. Ist ja auch klar. Bei jedem Schritt wirkt die Schwerkraft gewaltig auf die Haut ein!«

Er verdeutlichte, was er meinte, indem er auf seinem Stuhl herumhopste und dazu an seinen erschlafften Hamsterbacken zog. Flash schoß unter dem Tisch hervor und bellte in den höchsten Tönen. Eva faßte sich instinktiv an ihre Wangen.

»Was für ein Quatsch«, sagte sie dann.

»Kein Quatsch«, sagte der andere, »oder haben Sie schon mal einen fröhlichen Läufer gesehen? Alle starren stur vor sich hin.«

Na ja, jetzt mußte Eva zugeben, daß da was dran sein konnte. Vielleicht war Joggen für viele schon zu einer Pflichtübung geworden wie der samstägliche Koitus vor dem Einkaufen.

»Uns beiden macht es jedenfalls Spaß«, sagte sie und schlang ihren Schweizer Wurstsalat hinunter.

»Das sieht man!« Jetzt meldete sich der zweite, der zwar etwas jünger, aber genauso albern wirkte. »Wer richtig essen kann, hat auch Lust am Leben!«

Hoffentlich bleibt er bei der Lust am Leben und wird nicht anzüglich, dachte Eva. Sie war nicht der Typ für harte Worte, aber wenn es zuviel wurde, mußte sie ja reagieren.

Sie hatte Glück, denn jetzt standen die beiden Männer neben ihr auf. Sie nickten ihr zu, und der Jüngere meinte: »Vielleicht sieht man sich mal wieder, würde mich freuen!«

Eva zwang sich zu einem freundlichen »Schöne Rückfahrt« und schaute den zweien nach, bis sie sich an den engen Tischen vorbei bis zur Treppe gequetscht hatten. Die Hintern zu platt, die Beine zu dürr und zu krumm. Der enge Radlerdreß offenbarte jeden körperlichen Mangel, und die Farben unterstrichen diese Wirkung noch. Wie konnte man sich derart verunstalten?

Eva schaute an sich hinunter und strich mit einer Handbewegung ihr schwarzes Shirt mit den silbernen Längsstreifen glatt. Gut, das war nicht unbedingt ein Unikat, denn sie hatte auf dem Weg hierher schon mehrere Läufer damit gesehen, dafür war es dezent. Offensichtlich kauften alle ihre Joggingkleidung beim Bäcker.

Mit einem letzten, tiefen Zug trank sie ihren Most aus und schaute Flash an, der vor ihr saß und sofort zu wedeln begann. »So, mein Schätzchen, jetzt suchen wir uns einen anderen Weg. Irgendwas ohne Radler und Jogger, nur für uns ganz allein!« Sie hätte fast das Piepsen ihres Handys überhört, aber dann fingerte sie es ganz schnell heraus. Sicherlich wollte ihr Toni die Unterhaltung unter einem fadenscheinigen Vorwand absagen.

»Sie Glückliche«, las sie. »Ich habe jetzt ein ziemlich anstrengendes Meeting vor mir. Werde mich wegdenken ...«

Thomas hatte auf »Senden« gedrückt, überflog den Text noch einmal und steckte das Handy dann weg. Das war noch nicht mal gelogen. Er war auf dem Weg zur Driving-Range.

Dort solle er sich pünktlich einfinden, hatte es an der Rezeption geheißen. Barry warte auf ihn.

»Wie erkenne ich Barry?« hatte er gefragt.

»Barry erkennt Sie«, war die Antwort.

Aha. Alle Anfänger kamen wohl ähnlich dahergeschlichen.

Die Anlage war schön, aber das hatte er ja schon von vielen Golfern gehört, daß sich Portugals Golfplätze sehen lassen können.

Eine gewundene Straße führte durch ein weites Gelände, links oben am Hang standen die Bungalows, die es zu mieten oder zu kaufen gab, und rechter Hand zogen sich die Bahnen dahin, topgepflegt, soweit Thomas das beurteilen konnte. Was er auch noch sah, war, daß das Gelände ziemlich hügelig war. Mein lieber Mann, dachte er, hoffentlich gehört zur Ausbildung auch ein Golfcart. Wenn ich das alles laufen muß, laufe ich mir einen Wolf und bin zu keinen weiteren Taten fähig.

Die Driving-Range war ausgeschildert, er parkte seinen Kleinwagen, schloß ab und stapfte los. Offene grüne Kabinen. Eine neben der anderen. Schön. Aber wozu?

Thomas blieb etwas unsicher stehen. Vor den Kabinen war eine riesige, äußerst kurzgeschorene Rasenfläche, auf der unendlich viele Golfbälle lagen. Ein Mensch fuhr mit einem seltsamen Gerät herum, halb Traktor, halb Schneeschaufler, und sammelte die Bälle ein. Aus zwei Hütten hörte er ein »Plong«, »Plong«, sah Bälle herausschießen oder trudeln und gelegentlich einen kräftigen Fluch.

So. Hier stand er also und schaute den aus den Kabinen herausfliegenden Bällen nach. Mit so einer herkömmlichen Schleudermaschine, wie sie die Römer einst kreiert hatten, würden die Bälle doch ganz gut abzischen. Das würde einem das Schlagen ersparen. Sollte er vielleicht als Patent anmelden.

Aus dem Traktor winkte ihm eine Hand entgegen. Er schaute sich um. Nein, offensichtlich war er gemeint, er stand allein da.

Thomas winkte zurück.

Aha. Hier kommt Kurt. Nein, das war ein Lied. Im wahren Leben mußte es »Da kommt Barry« heißen. Und er kam wirklich. Thomas war über seine Leibesfülle erstaunt. Konnte man mit drei Zentnern Lebendgewicht noch Golf spielen?

Aber Barry kam so behende daher, daß Thomas seine Vorbehalte vergaß. Außerdem: Es hieß doch immer, Dicke seien gemütlich. Das konnte ihm in seiner Situation nur recht sein. Er wollte Golf spielen lernen, brauchte aber keinen besessenen Übergolfer.

»Hi, I'm Barry!«

Englisch. Damit hatte er nun überhaupt nicht gerechnet. Wie sollte er Golfausdrücke auf englisch verstehen, wenn er sie schon auf deutsch nicht kannte?

»Hi«, entgegnete er und drückte Barrys Rechte. »I'm Thomas and a complete beginner!« So. Mehr gab es dazu wohl nicht zu sagen.

Barry grinste. Er war ein gutaussehender Mann, vielleicht ein bißchen zu rothaarig englisch oder irisch, aber trotzdem. Und er war jünger, als er auf die Entfernung gewirkt hatte.

»Okay! Don't worry! Ich spreche auch ein bißchen deutsch. Everybody is a beginner at some point. Oh, sorry, ich bin sofort wieder da!«

Damit war er auch schon wieder weg, und Thomas schaute ihm nach. Barry trug keine karierte halblange Hose – komisch, warum war er sicher gewesen, daß jeder Golfer so herumlief? –, sondern eine helle Leinenhose und dazu ein rosafarbenes Poloshirt. Völlig ungolferisch.

Als Barry zurückkam, ahnte Thomas, daß es jetzt ernst werden würde. Barry hatte zwei Schläger in der Hand. Thomas mußte zunächst lernen, das Ding richtig zu halten. Das konnte nicht so schwer sein, fand er, entschied dann aber doch, daß Barry ihm die Finger brechen wollte, einen nach dem anderen. Irgendwie war der Griff nicht für seine Finger konstruiert worden, sein rechter kleiner Finger hing über dem linken Zeigefinger, und nichts wollte so recht passen.

Barry lobte ihn, und Thomas ließ es erst mal so stehen. Er wußte nur eins: Er durfte den Schläger nicht mehr loslassen. Diese seltsam verschränkte Haltung würde er niemals wieder so hinkriegen.

Barry bugsierte ihn in eine Kabine und legte ihm jetzt einen Ball vor die Füße. Okay. Das schien ja einigermaßen einfach. Der Ball lag etwas erhöht auf einem Plastikstekker, einem Tee, wie ihm Barry erklärte.

»Form a triangle«, forderte ihn Barry auf und machte es ihm vor. Dabei brachte er seine Leibesfülle erstaunlich schnell in Schwung.

Thomas versuchte zu erfassen, was Barry gleichzeitig mit seinen Armen und seinen Beinen machte, und beschränkte sich dann auf Barrys Arme. Gut, die Beine standen nun eben mal, wo sie standen. Etwas breit, wie Barry gesagt hatte, aber ohne Anstrengung. Mit den Armen war es schon anders. Das Dreieck zwischen Schulter, Schläger und Armen, das Barry meinte, wollte bei ihm irgendwie kein Dreieck werden, und als er probehalber mal durchzog, pflügte er die Erde, aber der Ball lag noch immer da.

»Too early«, belehrte ihn Barry und fing wieder von vorn an. »Linker Arm gerade«, erklärte er ihm, »in der Hüfte und Schulter nach rechts – linker Arm noch immer gestreckt – mit dem Handgelenk ein L bilden und cool ohne Druck – bloß nicht hämmern – zurückschwingen. Hüfte und Schulter mitdrehen, aber nicht mit dem ganzen Körper schwingen. Augen auf den Ball und erst nach dem Abschlag schauen, wo der Ball abgeblieben ist. Gaaanz leicht, quite easy.«

Nachdem sie bei »quite easy« angekommen waren, klebte sein T-Shirt am Leib, und Thomas bestand auf einem Bier. Barry war nicht abgeneigt, die halbe Stunde war um, aber Barrys nächster Golfschüler stand schon bereit. Er schaute mindestens so blöd wie Thomas, und das gab ihm Auftrieb.

»Schade!« meinte Thomas, Barry winkte jedoch ab.

»Wenn Sie Lust auf gute portugiesische Küche haben, echte, keine Touristenpampe, dann können Sie heute abend mit uns essen gehen!«

Thomas konnte sich unter echter portugiesischer Küche nichts vorstellen, er hatte schlicht keine Ahnung. Aber er wollte nicht schon wieder als Greenhorn dastehen.

»Gern!« sagte er. »Wo? Wann?«

»Wir können gemeinsam fahren! Acht Uhr am Hotel.«

Das war doch immerhin ein Lichtblick. Hunger hatte er schon jetzt. Als er jedoch zurück im Hotel war, fand er die Idee gar nicht mehr so prickelnd. Die Speisekarte sah sehr verlockend aus, und am ersten Abend hätte er wirklich auf der Terrasse dinieren sollen. So ließ er sich jetzt wenigstens das Pils kommen, auf das er sich vorhin schon gefreut hatte, und zog sein Handy heraus. Oh, schau an, dachte er. Einige Anrufe und Kurznachrichten, darunter eine von Eva. Die öffnete er zuerst.

»Wie lief das Meeting?« wollte sie wissen. »Habe gleich ein Meeting mit meiner Tochter. Hoffe, ergiebig und erfreulich!«

Toni sah alles anders. Sie flirtete natürlich nicht auf dem Schulhof herum. Das wäre ja auch kindisch. Anscheinend werde sie hier verwechselt. Und zu spät komme sie auch selten, und wenn, dann entschuldige sie sich, ginge leise und schnell an ihren Platz und arbeite sofort mit. Von wegen, sich noch groß Arbeitsmaterial ausleihen, schließlich habe sie immer alles dabei! Und überhaupt, morgen abend würden Theresa, Valerie und Maxi gern zu einem Videoabend vorbeikommen. Sven sei mit seinen Eltern in Familienangelegenheiten unterwegs, da wäre es zu viert doch richtig gemütlich, zumal sie ja sowieso nicht da sei und Caro auch immer so lang unterwegs.

»Wie, ich bin nicht da …?« fragte Eva.

»Wolltest du nicht mit Inga *Elisabeth* anschauen und nachher noch was trinken gehen?«

Eva holte tief Luft. Das Musical hatte sie total vergessen. Und stimmt: Die Freundschaft mit Inga stammte noch aus der Zeit mit Gerold, und die war etwas sauer, weil sich Eva nie mehr gemeldet hatte. Ihr Mann war auf Geschäftsreise, und das war der perfekte Termin. Jetzt paßte er Eva allerdings überhaupt nicht mehr in ihre Planung.

Eva schaute ihre Tochter an. Toni hatte sich die Haare zu einem Pferdeschwanz zusammengebunden und sah in ihrem schwarzen Schlabberpulli aus, als könne sie kein Wässerchen trüben.

»Hast du den Kaninchenstall schon gereinigt?« Eine Gegenleistung mußte schon her.

»Das mache ich am Samstag. Versprochen!«

»Und was sage ich deinen Lehrern? Daß sie alle spinnen?«

»Sie spinnen nicht, sie leben nur in einer anderen Realität!«

Es gab viele Realitäten im Leben, das war Eva nicht fremd. Und es erinnerte sie an eine Realität, die sie selbst betraf: Irgend jemand war ihr heimlicher Mentor, hatte ihr einen guten Job zugeschanzt, ohne daß sie wußte, wem sie das zu verdanken hatte. Aber sie wollte es unbedingt wissen. Sie hatte Tom schon dreimal auf die Mailbox gesprochen, aber er hatte noch nicht zurückgerufen. Wollte er es ihr nicht sagen, oder konnte er nicht?

»Sonst noch was?« fragte ihre Tochter und stand auf. Sie hatten am Küchentisch gesessen, mit Blick auf Flash und Hoppeline, die im Garten gemeinschaftlich Löcher gruben, und Eva schüttelte den Kopf. Nein, sonst war nichts.

»Was ist eigentlich mit dem Typ, den wir im Krankenhaus getroffen haben?«

Irgendwie wechselten plötzlich die Rollen. Toni hatte den Stuhl an seinen Platz zurückgeschoben und war am

Tisch stehengeblieben. Eva wartete auf den Zusatz: Läuft da was?

»Was soll sein?« fragte Eva betont harmlos.

»Na, kennst du den schon länger?«

»Nein, das hat er doch gesagt, wir haben uns zufällig an einer Bar kennengelernt!«

»Daß du allein in eine Bar gehst, hätte ich auch nicht gedacht!« Toni grinste. »Bist du nächste Woche beim Sender?«

»Seit wann interessiert dich das denn?«

»Ich muß doch den Terminkalender meiner Mutter kennen!«

»Aha!« Eva stand auf, um sich einen frischen Kaffee aus der Maschine zu lassen. »Nein, ich bin für die nächste Woche nicht gebucht. Dafür mache ich mit Tom einen Job für einen Hotelprospekt.«

»Cool!« Damit verschwand Toni nach draußen.

Eva sah ihr nach. War das jetzt echtes Interesse oder der Versuch einer versöhnlichen Konversation? Sie war sich nicht ganz sicher. Bei ihrer jüngeren Tochter hatte sie immer den Eindruck, daß sie nichts ohne Grund tat.

Eva schäumte Milch auf, löffelte ihn auf die Tasse Kaffee, stäubte Kakaopulver darüber und setzte sich wieder hin. Sie hatte noch gut eine halbe Stunde, bis sie wieder aufrüsten mußte. Klar hätte sie in der Zeit auch noch die Wäsche in den Trockner umräumen können, aber sie gönnte sich die halbe Stunde.

Eva, fragte sie sich, was fängst du an mit deinem Leben? Deine Töchter sind vierzehn und achtzehn Jahre alt. Es sind keine Jungs, also werden sie kein Mama-Hotel anstreben und in wenigen Jahren weg sein. Werden wegen Studium oder Lehre aber noch immer Geld brauchen. Das hast du nicht. Nicht genügend jedenfalls. Du mußt etwas tun. Und wenn du etwas für deine Kinder tust, mußt du auch gleich etwas für dich tun. Aber was?

Was gab es für eine Achtunddreißigjährige anderes, als dankbar darüber zu sein, überhaupt einen Job zu haben? Ziemlich regelmäßig beim Fernsehen und zwischendurch für andere Auftraggeber arbeiten zu können? Würde sie mit fünfzig auch noch hier sitzen, auf Flash und Hoppeline – Hoppeline wohl nicht mehr – schauen und einen Kaffee trinken, bis sie zu einem Job losfahren mußte? Was war mit Urlaub? Sie würde so gern mal mit ihren Kindern irgendwohin fahren. Ging aber nicht. Oder wenigstens mal allein. Eine Städtereise. Irgendwas. Prag mit dem Bus? Würde sie das mit fünfzig tun wollen? Sie war sich nicht sicher.

Sie schaute sich um. Ihre Küche war hübsch. Alles aufeinander abgestimmt, durchdacht und geplant. Die versteckte Mikrowelle, der Apothekerschrank und vor allem ihre italienische Kaffeemaschine, auf die sie damals so stolz gewesen war. Endlich frisch aufgebrühten Kaffee auf Knopfdruck. Alles hier in ihrem Häuschen zeugte von ihrem gutbürgerlichen Leben, das sie einst hatte. Aber sollte jetzt auch nur ein Möbel davon kaputtgehen, erneuert werden müssen, war schon der Wurm drin.

Durfte ein Vater so einfach abhauen und die Mutter mit den Kindern sitzenlassen? Nach dem Motto: Es war einmal …? Konnte sich ein Mensch so einfach aus dem Leben eines anderen ausklinken? Ohne Konsequenz?

Bisher hatte sie immer geschwiegen, weil sie ihre Kinder nicht belasten wollte. Aber müßte sie sich nicht mal um ihre Rechte kümmern? Welche Rechte hatte sie, wenn der Mann im Ausland war? Verschollen, sozusagen?

Sie schob kurzerhand ihren Kaffee zur Seite und holte die Gelben Seiten. Rechtsanwälte. Eine unendliche Liste. Worunter mußte sie nachsehen? Doch wohl unter Familienrecht?

Sie schloß die Augen und tippte blind auf die Seite. Dann holte sie ihr Telefon und wählte die Nummer, auf der ihr Finger lag. Sie hatte keine Ahnung, was sie sagen sollte. Aber das Hundegebell am anderen Ende machte ihr die Sache leicht. Wo Hunde in der Kanzlei herumturnten, konnte es nicht ganz so ernst zugehen.

Trotzdem wurde sie von einer ernsten jungen Frauenstimme abgefangen, die sie nach ihren Wünschen fragte. Ihr Wunsch sei es, sagte Eva, sich von ihrem verschollenen Mann scheiden zu lassen und endlich das Finanzielle zu regeln. Sie bekam schneller einen Termin als gedacht. Bevor sie auflegte, ließ sie sich noch einmal Name und Anschrift geben, nicht, daß sie nachher nicht wußte, wen sie eigentlich angerufen hatte. Wilhelmsplatz, Stuttgart Mitte, das war wenigstens nicht zu verfehlen.

Irgendwie fühlte sie sich schlagartig besser. Es war, wie ein ewig herumstehendes Bild endlich aufgehängt zu haben. Schlagbohrer, Dübel, Schraube, fertig! Endlich angefaßt, abgehakt.

Eva stand auf und ging ins Bad. Offensichtlich war Toni zuletzt drin gewesen, das Glätteisen hing noch am Kabel, und der Waschtisch war voller blonder Haare. Eva riß ein Blatt Toilettenpapier ab und fischte sie heraus. Toni, der Quirl. Sie würde gern mal wieder mit ihren beiden Töchtern ausgehen. Zum Italiener vielleicht. Irgendwohin, wo sie bedient wurden und sich nur um sich selbst kümmern mußten. Wo sie lachen und herumalbern konnten, einfach einen ungezwungenen Abend verleben.

Sie dachte an Caro. Sie war die Große, die Vernünftige. Aber vielleicht brauchte Caro sie jetzt viel mehr als Toni, die zwar immer viel Staub aufwirbelte, aber eigentlich ganz gut mit allem zurechtkam. Morgen war sie im SI-Zentrum, im Musical *Elisabeth*, aber heute war erst Freitag. Vielleicht kam sie ja noch irgendwie an ihre große Tochter heran. Eva überprüfte die Utensilien in ihrem Koffer, steckte rasch ihre Haare hoch und schminkte sich dezent. Wenn sie schon ständig andere verschönerte, mußte sie selbst auch ein bißchen nett aussehen, sonst war sie wohl kaum glaubwürdig in ihrer Kunst.

Auf dem Weg zur Garage versuchte sie noch einmal, Tom zu erreichen. Diesmal hatte sie Glück, und sie blieb, obwohl es zeitlich schon eng wurde, vor ihrem Golf stehen.

»Tom«, sagte sie, »jetzt verrate mir doch, wer dahintersteckt. Dieser PR-Mensch ja sicherlich nicht, die Hoteldirektorin doch wohl auch nicht, warum sollte sie auch. Irgendeiner muß dich doch angerufen haben.«

Tom lachte. »Es war tatsächlich der PR-Mensch. Aber er sagte gleich: ›Auf Weisung von oben.‹ Was auch immer in diesem Fall oben ist, ich weiß es nicht. Das Unternehmen besitzt mehrere Hotels, vergiß das nicht. Keine Ahnung, wer da am Ruder ist.«

»Na gut!« Eva war nicht zufrieden, aber sie konnte es jetzt auch nicht ändern. Und sie wußte nicht, wie sie da im Augenblick weiterkommen sollte. Den Pressechef konnte sie unmöglich fragen. Das war schlechter Stil, und außerdem war nicht jeder protegierte Mensch auch erste Wahl. Vielleicht würde er sie das spüren lassen.

Sie fuhr aus der Garage heraus, setzte auf die Straße zurück und hatte das unschätzbare Glück, ihren achtzigjährigen Nachbarn vor sich zu haben. Er war ein netter Mensch, aber im Auto die Pest. Vor allem auf den engen Straßen Botnangs. Bei jedem am Straßenrand geparkten Auto hielt er erst einmal an, vor allem, wenn am Horizont Gegenverkehr drohte. Eva schaute auf die Uhr und hielt die Luft an. Sie würde sich hoffnungslos verspäten, aber sie hatte keine Chance, an ihm vorbeizukommen. Stolz chauffierte er seinen alten Audi 100 mit der goldenen DAS-Plakette für zwanzig Jahre unfallfreies Fahren.

Logisch fuhr er unfallfrei, dachte Eva, der Wagen bewegte sich ja nur durch die Erdumdrehung. Im Rückspiegel sah sie schon etliche Autos hinter sich, und ein Motorradfahrer setzte dazu an, die Schlange zu überholen. Klar, auf die Art schaffte man es natürlich, zwanzig Jahre unfallfrei durchs Leben zu kommen. Alle anderen Verkehrsteilnehmer lagen links und rechts im Graben, aber man selbst bekam davon nichts mit.

Eva kam tatsächlich zu spät, aber immerhin noch kurz vor den Moderatoren. Auf dem Flur begegnete ihr Regine, die ihr einen wissenden Blick zuwarf, was sie ärgerte, aber nicht ändern konnte. Ausgerechnet Regine. Mal kam sie ohne Braunpalette in den Dienst und dann wieder gründlich zu spät. Sicherlich würde sie das irgendwann zu hören bekommen.

Während sie sich an ihrem Platz einrichtete, fiel ihr der Spielfilm wieder ein. Sie mußte jetzt zu- oder absagen. Die Vorstellung, für einen Spielfilm nach Österreich fahren zu dürfen, sechs Wochen an nur einem einzigen Projekt mitzuarbeiten, war so schön, daß sie ein Ziehen in der Magengegend verspürte. Wenn sie absagen würde, war es endgültig. Dann war der Traum passé.

Sie wärmte die Lockenwickler an. Eine Schauspielerin war angekündigt worden, sie spielte gerade im Stuttgarter Staatstheater in *Platonow* die Rolle der Alexandra Iwanowna. Aber keiner wußte, ob Anna Windmüller kurz- oder langhaarig war. Eva freute sich jedenfalls, denn Theaterschauspielerinnen fand sie immer interessant. Keine Sternchen, die mal kurz in eine TV-Rolle hineintaumelten und dann wieder wegtaumelten, nein, professionell ausgebildete Künstlerinnen, die wußten, was sie taten.

Sie schaute auf die Uhr. Die war ein Geschenk ihrer Mutter. Ihre Mutter hatte zu oft auf sie warten müssen, also gab es eine Uhr, und da war es egal, ob das Kind vierzehn oder dreißig war. Ihre Mutter. Sollte sie vielleicht ihre Mutter fragen? Würde ihre Mutter das tun? Sechs Wochen bei ihren Kindern, dazu Hund und Kaninchen?

Sie wagte es zu bezweifeln, auf der anderen Seite war es einen Versuch wert. Immerhin ging es um einen Spielfilm, und sie sah ihre Mutter schon beim Bäcker erzählen, daß ihre Tochter gerade an einem großen Hollywoodstreifen mitarbeitete.

Aber wie würden ihre Töchter sechs Wochen lang mit ihrer Großmutter auskommen? Ihre Mutter hatte eigene Vorstellungen von Zucht und Ordnung. Sie würde Caro sicherlich um zehn ins Bett schicken, und Sven dürfte Toni gerade noch über das Gartentor hinweg gute Nacht sagen. Gegessen würde, was auf den Tisch kommt, und Cola durch Leitungswasser ersetzt.

Vielleicht täte es allen mal ganz gut?

Nur Mutters Manie, ständig etwas zu suchen und sofort alle möglichen Leute des Diebstahls zu bezichtigen, könnte mühsam werden. Das kannte sie aus Erfahrung.

Eva warf sich im Spiegel einen Blick zu. Sie sah gut aus. Irgendwie frisch. Jugendlich. Schade, dachte sie, daß Thomas mich so nicht sieht. Und als hätte sich der Gedanke auf ihr Handy übertragen, piepste es zweimal. Hoffentlich nichts Unangenehmes von ihren Töchtern.

Es war Thomas. »Mein Meeting war anstrengend, aber okay«, schrieb er, »haben Sie Ihres ohne Krankenhausaufenthalt überstanden? Werde eben von Geschäftspartner zum Essen gefahren, hoffe, er ist nicht nur Gourmant, sondern auch Gourmet. Denke an Sie, T.«

Die Befürchtung hatte Thomas angesichts der Leibesfülle seines Golflehrers tatsächlich. Nicht jeder, der füllig war, verstand etwas vom Essen. Da gab es schon die Stopfer und die Genießer. Einem Stopfer war bei einer Esseneinladung grundsätzlich zu mißtrauen. Da ging es dann zu den übervollen Tellern mit Pommes frites, fettem Fleisch und viel Sauce. Er hoffte, daß Barry zu der zweiten Kategorie gehörte – daß er ein Genießer war, der seine Pfunde hatte, weil er einfach das gute Essen zu sehr liebte.

Sie fuhren nach Lagos hinein. Der Wagen von Barry war auch nicht größer als seiner, überhaupt hatte er den Eindruck, daß es hier unglaublich viele unglaublich kleine Kleinwagen gab. Und zwar in allen Farben. Seiner war häßlich lindgrün, dieser hier war hellblau. Babyblau. Paßte zu Barrys Hemd. Trotzdem war er innen erstaunlich geräumig, zumindest kam er sich mit Barry nicht ins Gehege. Der fuhr zügig durch enge Straßen hindurch und bog schließlich in einen Weg ab, der auf der einen Seite von einem hohen Bretterzaun begrenzt wurde. Der Straßenbelag bestand mehr aus Kieslöchern als aus Asphalt, und einfache Häuser duckten sich entlang der Straße. Es gab keinen Gehsteig und keine Straßenlaternen. Was bin ich deutsch, dachte Thomas. Achte auf Straßenlaternen! Der vollendete deutsche Spießer. Doch trotz dieser Einsicht verhärtete sich sein Körper etwas, als Barry unvermittelt vorm Bretterzaun anhielt. Thomas schaute an ihm vorbei auf die andere Straßenseite, konnte zwischen den flachen Häusern aber kein Restaurant ausmachen. Einige Plastikstühle in verblichenen Farben rahmten eine offenstehende Haustür ein, die einen Blick auf blinkende Spielautomaten freigab. Instinktiv faßte er nach seiner Uhr, eine Maurice Lacroix, die er sich im letzten Jahr gegönnt hatte und die er auch noch die nächsten paar Jahre behalten wollte.

Sei nicht albern, sagte er sich, Barry ist ein ordentlicher Golflehrer, ein Pro, und er wird dich in kein Räubernest führen. Tatsächlich machte Barry gerade Anstalten, sich hinter dem Steuerrad hervor nach draußen zu zwängen.

»Du wirst dich wundern«, sagte er dazu, aber verheißungsvoll klang das für Thomas nicht. Erstaunt konnte man aus vielen Gründen sein.

Aber was blieb ihm anderes übrig? Er stieg bedächtig aus und wollte gerade um den Wagen herumlaufen, als ein Golf Cabrio in die Straße einbog, ziemlich schnell heranfuhr, mit einem Ruck direkt hinter ihnen zum Stehen kam und dabei so viel Sand aufwirbelte, daß sich eine kleine Staubwolke ausbreitete.

»Oh! Charly! Immer derselbe Mist, the same trash!« hustete Barry, flüchtete in den offenen Hauseingang und blieb dort abwartend stehen. Ein kleiner, braungebrannter Mann mit zwei dicken Goldketten um den Hals und einem zu offenen Hemd stieg schnell aus und wollte zur Beifahrertür, aber die wurde schon von einer schwarzhaarigen, schlanken Frau geöffnet. Pi mal Daumen schätzte Thomas den Altersunterschied auf etwa vierzig Jahre. Mehr Enkelin als Tochter. Er wußte nicht, wie er reagieren sollte. Barry kannte ihn offensichtlich, oder waren sie etwa zu viert zum Essen verabredet? Er musterte den Mann, der es nun doch schaffte, seine Partnerin am Arm zu führen, was auch nötig war, denn sie trug so hohe Riemchenstilettos, daß ihr bei jedem Kieselstein eine Bänderzerrung drohte. Oberhalb der Schuhe kam lange nichts, schöne Beine hatte sie, das mußte Thomas ihr lassen, dann kam der Saum eines schwarzen Kleidchens, das nach teurem Designer roch und neben viel Bein auch viel Busen sehen ließ. Ganz sicher hatte es ihr alternder Beau ausgesucht. Er selbst gefiel sich in Weiß, und zwar von Kopf bis Fuß. Nur seine braune Haut und die dicken Goldketten um Hals und Handgelenk sorgten für Kontrast. Na denn, dachte Thomas, also haben auch die Portugiesen alternde Playboys, die sich für nichts zu blöd sind.

Thomas ging nun ebenfalls langsam über die Straße, folgte den beiden, die kein Auge für ihn hatten. Würden sie sich heute abend auf portugiesisch unterhalten? Oder englisch? Eigentlich war es ihm egal, und am liebsten hätte er sich ein Taxi gerufen und wäre zurück auf seine wunderbare Terrasse gefahren, hätte sich einen Fisch bestellt und aufs Meer geschaut.

»Oh, das hier ist Thomas!« Barry kramte seine paar Brocken Deutsch hervor.

Charly drehte sich nach ihm um, ohne seine Begleiterin loszulassen. Abhauen kann sie dir sowieso nicht, dachte Thomas dabei. Sie würde sich die Haxen brechen.

»I bin da Charly«, sagte er, und Thomas gab sich Mühe, seine Mimik unter Kontrolle zu halten. »Und dös is d'Mirjam, die Schöne!« Besitzerstolz verklärte seine Gesichtszüge, und die Falten seiner trockenen Haut vertieften sich.

Mirjam warf ihm einen koketten Blick zu, ohne ihm die Hand zu reichen oder ein Wort zu sagen. Vielleicht verstand sie nichts? Sie war nicht nur von den Haaren her ein dunkler Typ. Und sie sah wirklich gut aus, lange, dunkle Wimpern, ein samtiger Teint, roter Schmollmund, feine, hohe Wangenknochen. Tschechin? Ungarin? Polin?

Barry war schon vorausgegangen. Das Mädchen stökkelte mit Charly hinterher, und Thomas bildete die Nachhut. Dadurch war ihm der Anblick völlig sprachloser Männer vor den Spielautomaten und an kleinen Tischen vergönnt. Jedes Gespräch verstummte, alle Augen richteten sich auf Mirjam. Sie nahm keine Notiz davon, während Charly vor Stolz fast platzte. Um seine Rechte anzuzeigen, legte er ihr die Hand auf den Hintern. Thomas wartete auf den Hahnenschrei, aber auch ohne Kikeriki hatte er unter seinen offensichtlich braun gefärbten welligen Haaren einen roten Schädel.

Vor einem Vorhang aus bunten Plastikstreifen blieb Barry stehen. Aus einem Nebenraum kam eilfertig ein schlanker Mann heran, begrüßte ihn mit Handschlag und schob den Vorhang zur Seite. Zögernd trat Thomas als letzter ein, aber dann war er doch erstaunt, Barry hatte recht.

Er stand in einem dämmrigen, kühlen Raum, vor ihm eine weiß eingedeckte Tafel mit Stoffservietten unter silbernen Lüstern. Das gab's doch nicht! Irgendwo hatte er so etwas schon mal gesehen. War's ein Dracula-Film?

Der Restaurantchef lächelte sie an und forderte sie mit einer Handbewegung auf, Platz zu nehmen. Gedeckt war für acht Gäste, sie setzten sich jeweils auf die beiden mittleren Plätze. Thomas saß mit dem Rücken zur Wand und mit Blick auf den Plastikvorhang. Das war schon kurios. Hier saß er mit wildfremden Menschen in einem dämmrigen Zimmer, während er doch eigentlich nur Golf lernen wollte. Er beschloß, sich einfach darauf einzulassen, und er hatte auch kaum Gelegenheit, lange nachzudenken, denn gleich darauf kam ein Mädchen mit einem Tablett und vier Sektgläsern herein. Sie erklärte, es sei Sekt mit einem Spritzer Fruchtsaft, aber welche Frucht es sein sollte, verstand Thomas nicht. Es folge eine kleine Auswahl an Petiscos, kündigte sie an – auch das war ihm kein Begriff, aber er war ja auch das erstemal in Portugal. Kaum war das Mädchen weg, kam der Chef zurück. Und jetzt wurde es wirklich spannend. Auf einem Silbertablett zeigte er das Fischangebot des Tages. Und das war beachtlich. Barry lachte und freute sich, als er Thomas Gesichtsausdruck sah.

»That's fantastic, isn't it? So was findest du in einem normalen Restaurant nicht, only tourist food!«

Gut, nun war er ja auch Tourist, und das seltsame Pärchen ihm gegenüber sah auch so aus, aber er nickte und bestätigte, daß die Fische phantastisch aussahen. Der Chef, den Barry »mein Freund Carlos« nannte, zeigte die Fische, und Barry übersetzte. »Das ist ein Carapau«, sagte er und zeigte auf ein langes, plattes Tier, das Thomas auf einen halben Meter schätzte. »Er ist ein Raubfisch«, erklärte er weiter. »Frißt beispielsweise kleine Fische und Krustentiere. Jetzt hat es ihn selbst erwischt!« Er grinste und schlug sich leicht auf den Bauch. »Mußt du probieren!«

Thomas nickte folgsam. »Ich hätte gern die Scholle«, mischte sich Charly ein, »und meine Süße hätte gern die Scampi!«

Seine Süße hatte bisher noch immer kein Wort gesagt, aber Barry erklärte unverdrossen weiter. »Das hier ist ein Froschfisch, da haben wir einen Steinbutt, dann den Bacalhau, den Stockfisch – so was wie das portugiesische Nationalgericht –, Sackbrasse und Hecht. Hat halt viele Gräten, aber das schafft Carlos schon!« Carlos nickte. »Und sein besonderer Stolz sind heute der Glatthai und der Rochen!«

Der Rochen? Thomas glaubte, sich verhört zu haben. »Ray fish?« fragte er nach. Spezialitätenrestaurants führten auch in Deutschland zuweilen Rochen, aber hier? In dieser Kaschemme am Bretterzaun? »Pois!« wurde ihm bestätigt.

Aha.

Er hatte noch keinen Rochen gegessen, aber gehört, daß man bei größeren Exemplaren nur die Flügel essen kann und daß Rochen fangfrisch eher zäh schmeckte. Zwei bis fünf Tage alt sollte er sein, aber älter dann auch wieder nicht. Thomas unterließ es, genauer nachzufragen. Und um mitzureden, mußte man sich eine eigene Meinung bilden können. Er bestellte Rochen. Und weil er gerade dabei war, auch gleich noch Glatthai.

Zunächst kam Brot mit verschiedenen Saucen, dann eine riesige Platte mit verschiedenen Vorspeisen, dazu Wein, den Barry bestellt hatte.

Allmählich wurde die Gesellschaft redseliger, auch wenn Mirjam noch nichts gesagt hatte, sondern nur schön schwieg.

»Wie habt ihr euch denn kennengelernt?« wollte Thomas endlich wissen, denn immerhin waren sie jetzt schon beim Hauptgang.

Charly legte sofort seine braune Pranke auf Mirjams feines Handgelenk und lenkte damit Thomas' Blick auf eine schmale Goldarmbanduhr, die dort glitzerte. »Ich wohne ja allein in München. Nachdem meine Frau ausgezogen ist, war quasi auch meine Putzfrau weg. Plötzlich sah das alles nicht mehr so schön aus. Also mußte ich was tun und gab ein Inserat auf.« Sein verliebter Blick streifte Mirjam. »Und dann kam sie!«

»Aha«, sagte Thomas, während Mirjam überhaupt nicht reagierte.

»Ja. Ich habe sie gesehen und zahlte ihr gleich zwanzig Euro die Stunde, das ist mehr, als man üblicherweise bezahlt, habe ich mir später sagen lassen.« Wieder ruhte sein Blick auf ihr. »Aber ich hatte ja auch keine Erfahrung, weil bis dato … meine Frau, ich sagte es ja schon!«

Thomas nickte, und Barry bestellte einen weiteren Wein.

»Ja, und sie kam und putzte. Manchmal den ganzen Tag. Und einmal kam ich nach Hause, und da saß sie am Klavier. Und sie spielte so schön, daß ich dachte, sie ist zu schade zum Putzen.«

Thomas bestätigte das.

»Ab da habe ich ihr die zwanzig Euro fürs Klavierspielen bezahlt und mir eine andere Putzfrau gesucht. Für zehn Euro!«

»Clever!« sagte Thomas.

Mirjam spielte mit ihrem Weinglas.

»Ja, und dann fügte es sich, daß ich hier eine Wohnung am Meer besitze, und ich habe sie gefragt, ob sie nicht mit mir nach Portugal reisen möchte. Ein bißchen Sonne, gutes Essen, Shoppen und so.«

»Und das mit dem Shoppen hat geklappt?« fragte Thomas unschuldig.

»Ja.« Charly nickte. »Heute waren wir stundenlang bei Prada. Ich habe gar nicht gewußt, wieviel Zeit man in so einem Laden verbringen kann. Und wieviel Geld liegen lassen.«

»Kann ich mir vorstellen.« Thomas warf Mirjam einen Blick zu. »Aber es steht ihr ja auch gut!«

»Ja!« Charly lächelte. »Und es waren immerhin keine dreitausend wie gestern bei Gucci!«

»Da ist das Einstiegsgehalt doch ziemlich nach oben gegangen!« Thomas prostete ihr zu. »Gratuliere!«

Mirjam reagierte jedoch nicht, und Charly hatte es nicht verstanden, weil sich Barry einmischte. Er schlug einen Lokalwechsel vor; das Essen war köstlich gewesen, aber jetzt wollte er in eine nette Bar in der Nähe.

Thomas winkte ab. Er war seit dem frühen Morgen unterwegs, mußte alle Eindrücke erst einmal verdauen und freute sich auf sein großes, dunkles Himmelbett und die gestärkten Laken. Vielleicht würde er sogar vor dem Schlafengehen noch einmal in den Swimmingpool springen, es war noch nicht allzu spät.

»Ich bestelle mir ein Taxi«, sagte er und erntete jetzt einen Blick von Mirjam.

»Ich möchte noch in eine Bar«, sagte sie in klarem, leicht osteuropäisch angehauchtem Deutsch. »Ein bißchen ausgehen. Irgendwohin, wo auch gut angezogene Leute sind!«

Thomas lächelte ihr zu. »Da haben Sie recht«, sagte er. »So ein exquisites Outfit braucht ein paar würdige Bewunderer.«

Im Taxi nahm er sein Handy heraus und suchte im schwachen Licht der Tastatur die richtigen Buchstaben: »Männer sind seltsame Geschöpfe. Schon mal darüber nachgedacht?«

Eva hörte es piepen, aber sie war schon im Tiefschlaf. Sie fand die Nachricht erst am nächsten Morgen vor, als Flash sie ungeduldig weckte. Erschrocken fuhr sie hoch. Hatte sie den Wecker überhört? Dann beruhigte sie sich wieder. Es war Samstag. Welch ein himmlischer Tag! Ausschlafen, ausruhen, mit ihren Kindern zusammensein, alles gemütlich angehen.

Flash kratzte an der Tür.

Sicherlich mußte er dringend. Und das Kaninchen mußte aus dem Stall. Wenn es dort überhaupt war. Seit ihrer Entdeckungstour vor zwei Tagen schlief Hoppeline im Haus, und Eva hatte festgestellt, daß sie stubenrein war. Man mußte ihr nur ein Katzenkistchen hinstellen. Flash lehnte das ab.

Sie griff nach ihrem Bademantel und stand auf. Sieben! Das war für einen Samstag eine Unverschämtheit. Mußte Flash wirklich, oder veralberte er sie? Und konnte man einen Hund zum Ausschlafen erziehen? Und wo waren überhaupt ihre Töchter, diese volltönende Spezies Mensch, solange es nicht um die eigenen Bedürfnisse ging?

Flash raste vor ihr her die Treppe hinab und direkt in die Küche zu seinem Napf. Der war leer, und heftig wedelnd stand er mit einem fragenden Blick davor.

»Ich denke, du mußt dringend in den Garten?« Eva schwankte zwischen Erziehungsmaßnahmen und Gerührtheit. »Frühstück gibt es erst nachher«, sagte sie halbherzig, dann holte sie zuerst eine Dose Hundefutter, füllte seinen Napf und öffnete anschließend die Terrassentür. Der Kaninchenstall war leer, okay, damit war auch klar, daß sich Hoppeline irgendwo im Haus eingenistet hatte, wahrscheinlich bei Toni im Zimmer. Sollte sie sich jetzt auch schon einen Kaffee machen? Nein, sie war noch müde, und wenn sie jetzt nicht so viel Action an den Tag legte, dann würde sie gleich weiterschlafen können. Vielleicht sogar an ihren Traum anknüpfen, sie hatte nur vergessen, worum der sich gedreht hatte. Aber er war fröhlich gewesen und irgendwie bunt. Sie lief schlaftrunken zu ihrem Schlafzimmer zurück, ging durch ihre Tür auf ihr Bett zu, ließ den Morgenmantel auf den Boden fallen und kuschelte sich unter die Decke. Die Stelle, an der sie gelegen hatte, war noch warm. Es war gerade so, als ob das Bett auf sie gewartet hätte. Sie rückte ihr Kopfkissen zurecht, da fiel ihr das Piepsen von heute nacht ein, und sie angelte sich das Handy vom Nachttisch. Eine Nachricht von Thomas. *Männer sind seltsame Geschöpfe. Schon mal darüber nachgedacht?* Zumindest er war tatsächlich ein seltsames Geschöpf, denn welcher Mann dachte über so etwas nach? Zumal um Mitternacht? Sie wollte jetzt auch nicht darüber nachdenken, denn sie wußte ja längst, daß

Männer seltsame Geschöpfe sind. Ihr eigener Mann hatte sich schließlich als das seltsamste entpuppt. Mit diesem Gedanken schlief sie wieder ein.

Ein zartes Klopfen an der Tür weckte sie. Diesmal war es Caro. »Bist du noch arg müde?« fragte sie. »Wir haben schon den Frühstückstisch gedeckt!«

Das war an sich schon eine Sensation. Früher gab es das immer zum Muttertag, aber der war bekanntlich Mitte Mai. Hatten sie sich vertan?

»Ich komme gern!« Diesmal schaute sie gleich zur Uhr, es war zehn. Das hörte sich schon besser an. Caro blieb im Türrahmen stehen, bis Eva den Morgenmantel anhatte, und fast kam es ihr vor, als ob sie ein Gespräch suchte.

»Drückt dich was?« fragte sie und blieb vor ihrer Tochter stehen, die ihr heute morgen unglaublich erwachsen vorkam. War das wirklich ihr Kind? Die Kleine, die am Wochenende immer frühmorgens angeschlichen gekommen war, um bei ihren Eltern im Gräbele zu liegen und von dort aus mit Gerold Wolken zu schauen? Jede Wolke hatte ein Gesicht, und zu jeder Wolke konnte sie eine Geschichte erzählen. Sie hatte unglaublich viel Phantasie. Und jetzt stand eine blasse junge Frau vor ihr, die mit diesem runden Kindergesicht voller Träume und Vertrauen so gar keine Ähnlichkeit mehr hatte.

Eva streckte die Hand nach ihr aus. »Ist etwas?« fragte sie noch einmal, aber Caro schüttelte den Kopf.

»Toni ist mit dem Fahrrad schnell zum Bäcker gefahren. Wenn sie nicht unterwegs jemanden trifft, dürfte sie gleich wieder da sein!«

Wenn sie zu Klinsmann gefahren ist, steht sie in der Touristenschlange, dachte Eva, aber wie alles im Leben flaut mit der Zeit auch die Hysterie um eine Exbundestrainereltern-Bäckerei ab.

Sie folgte Caro nach unten. Sie hatten sogar Eier gekocht, und selbst ihr geschäumter Morgenkaffee stand schon da. Eva wollte nicht mißtrauisch wirken, aber irgendwie lag ihr die Frage nach dem Warum schon auf der Zunge. Sie hatte ja auch ihrer Mutter Frühstück gemacht, wenn sie etwas von ihr wollte. Das war eine gute Einleitung und für den so nett Bedachten schwer, eine Bitte abzulehnen. Sie war gespannt.

»Hoppeline hat Toni das Musikkabel durchgeknabbert«, sagte Caro. »Nur falls du dich wunderst, warum es im Haus so still ist!«

Tatsächlich! Es hatte etwas gefehlt, aber sie hatte es nicht wirklich realisiert. Sie verkniff sich ein Lachen.

»Tja, Kaninchen eben«, sagte sie schnell, und da fielen ihr die Fotos ein, die sie von Flash und Hoppeline ausgedruckt hatte. »Warte schnell, ich hab was für euch!«

Sie waren wirklich gelungen, Hoppeline verschwand fast in Flashs Fell, und man mußte genau hinsehen, um sie ausfindig zu machen.

Caro freute sich darüber, aber der seltsame Ausdruck in ihrem Gesicht blieb.

Eva setzte sich und machte eine weite Handbewegung über den Tisch: »Das habt ihr wirklich schön gemacht! Sogar an ein Sträußchen habt ihr gedacht!«

»Na ja.« Caro klemmte sich eine dicke Haarsträhne hinter die Ohren. »Der Garten gibt noch nicht so sehr viel her!«

Beide schauten auf die Butterblumen im Wasserglas, und plötzlich sagte Caro: »Papa kommt nicht wieder, stimmt's? Er hat sich in Asien abgesetzt und läßt uns hier hängen!«

Eva mußte schlucken. Sie hatte das Thema schon seit Weihnachten besprechen wollen, wußte aber nie so richtig, wie. Toni war doch erst vierzehn, wie sollte sie ihr das erklären? In diesem Moment hörte sie die Haustür. Irgendwann mußten sie es erfahren und dann am besten aus ihrem Mund. Viel wußte sie ja auch nicht, aber immerhin wußte sie seit gestern, daß sie die Scheidung wollte.

Toni kam mit erhitztem Gesicht und großer Geste herein. Sie warf die Brötchentüte auf den Tisch. »Et voilà«, sagte sie, »ganz frisch aus dem Ofen! Extra für uns!« Sie grinste, dann schaute sie von einem Gesicht zum anderen. »Ist was?«

Caro legte die Brötchen in einen Korb. »Wir wollen endlich über Papa reden!«

»Ja«, nickte Toni, zog sich die Jacke aus, hängte sie über die Stuhllehne und setzte sich. »Der ist weg!«

»*Weg* kann man auch sagen!« Eva suchte sich ein Laugenbrötchen aus, legte es auf den Teller und schaute dann ihre Töchter an. »Ich weiß auch nicht viel mehr als ihr. Klar könnte man jetzt hinter ihm her recherchieren. Aber es ist auch so ziemlich klar. Eigentlich war sein Job nach der Tsunamiwelle schon erledigt, aber er fand immer neue Gründe, um noch bleiben zu müssen. Von seiner Einsatzzentrale habe ich dann erfahren, daß sein Bleiben gar nicht mehr nötig war. Die waren mir gegenüber aber auch schon vorsichtig, ich nehme an, es hatte sich schon herumgesprochen ...« Sie wartete auf eine Reaktion, aber die Gesichter ihrer Töchter waren verschlossen. »Nun, anfangs hat er zwischendurch noch angerufen und weiterhin Märchen über neue Projekte erzählt, die er unbedingt begleiten müsse, und dann wurden die Telefonate seltener, dann hat er gekündigt, sein Gehaltskonto ist erloschen, und seit Silvester gibt es ihn überhaupt nicht mehr.«

»Ein ganz neues Jahr für ihn«, sagte Toni, und Eva sah, wie ihrer burschikosen Tochter gerade diese Vorstellung naheging.

»Mit dem neuen Jahr abgeschrieben«, sagte Caro.

»Tut mir so leid!« Eva nahm die Hände ihrer Kinder. »Ich hätte es für euch so gern anders gehabt. Ich weiß auch nicht, was in ihn gefahren ist. Er hat mit mir nicht darüber geredet. Wenn ich das Thema bei einem seiner Anrufe angeschnitten habe, hat er einfach aufgelegt. In dem Hotel, in dem er bis Weihnachten gewohnt hat, ist er nicht mehr, keiner weiß, wo er steckt!«

»Entführt worden ist er jedenfalls nicht!« Toni holte tief Luft. »Er wollte uns nicht mehr. Ganz einfach!«

Eva drückte ihre Hände ganz fest. »Es lag nicht an euch. Ihr seid wunderbare Kinder! Es lag an ihm selbst. Er war unzufrieden. Unzufrieden mit seiner Situation, unzufrieden mit seinem Land, er fand die Deutschen spießig, bürokratisch und obrigkeitshörig, er wollte mit seinen Steuern keinen aufgeblasenen Beamtenstaat bezahlen, wenn es gleichzeitig an Kindergärten mangelt, er konnte sich nicht mit Managern abfinden, die ihre Geldgier über die Zukunft der Beschäftigten stellen, er fand die Politiker weichgekocht und das Schulsystem schlecht. Und gegen alles konnte er nichts tun. Er hat einfach das Handtuch geworfen.«

Eine Weile war es still am Tisch.

»Aber er hat doch recht«, sagte dann Caro. »In fast allem hat er recht!«

»Wieso fast?« wollte Toni wissen.

»Bist du spießig und bürokratisch und obrigkeitshörig? Doch wohl nicht. Und du bist auch eine Deutsche. Mutti auch!«

»Okay«, gab Toni zu. »Sicherlich meint er die anderen. Die Leute ab vierzig!«

»Danke!« sagte Eva.

»Du bist noch keine Vierzig«, beschwichtigte Toni sie. »Erst achtunddreißig!«

»Gut!« Eva lächelte. »Trotzdem bin ich spießig genug, um diese Ehe beenden zu wollen. Das heißt, wenn ihr einverstanden seid!«

»Geschieden?« Toni schnitt ihr Brötchen auf und schaute nicht hoch. »Ich habe immer gedacht, daß wir eine Familie sind und daß wir ein Nest haben und uns mögen und so. Und jetzt … Die Hälfte der Eltern meiner Klassenkameraden ist geschieden!«

Caro holte tief Luft. »Er war ja auch sonst nicht so oft da!«

»Nicht so oft, aber doch regelmäßig!« Eva richtete sich auf. »Denkt einfach darüber nach. Und dann reden wir noch einmal darüber.«

»Und wenn du geschieden bist, nimmst du dir dann einen anderen?« wollte Toni wissen und legte ihr Messer zur Seite.

»Nur in Absprache mit euch!«

»Diesen Typen aus dem Krankenhaus?«

»Den kenn ich doch kaum!«

»Triffst du ihn?«

»Wir gehen gemeinsam zum Frühlingsfest!«

»Und der ist nicht verheiratet?«

»Nicht daß ich wüßte!«

»Da mußt du aufpassen, ob das auch stimmt!«

»Danke«, sagte Eva und konnte sich ein Lächeln nicht verkneifen. »Ich werde höllisch aufpassen!«

Toni war am Nachmittag ausgiebig mit Flash unterwegs gewesen und mit diversen Einkäufen nach Hause zurückgekehrt, und jetzt waren ihre drei Freundinnen für den Videoabend schon eingetroffen. Caro hatte ihrer kleinen Schwester das Kabel für die Musikanlage repariert und anschließend die ganze Zeit in ihrem Zimmer gebüffelt, und Eva hatte den Tag genutzt, um mal wieder richtig Klarschiff zu machen. Nun stand sie im Badezimmer und steckte sich eine Hochfrisur. Das war das Gute an ihrem Beruf, sie konnte in kürzester Zeit aus nichts etwas machen, und es sah sofort hochelegant oder frech und frisch aus. Heute hatte sie Lust auf Audrey Hepburn. Ihre Frisur aus dem Film *Frühstück bei Tiffany* war ihr Favorit. Sie steckte es nicht ganz so streng, aber es kam einfach immer wieder gut. Und weil sie schon mal dabei war, wählte sie eine lange Perlenkette, die sie sich dreifach um den Hals legte, und ein schlichtes schwarzes Cocktailkleid. Es war keine Premiere, also war lang nicht nötig. Sie entschied sich, vorsichtshalber das rote Cashmeretuch mitzunehmen, das ihr Gerold letztes Jahr zum Geburtstag geschenkt hatte, sicherlich würde es kühl werden. So, dazu noch den passenden roten Lippenstift, und sie sah gut aus. Achtunddreißig! Mein lieber Mann, es konnte noch so viel passieren!

Sie ging seitwärts in die Garage hinein, damit ihr Mantel zwischen Auto und Garagenwand nicht schmutzig werden konnte, und wollte gerade die Wagentür öffnen, als ihr Blick den vorderen linken Kotflügel streifte. Er sah irgendwie seltsam aus. Lag es an den Lichtverhältnissen? Eva war sich nicht sicher. Sie fuhr den Golf langsam hinaus, dann stieg sie aus. Tatsächlich! Der linke Kotflügel hatte tiefe Kratzspuren und war eingedellt.

Wie war das passiert? Wo war sie gestern gewesen?

Aber es sah nicht so aus, als ob jemand dagegengefahren wäre. Es sah eher aus, als hätte man beim Ein- oder Ausparken eine Mauer mitgenommen. Sie hatte an keiner Mauer gestanden. Im Sender sowieso nicht. Sie schaute zum Haus. Bewegte sich oben am Fenster etwas, oder war das eine Spiegelung?

Konnte es möglich sein, daß … Eva schlug die Autotür wieder zu und suchte den Haustürschlüssel heraus.

Caro erwartete sie schon vor ihrem Zimmer auf dem Treppenabsatz. »Ich wollte es dir heute morgen schon sagen«, begann sie, »aber irgendwie konnte ich nicht!«

Aha, dachte Eva. Dann war es heute morgen also gar nicht Gerold, der ihr auf der Seele gebrannt hatte. Eva blieb zwei Stufen unter ihr stehen. »Willst du reden?« fragte sie.

Caro schaute sich nach Tonis halboffener Tür um. »Kommst du in mein Zimmer?« fragte sie dann.

Eva nickte, folgte ihr und setzte sich auf Caros Bettkante.

Caro zog ihren Schreibtischstuhl heran. Sie hatte die Haare zu einem Pferdeschwanz zusammengebunden und sah wirklich beängstigend blaß und schmal aus.

»Ist es die Schule?« fragte Eva. Könnte ja sein, daß sie

einfach überfordert war. Bei ihr setzte man immer voraus, daß alles reibungslos klappte.

»Nein, es ist Ben!«

»Ben?« Den Namen hörte sie zum ersten Mal.

Caro stockte. »Wolltest du nicht ins Musical?«

Eva sah an sich hinunter. »Ich glaube, Ben ist im Moment wichtiger als Elisabeth. Also, was ist mit Ben? Und *wer* ist Ben?«

Ihre Tochter strich sich mit der Hand leicht über die Wange. Die Geste rührte Eva, denn das hatte sie als Kind immer getan. Wenn sie müde war, wenn sie verlegen war, wenn sie nicht weiterwußte. Anscheinend suchte sie nach einem geeigneten Anfang.

»Also«, begann sie, »Ben ist Student. Studiert hier an der Uni BWL. Und ich habe ihn in einem Bistro kennengelernt. Er ist ein toller Typ, lacht gern, sieht gut aus, ist intelligent, eigentlich perfekt. So, wie ich mir einen Freund immer vorgestellt habe.« Sie stockte, strich sich über die Wange und schaute ihre Mutter an. »Er hat nur ein Problem. Das heißt, ich habe das Problem. Er kann wunderbar Geschichten erzählen. Und die stimmen alle nicht!«

Ihre Augen wurden feucht. »Es ist so furchtbar!« sagte sie und rang um Beherrschung. »Ich bin wirklich verliebt und hab gedacht, das ist er jetzt. Und wollte ihn auch herbringen, damit du ihn kennenlernst und so. Wie Toni mit Sven halt. Daß es schön ist, wenn alle zusammen sind.« Sie schniefte, und Eva hielt zum zweitenmal an diesem Tag einer ihrer Töchter die Hand. »Und dann höre ich von anderen, daß er nicht aufrichtig ist!« Eine Träne lief ihr über die Wange. »Es gibt noch eine andere! Und er hat es abgestritten! Sagt mir, ich sei hysterisch eifersüchtig!« Sie wischte sich die Träne ab. »Ich! Hysterisch eifersüchtig! Wie absurd!«

»Und dann hast du den Wagen genommen!« Eva hielt die Luft an. »Aber du hast doch überhaupt keinen Führerschein!«

»Nein! Hab ich nicht! Bin trotzdem schon mal gefahren – und irgendwie ging es ja auch, bis … na ja!«

»Und?« Eva wollte nicht an die Kosten der Reparatur denken, tat es aber doch. Nein, zuerst mußten neue Reifen her. Für Schönheitsreparaturen hatte sie kein Geld. »Hast du gesehen, was du sehen wolltest?«

»Er hatte die Rolläden zu. Aber ein Mini stand vor seiner Haustür. Und heute morgen kam dann ein Mädchen heraus.«

»*Seine* Haustür? Lebt er allein?«

»Im Haus seiner Mutter. Aber sie ist ihm hörig!«

»Seine Mutter ist ihm hörig?« Das wurde ja immer unglaublicher.

»Ja, eine der Mütter, die ihre Söhne vergöttern und für sie lügen und sie vor dem Rest der Welt beschützen wollen. An dieser Bastion kommst du nicht vorbei!«

»Aber das Mädchen heute nacht wohl schon!«

»Das ist ja das Komische, er kann tun, was er will, seine Mutter sagt nichts.«

Aha. Gar nichts sagen war also auch nicht erwünscht. Jedenfalls bei anderen. Gut zu wissen.

»Aber daß es nicht okay war, einfach mit dem Wagen loszufahren, ist dir schon klar?«

»Er wohnt so außerhalb, da kommst du mit keiner Straßenbahn hin. Bus fährt auch nur selten. Und einen Roller hab ich nicht!«

Sie hätte sich den von Sven leihen können, dachte Eva, aber sie wollte nicht pedantisch werden.

»Ja«, fragte Eva und empfand sich selbst als schrecklich pragmatisch, »und die Konsequenz? Hast du Schluß gemacht?«

»Nein, wie denn? Ich konnte ja schlecht sagen, daß ich die halbe Nacht vor der Haustür stand. Und er sagt natürlich, er habe mit einer Kommilitonin gelernt, und da gäbe es nichts zum Ausflippen!«

»Bis wann hat er gelernt?«

»Bis zwei!«

»Tja. Da würde ich auch ausflippen!«

Im Auto rief sie Inga an und erklärte ihr die Situation. Wenn auch nicht detailliert, denn Inga lechzte nach Neuigkeiten. Und daß Caroline ohne Führerschein mit dem Golf ihren Freund observiert hatte – das waren Eva dann doch zu viele Highlights. Sie beschränkte sich darauf, von einem Gespräch zu reden, das wegen Gerold nötig gewesen sei. Inga hatte volles Verständnis. »Ja«, sagte sie. »Da hat der gute Gerold uns alle überrascht. Hätte ihm keiner zugetraut. Aber wer weiß schon, was in anderen Menschen vorgeht ...«

»Werd bloß nicht zur Mörderin«, neckte Eva, denn Inga fand zwar jeden Skandal spannend, wäre aber nie selbst zu etwas Ungewöhnlichem in der Lage gewesen.

Sie kamen noch rechtzeitig genug, um einen kleinen Aperitif nehmen zu können. Das war überhaupt das Schönste an so einem Abend: zu schauen, wer kam, wie die Leute gekleidet waren und was für Leute sie waren.

»Wir sind die vollendeten Voyeure«, giggelte denn auch

Inga wie ein Teenager, und Eva fand es nur schade, daß sie bisher noch nie bei einer wirklichen Premiere dabeigewesen war. »Muß schon scharf sein, wenn sie hier alle wirklich aufgebrezelt über den roten Teppich einmarschieren«, sagte sie und stupste Inga an. »Schau mal die!«

Eine junge Frau hatte sich tatsächlich viel Mühe gegeben. Sie trug ein silbern glänzendes Kleid, das sich hauteng und rückenfrei über ihren makellosen Körper zog. Ein glitzernder Haarreif hielt ihr dunkles, dichtes Haar aus der Stirn, dafür wallte es im Rücken offen und frei bis über die Schultern.

»Ein Diamantendiadem«, sagte Inga anerkennend. »Das sieht schon sehr edel aus! Die wäre sogar bei der Premiere aufgefallen!«

»Ein richtiger Lichtblick«, bestätigte Eva, die es schade fand, daß sich so viele Besucher so wenig Mühe mit ihrer Kleidung gegeben hatten. »Schließlich ist so ein Abend doch ein festlicher Anlaß«, erklärte sie. »Und ich stelle mir vor, daß ich als Künstler auch lieber auf festlich gekleidete Menschen schauen würde als auf Leute in Jeans, die auch in einem Biergarten sitzen könnten!«

»Apropos sitzen«, sagte Inga. »Wir sollten langsam gehen!«

Sie ließen sich mitreißen von der Geschichte der Sissi, der unzähmbaren Kaiserin von Österreich, aber Eva war vor allem auf ihr Aussehen fixiert. »Toll gemacht«, sagte sie ein ums andere Mal. »Überhaupt sind die Ausstattung und die Kostüme große Klasse!«

»Hast du nie für ein Musical gearbeitet?« fragte Inga.

Eva schüttelte bedauernd den Kopf. »Karriere oder Kinder. Ich hab irgendwie nicht beides geschafft!«

»Du bist ja noch jung!«

Eva mußte lachen, wurde aber sofort durch ein »Pssst« hinter ihr ermahnt. Und gleich darauf spürte sie Ingas Hand. Was kam jetzt? Sissi sang: »Ich will nicht gehorsam, gezähmt und gezogen sein – ich will nicht bescheiden, beliebt und betrogen sein – ich bin nicht das Eigentum von dir, denn ich gehör nur mir …« Ein Blick zeigte ihr, daß Inga voll in dem Lied drin war. Es war offensichtlich ihr Text, sie ging darin auf. Eva, die für die Traumwelt Fernsehen arbeitete, mußte ein bißchen lächeln, aber dann mußte sie sich eingestehen, daß es auch ihr Text war, wenn auch an einer anderen Stelle: »Und willst du mich finden, dann halt mich nicht fest, ich geb meine Freiheit nicht her – denn ich gehör nur mir!« Warum sah sie plötzlich Thomas vor sich? Und als der Tod auftrat, spürte sie doch tatsächlich ein erotisches Prickeln. Das hatten manche ihrer Kolleginnen bei *Tanz der Vampire* erlebt. Ihre Kollegin Clara war sage und schreibe achtzehnmal in das Musical gegangen, nur um Graf von Krolock alias Kevin Tarte zu sehen. Und trotzdem hatte er sie nicht erhört.

In der Pause packte Eva ein bißchen die Wehmut. »Es muß schon besonders sein, in so einem Team mitzuarbeiten«, sagte sie zu Inga.

»Aber sicherlich auch stressig!«

Das dachte Eva auch. »Stell dir nur mal vor«, fuhr sie fort. »Da hinten, backstage, arbeiten während der Show sieben Maskenbildner zusammen. Ist das nicht sagenhaft? Da muß wirklich jeder Handgriff stimmen.«

Inga nippte an ihrem Prosecco. »Das ist ja wie im Taubenschlag«, sagte sie. »Was für ein Streß! Entsetzlich!«

Eva empfand das ganz anders. Sie hatte eher das Gefühl, daß es entsetzlich war, daß sie nie dabeisein durfte. Sie hätte gern mal mitgefiebert, improvisiert, wenn plötzlich etwas schiefging, und mitgelacht, wenn alles gut über die Bühne gegangen war. Eigentlich hatte sie ihren Beruf deshalb gewählt. Sie wollte tief in diese Bühnenwelt eintauchen und nicht nur glänzende Stirnen abtupfen.

War sie schon angekommen, wo sie hinwollte?

»Das Stück macht mich traurig!« sagte sie zu Inga. »Laß uns nachher noch was trinken gehen, sonst fange ich zu grübeln an!«

»Du doch nicht!« sagte Inga. »*Du* bist doch das Stehaufmännchen von uns!«

Es war Sonntag, und sie schlief aus. Tonis Fete war harmlos verlaufen. Vier Mädchen bedeuteten vor allem, daß viel geredet, aber nichts demoliert wurde. Eva lag völlig entspannt in ihrem Bett und genoß es, den Beginn des Tages noch ein bißchen hinauszuzögern. Es wollte heute sowieso nicht so richtig hell werden, und das kam Eva entgegen. Sie wollte auch nicht. Eigentlich wollte sie überhaupt nichts. Sie wollte sich nur treiben lassen, alles Ernsthafte von sich wegschieben, die Seele baumeln lassen. Aber sie schaffte es nur bis neun Uhr, dann waren tausend quälende Fragen da. Sie mußte wegen des Spielfilms eine Entscheidung treffen. Sie würde ja wahnsinnig gern, aber sie konnte nicht, denn sie war gefangen. Gefangen in ihren Pflichten. Zum Teufel mit Gerold, er hätte sie hier unterstützen können, und was macht er, die feige Sau? Abhauen!

Sie mit allem allein sitzenlassen!

Denk nicht so, sagte sie sich und schob ihr Kissen in eine andere Position. Und ihre bedachte, ernsthafte Caroline? Fuhr nachts ohne Führerschein zu ihrem Lover, nur weil sie einen Verdacht hatte. Saß vor dem Haus wie einer vom Geheimdienst und ist trotzdem so schlau wie vorher. Nur, daß das Auto einen schönen Schaden hatte.

Sie drehte sich auf den Rücken. Ein Kaffee wäre jetzt auch nicht schlecht!

Und dann fiel Eva ihr Job mit Tom ein, der irgendwie merkwürdig war. Und dann dachte sie an Thomas. War da tatsächlich keine einzige Kurznachricht eingegangen? Den ganzen letzten Tag nicht? Das war schon ungeheuerlich! Sie fischte nach ihrem Handy und las noch einmal den »Eingang«. *Männer sind seltsame Geschöpfe. Schon mal darüber nachgedacht?*

Ach, stimmt. Sie hatte zwar darüber nachgedacht, aber nicht geantwortet. Also lag der Fehler wohl bei ihr. »Ich denke pausenlos darüber nach, komme aber nicht drauf«, schrieb sie in einem Anfall von morgendlicher Ironie. »Helfen Sie mir auf die Sprünge?«

In Portugal war es um diese Zeit nicht neun, sondern acht Uhr, und Thomas schlief noch. Er hatte gestern eine ernsthafte Golfstunde bekommen, war am Nachmittag am Strand gewesen und hatte sich abends allen Einladungen widersetzt und allein auf der Hotelterrasse gegessen. Die Stimmung bei Sonnenuntergang war wunderbar, das Dinner auch, aber es fehlte jemand zum Reden. So allein war es doch nur der halbe Genuß. Er konnte sich bei der Weinkarte nicht beraten, nicht über die Auswahl sprechen, nicht über die Speisen, es war schwierig, nicht dauernd anderen Leuten beim Reden oder Essen zuzusehen. Beim Dessert fühlte er sich schon wie ein alter Psychotherapeut.

Er wußte, welche Paare aneinander vorbeischauten, er wußte, an welchem Tisch sie sich unglaublich bemühte, er dagegen die Machorolle zelebrierte, und wo ein Kerl sich aus der Hose schraubte, sie dagegen die Kühle spielte. Ein Paar gefiel ihm besonders gut, sie waren beide Anfang Sechzig und hatten sich in ihrem gemeinsamen Leben bestimmt schon alles dreimal gesagt, aber sie hatten eine warme, nette Art, miteinander umzugehen. Und sie hatten sich den ganzen Abend etwas zu erzählen. Dabei waren gerade die beiden keine Schönheiten. Zumindest waren sie für diesen Abend sicher nicht bei Prada gewesen.

Thomas hatte still in sich hinein gelächelt und überlegt, ob er anschließend noch in eine Bar fahren sollte. Oder zumindest nach Faro rein. Vielleicht tobte da ja der Bär. Aber dann trank er doch lieber noch einen starken Portwein und spürte eine so angenehme leichte Müdigkeit, daß er ihr sofort nachgab.

Das Piepsen seines Handys weckte ihn nicht, dafür aber ein lautes Platschen im nahen Swimmingpool und schallendes Gelächter. Er öffnete ein Auge und überlegte sich, ob er schon wach sein wollte. Eigentlich nicht. Eine leichte Brise, die durch seine geöffneten Terrassentüren wehte, brachte morgendliche Frische herein, und seine Decke fühlte sich leicht und kühl an. Es war herrlich – vor allem das Gefühl, nichts im Nacken zu haben. Keine Termine, kein einziges Muß, nur Spaß. Er lag lang ausgestreckt auf seinem Bett und schaute zur Decke. Jetzt war er vierzig. Er konnte sich schon gut vorstellen, für eine Zeitlang ganz woanders zu leben. Die portugiesische Lebensart gefiel ihm. Die Küste auch. Über die Menschen an sich konnte er noch nicht viel sagen, bisher waren ihm nur Ausländer begegnet. Und es wurde viel gebaut. Zuviel. Hier vorne, direkt an der Küste, gab es einige schöne Häuser, geschmackvoll, gediegen, mit schönen Gärten. Doch in dritter und vierter Reihe schossen unendlich viele Häuser aus dem Boden, dicht an dicht, verschachtelt wie Bienenwaben. Und das wollte ihm nicht in den Kopf. Du kommst doch nicht aus deinem deutschen Reihenhäuschen hierher, damit du hier auf ebenso engem Raum lebst? Oben und unten Nachbarn? War der Mensch ein solches Gewohnheitstier – einmal verschachtelt, immer verschachtelt?

Er würde sich lieber weiter oben etwas nehmen. Ein kleines Häuschen im Haziendastil, mit eigenem Garten und eigenen Bäumen, einigen Tieren und einer Geländemaschine. Hier würde er überhaupt nur Motorrad fahren. Er streckte sich.

Es gab einen See, hatte er sich sagen lassen, und den würde er sich heute mal ansehen. Ein bißchen das Hinterland inspizieren, Baupläne schmieden. Er grinste und griff nach dem Handy, um nach der Uhrzeit zu sehen. Zeit fürs Frühstück. Und – eine Kurznachricht.

Eva. Seine Gedanken schweiften ab. War da was? Fühlte er etwas? Er war sich nicht sicher. Sie gefiel ihm, sie war keck und frisch, und er hätte auch gern weitergeforscht, aber er traute seinen Gefühlen nicht so ganz. War es nur der Forschergeist, oder spielten da andere Sinne mit?

Ich denke pausenlos darüber nach, komme aber nicht drauf. Helfen Sie mir auf die Sprünge?

Was hatte er geschrieben? *Männer sind seltsame Geschöpfe?* Wie kam er nur auf so eine Idee. Männer waren klar strukturiert und, wenn man das mal kapiert hatte, auch einfach zu bedienen. Aber sollte er Eva das schreiben? Er wollte doch den Mythos Mann nicht zerstören. Er konnte ja kaum schreiben: Es gibt da drei Knöpfchen, die Sie bedienen müssen, dann ist alles klar: Sex, Essen und Trinken und Abwechslung. Also zumindest in seinem Fall, denn er liebte Abwechslung. Es gab natürlich auch Männer, denen waren Überraschungen ein Greuel, dann lautete die Beschriftung der drei Knöpfchen: Sex, Essen und Trinken und strikte Gewohnheit. Abendessen um Punkt sieben, samstags in die Stadt, sonntags essen gehen, montags sieben Uhr zur Arbeit. Er könnte ihr jetzt schreiben: *Männer lieben Sport, Kultur und tiefschürfende Diskussionen*. Aber das würde sie ihm nicht glauben, das heißt, Sport vielleicht schon. Also mußte er eine Mischung kreieren: Männer lieben Essen und Trinken, Sport und schöne Frauen – denn, Männer sind Augentierchen.

Das war gut. Er tippte schnell: *Guten Morgen, liebe Eva! Mach ich gern. Männer sind vor allem Augentierchen. Sie sehen gern schöne Frauen, ein kühles Bier und ein saftiges Steak. Oder ein schönes Frühstück, da gehe ich jetzt hin … LG T.*

Schneller als gedacht kam die Antwort: *Augentierchen? Okay. Zuerst müssen sie alles begucken – aber dann doch auch anfassen?!? Alles wird irgendwie auseinandergeschraubt, selbst auf die Gefahr hin, es niemals mehr zusammenzubekommen. Und manche Frau bleibt als Totalschaden liegen …! LG E.*

Au. Jetzt wurde es schwierig. Das war nun doch schon ziemlich philosophisch. Oder meinte sie es körperlich? Jedenfalls war hier Glatteisgefahr! Jetzt mußte er irgendwie die Kurve kriegen. *Anfassen kann doch auch schön sein?* schrieb er. *Es ist doch auch schon schön, wenn Sonnenstrahlen einen streicheln …*

Hmm, dachte er, während er die SMS abschickte, jetzt hörst du aber auf! Sonnenstrahlen! Seine Vorstellung war eine ganz andere, und er trug seine Erektion unter die Dusche.

Sonnenstrahlen, die einen streicheln? Eva fand den Gedanken schön. Sie räkelte sich im Bett und schaute hinaus. Die Sonne schien zwar nicht, aber es war ja auch noch früh im Jahr. Im Sommer fielen sie tatsächlich morgens in ihr Schlafzimmer, dann flimmerte alles, und der Holzboden bekam eine satte, warme Farbe. Sie mochte das gern, es erinnerte sie an ihre Kindheit, wenn sie im Steingärtchen ihrer Großmutter saß und alles um sie herum summte und brummte.

Aber ein Mann? Entweder war er hochsensibel, oder er konnte sich gut verstellen, oder er war schwul. Sie schlug die Decke zurück. Streichelnde Hände könnte sie gut gebrauchen, aber ersatzweise holte sie sich jetzt eben einen Morgenkaffee.

Dann schrieb sie zurück. *Sonnenstrahlen sind das eine, aber Männerhände sollen auch streicheln können – hab ich mir sagen lassen. Wünsche schönes Frühstück!*

Er las es auf dem Weg zur Terrasse und freute sich. Das hörte sich doch mal vielversprechend an. Sie hätte sich ja auch voll auf die Sonnenstrahlen stürzen können, die platonische Variante. Ihm fiel ein Satz von Joan Lunden ein, der amerikanischen Rundfunksprecherin, die mit *Guten Morgen, Amerika* berühmt geworden war: *Chancen sind wie Sonnenaufgänge. Wer zu lange wartet, verpaßt sie.* Das würde er bei Gelegenheit mal anbringen.

Die Fahrt zum See war schön, ganz so, wie er es sich

vorgestellt hatte. Kaum war man ein paar Kilometer von der Küste entfernt, hörte diese immense Bebauung auf und machte einer weiten Landschaft mit kleinen, gewachsenen Dörfern Platz. Und es gab immer wieder schmale Einfahrten, meist nicht breiter als Feldwege, die ihn aber neugierig machten. Die »Privat«-Schilder verboten und lockten zugleich. Manche Hazienda war schon mit klingenden Namen auf großen Holztafeln angezeigt, aber von der Landstraße aus konnte er keine sehen. Schade! Jetzt fehlte doch der kleine Hubschrauber, mit dem man sich einen Überblick hätte verschaffen können.

Er tröstete sich damit, daß er sich gleich an den See setzen würde, ein gepflegtes Bier trinken, vielleicht die Füße, wenn nicht den ganzen Körper ins Wasser strecken könnte. Die Enttäuschung war herb. Die Straße endete an einem kleinen Restaurant, weit oberhalb des Sees. Er wollte es nicht glauben und probierte die weiterführende Straße aus, aber auch sie endete mit dem Schild »Privat«. Das war ja in Ordnung, weniger in Ordnung war, daß der Restaurantgarten mit Plastikstühlen und verschossenen Tischen so wenig einladend aussah, daß er wieder zurück an die Küste fuhr.

Zum Trost fahre ich nach Luz, sagte er sich. Das wurde in seinem Reiseführer als typisches Fischerdörfchen angekündigt, und er stellte sich eine nette Straße am Meer mit kleinen Bodegas und Cafés, einigen Boutiquen und ein paar Fischerbooten am Strand vor. Als er wieder wegfuhr, schalt er sich einen sentimentalen Ochsen. Oder seine Phantasie war so rege, daß die Wirklichkeit nicht mithalten konnte. Vielleicht waren aber auch die Reiseführer hoffnungslos veraltet oder verlogen. Die Festung in Luz war sicherlich schön, aber in dem angeschlossenen Restaurant wollte man jetzt Mittagsgäste, keine Biertrinker.

Er lief die kleine Straße in Richtung Meer, dann drehte er wieder um und setzte sich in seinen Wagen.

Wo war Barry? Der sollte ihm ein paar Tips geben!

Um vier war Thomas pünktlich auf der Driving-Range. Es war nicht mehr ganz so heiß, einige Wolken hatten sich vor die Sonne geschoben, doch es herrschten durchaus sommerliche Temperaturen. Thomas hatte sich ein leichtes Poloshirt und Bermudas angezogen und fühlte sich schon fast wie ein Profi. Barry war wie immer gut gelaunt, lobte seine Fortschritte und fragte ihn, ob er Lust auf einen Grillabend habe. In Odiáxere gebe es die Quinta das Barradas. »Vergiß, was du jemals übers Grillen gehört hast«, erklärte Barry. »Dieser Koch grillt den Braten am Stück, nicht die Scheiben!« Ab sofort traf Thomas keinen Ball mehr. Es war wie verhext. Gerade war es doch noch gegangen, und er hatte es auch am satten »Plong« gehört, wenn er getroffen hatte, jetzt machte es nur noch »Ping«, und der Ball versprang.

»Verflucht, Barry!« sagte er, aber Barry korrigierte unermüdlich seine Haltung und ermahnte ihn, nicht auf den Ball einzudreschen, sondern ihn ganz locker wegzuschlagen.

Thomas ärgerte sich aber über sich selbst, und deshalb war es ihm mehr nach Dreschen. Der ungewohnte Bewegungsablauf kostete Kraft, der Schweiß brach ihm aus, und als er endlich wieder einen Treffer hatte, und zwar einen richtig guten, beschloß er, sofort aufzuhören.

»Du kannst das noch mal!« ermutigte ihn Barry.

Aber Thomas schüttelte den Kopf. »Man sollte es nie herausfordern, und außerdem redest du wie meine Freundin!«

Barry stutzte, dann hätte er sich vor Lachen fast ausgeschüttet. »Ja und?« schnaubte er. »Sei doch froh! Andere warten auf so was!«

»Aber nicht jedesmal! Das wird zur Qual!«

»Ehrlich gesagt, stelle ich mir unter einer Qual etwas anderes vor.«

»Dann hast du's vielleicht anders drauf. Ich will danach meine Ruhe haben. Schlafen. Fernsehen. Pils trinken. Im Notfall auch mal unterhalten, aber doch keine, die gegen die Bettkante trommelt!«

»Im Ernst?« Barry war völlig hingerissen. »Sie saß da und trommelte gegen die Bettkante?«

»Sie saß da, starrte auf mein Teil und trommelte gegen die Bettkante!«

»Da würde ich auch keinen mehr hochkriegen!«

»Sag ich doch!«

Barry schüttelte grinsend den Kopf. Es war klar, daß er diese Geschichte eben auf seiner Festplatte abspeicherte.

»Soll ich dich abholen?« wollte er wissen, und Thomas nickte. Das bedeutete, daß er etwas trinken konnte und Barry nicht.

Barry kam pünktlich vorgefahren, und Thomas staunte wieder einmal, daß er neben Barry in dem kleinen Wagen Platz fand. »Sitzt du bequem?« fragte ihn Barry auch gleich, und Thomas bejahte schnell. Er fühlte sich superwohl. Vor allem mit der Aussicht auf saftige Fleischstücke. Sie fuhren in Richtung Portimão. Thomas hatte den Eindruck, als sei er die Strecke schon einmal gefahren. Die große Windmühle erkannte er wieder, ja, so war er heute von seiner Entdeckungsreise zurückgekommen. Barry kurvte zügig über die engen Straßen und holperte schließlich einen Weg entlang, der den Privatstraßen vom Nachmittag glich. Und tatsächlich, am Ende kam eine kleine Hazienda, so malerisch, wie Thomas sich das gedacht hatte. Das Haus war im maurischen Stil gebaut worden, besaß eine große Terrasse und stand mitten in einem phantasievoll angelegten Garten mit großem Teich. Das »Betreten verboten«-Schild fehlte auf der kurzgeschnittenen Rasenfläche, dafür tobten Kinder mit einem Hund darauf herum und sprangen zur Abkühlung immer wieder von einem kleinen hölzernen Steg ins Wasser.

Thomas war beeindruckt. Die Tische auf der Terrasse waren hübsch eingedeckt, und es gab auch schon einige Gäste, die sich bei einem Aperitif unterhielten, aber was ihm am besten gefiel, war der würzige Duft, der ihnen entgegenwehte.

»Riecht schon mal verdammt gut«, erklärte Thomas und mußte fast schlucken, so regte der Duft seine Geschmacksnerven an. Eine junge Frau kam ihnen mit einem Tablett entgegen, und Barry nahm sich ein Glas Sekt. Thomas bestellte ein Bier. Er konnte Sekt nichts abgewinnen und schon gar nicht, wenn ein Braten auf ihn wartete.

Der Koch und zugleich Bewirtschafter der Hazienda stand vor einem riesigen Grill und zeigte seine Fleischauswahl. Lamm, Rind, Schwein, Kaninchen, Geflügel.

»Einen Grillspieß?« fragte er. »Oder Lammkoteletts? Grillrippchen? Gleich ist auch der große Braten fertig!« Er deutete hinter sich.

Thomas nickte nur noch. »Und das?« fragte er.

»Das sind besonders saftige Auberginen in Silberfolie. Daneben große Grillkartoffeln.«

Thomas konnte sich nicht beherrschen. Er tat das, was er bei anderen so schrecklich und ungezogen fand, er lud sich seinen Teller so voll, daß er für das Gemüse, die Kartoffeln und Salate noch einen zweiten brauchte. Langsam reifte in ihm die Gewißheit, daß er mit drei Kilo mehr zurückkommen, aber noch immer nicht würde Golf spielen können.

Er hatte sich gerade gesetzt und sein Besteck für den Angriff sortiert, als ein Pärchen alle Blicke auf sich zog.

»Ah, kommen Mirjam und Charly auch?« fragte er Barry, der sich eben mit einem vergleichsweise bescheidenen Teller neben ihn setzte.

Barry steckte sich eine kleine Möhre in den Mund und drehte sich um.

Tatsächlich, im Gegenlicht war es nicht genau auszumachen, aber so wie die schmale Gestalt auf dem steinigen Fußweg heranstöckelte – da blieb kaum ein Zweifel. Mit entsprechend saurem Gesicht kam sie näher. Charly spielte sofort wieder den großen Kavalier, rückte Mirjams Stuhl zurecht und machte viel Aufhebens, vor allem, als der Sekt kam.

»Oh, nein!« tönte er. »Wir beide trinken heute Champagner, denn heute ist ein besonderer Tag!«

»So, was für einer denn?« fragte Thomas. »Wart ihr heute also bei Dolce & Gabbana?«

Aus Mirjams spontan verengten Augen schossen Blitze hervor, aber Thomas tat, als habe er nichts bemerkt.

Charly mußte lachten. »Nein, heute ist Vollmond. Und Vollmondnächte sind die Nächte der Liebenden.«

Mirjam sah an ihm vorbei in eine andere Richtung, und Barry zwinkerte Thomas zu. Es war klar, was er dachte, und zur Untermalung trommelte er mit seinen Fingern auf den Holztisch. Jetzt mußte auch Thomas lachen, obwohl er schon ein Stück Braten auf der Gabel hatte und endlich essen wollte.

Das Fleisch schmeckte hervorragend, auch das der halbwilden portugiesischen Schweine, das ihm fester und aromatischer erschien als das der deutschen Schweine. Aber vielleicht war es auch einfach der Ofen. Oder die Umgebung oder der Koch, der einen ständig zu neuen Probierhappen überredete und dabei genau erklärte, was er einem da auf den Teller lud.

Irgendwann aber mußte auch Thomas die Segel streichen. Mirjam war bei Salat geblieben, Charly hatte einen Braten fast allein gegessen, Barry schien eine Gemüsekur zu machen und gab das wenige Fleisch, das er sich aufgeladen hatte, den lauernden Katzen.

»Wo kommen die denn alle her?« fragte Thomas, denn es waren auffallend viele.

»Es sind seine«, erklärte Barry. »Fünfzehn hat er von der Straße gelesen und die Jungs kastriert, den hinkenden Hund dort hinten hat er aufgenommen, ist wohl angefahren worden. Ich denke mal, daß seine Tierarztkosten sein halbes Gehalt verbrauchen.«

Thomas war beeindruckt. Er selbst hätte so etwas zwar nie tun können, jedes Tier bedeutete Verantwortung und Freiheitsverlust, aber so einen Einsatz fand er klasse. Mußte er unbedingt Eva schreiben, hatte die nicht auch ein Herz für Tiere?

Barry hatte schon vier Schnäpse zur Verdauung bestellt, wovon er zwei selber trinken mußte, weil Mirjam Schnäpse ablehnte. Sie lebte heute nur von Champagner. Thomas übernahm die Rechnung. Gut, der Champagner hätte nicht sein müssen, aber das war nicht der Rede wert – es war immer noch weniger, als er gedacht hatte. Dafür ging er zu dem Koch und drückte ihm einen Schein in die Hand. »Mein Beitrag zur nächsten Tierarztrechnung«, sagte er noch und kam sich fast ein bißchen schäbig vor. Die einen retteten sich mit Geld aus der Affäre, die anderen mit Einsatz.

Mirjam versuchte gerade wieder aufrecht zu stehen und beschwerte sich bei Charly, daß ihre Schuhe durch den unebenen Boden nun sicherlich ruiniert seien.

»Gibt's morgen eben ein Paar neue«, säuselte Thomas, was ihm von Charly ein leises »Bist du verrückt!« eintrug.

Barry übernahm wieder einmal die Führung, und sie landeten in einer Bar, die auch in Irland hätte stehen können. Man spielte Folkmusik, und die Typen am Tresen sahen wie Holzfäller aus, obwohl es ganz bestimmt keine waren.

»Gibt's hier was anderes als Whisky?« wollte Thomas von Barry wissen, bevor er auf die Schiefertafel schaute, auf der das heutige Angebot mit Kreide geschrieben stand.

»Wieso?« fragte Barry zurück, »gibt's noch was anderes?« Thomas zuckte die Schultern. Er mußte ja nicht Auto fahren, er konnte Whisky trinken bis zum Umfallen.

Barry bestellte drei Guinness und schaute Mirjam fragend an. Sie erklomm gerade einen Barhocker und hatte

Mühe, ihr Kleid an die vorgesehenen Körperteile zu rükken. Es war eindeutig ein Stehkleid, kein Sitzkleid. Das leuchtende Pink hatte auf der Hazienda etwas befremdlich ausgesehen, hier, im Barlicht, paßte es extrem gut zu ihrer gebräunten Haut.

»Sieht toll aus«, sagte Thomas anerkennend zu Charly.

Der nickte. »Davon lebt in Portugal eine Großfamilie locker einen ganzen Monat lang.«

Mirjam war noch immer mit ihrem Kleid beschäftigt und verlangte nach der Getränkekarte.

»Warum machst du das dann? Ich meine, es zwingt dich doch kein Mensch, du beschenkst sie doch wohl freiwillig?«

»Ja, im Schnitt zweieinhalbtausend Euro. Pro Tag!«

Thomas sog die Luft ein. »Donnerwetter!«

Das Guinness kam, sie prosteten sich zu, und er nahm einen tiefen Schluck. »Billiger macht sie's nicht?« fragte er, als er das Glas wieder abstellte.

»Wo denkst du hin«, empörte sich Charly. »Nein, so eine ist sie nicht. Das könnte ich dann ja auch billiger haben!«

»Was für eine ist sie dann?« Thomas wischte sich den Schaum mit dem Handrücken ab und drehte Mirjam den Rücken zu, damit sie nichts hören konnte.

»Ich möchte sie von mir überzeugen!«

Thomas machte unwillkürlich einen kleinen Schritt auf ihn zu. Er glaubte, sich verhört zu haben. »Du möchtest sie überzeugen? Mit zweieinhalb Tausend Euro *täglich*?«

Charly warf einen ängstlichen Blick nach hinten, aber Mirjam war in ein Gespräch mit dem Barkeeper vertieft. Er war in ihrem Alter und warf ihr feurige Blicke in den Ausschnitt. »Ich sag dir ja, sie ist nicht so eine!«

»Wie – soll das heißen …?«

»Da muß man sich mehr überlegen!«

Thomas nahm noch einen Schluck. Eigentlich war ihm zum Lachen zumute, aber das fragende Dackelgesicht von Charly bremste ihn ein.

»Also, du meinst jetzt, du mußt ihr mehr bieten. Mehr Kultur vielleicht, wenn sie so gut Klavier spielt? Vielleicht will sie gar nicht ständig einkaufen und fühlt sich von dir nur dazu genötigt?«

Charly kam näher, sein bauchiges Bierglas in der Hand. »Siehst du, das ist genau der Punkt«, sagte er leise. »Ich möchte sie nicht nötigen. Sie soll freiwillig kommen.«

Thomas schaute ihn an. Da stand die ganze Verletzlichkeit eines alternden Mannes in seinem Gesicht, die Angst, von dem Abbild seiner Phantasie verschmäht zu werden. Es hatte keinen Sinn, ihm die Augen zu öffnen.

»Sie soll freiwillig kommen?« wiederholte Thomas und schaute Mirjam von der Seite an.

Sie blühte in dem Gespräch mit dem Barkeeper geradezu auf. Aus der stillen, blasierten Frau wurde ein sprudelndes junges Mädchen.

»Heißt das, daß du sie seit Tagen hofierst und darauf wartest, daß sie den ersten Schritt tut. Ist das so?«

»Ja.« Charly nickte zögerlich und trat noch etwas näher heran. »Vielleicht redest du mal mit ihr? Wir sind nur noch morgen da, dann reisen wir ab.«

»Ich?« Thomas schaute zu Barry, aber der hatte sich einem anderen Gast zugewandt. »Warum nicht er?« Thomas nickte in Barrys Richtung.

»Weil du bestimmt mehr Ahnung von Frauen hast. Du siehst jedenfalls so aus!«

Thomas nahm noch einen Schluck und bestellte ein neues Bier.

»Geht auf mich«, sagte Charly schnell.

»Laß das!« Thomas warf ihm einen Blick zu. »Man kann nicht alles kaufen. Wenn ich es tue, dann, um dir zu helfen – und ehrlich gesagt, ich habe keine Ahnung, ob sie mir überhaupt zuhören wird.«

»Wird sie schon. Sie ist eigentlich ganz nett!«

Nett. Du lieber Himmel, da lud er eine Frau in den Urlaub ein, weil sie eigentlich ganz nett war und weil er sie herumkriegen wollte. Und beschwerte sich, wenn es nicht klappte, wie er sich das gedacht hatte. Es wäre tatsächlich spannend, die andere Seite zu hören.

»Dann mußt du dich aber mal aus unserem Dunstkreis verziehen«, sagte Thomas und verfluchte sich gleich darauf. Worauf ließ er sich da ein? Ihn ging das Ganze doch nun wirklich nichts an!

Charly ging brav zu Barry hinüber.

Thomas beugte sich an Mirjam vorbei zum Barkeeper. »A Guinness please«, sagte er, worauf Mirjam meinte, er könne ruhig deutsch reden. Felipe habe in München gearbeitet.

Das ging ja leichter als gedacht.

»Aha«, sagte er interessiert, »auch in einer Bar?«

»Ja«, sagte Felipe, »ich habe Hotelfachwirt gelernt und war tatsächlich am Schluß im ›Interconti‹ an der Bar.« Er nickte Mirjam zu. »Hat Spaß gemacht.«

Es war klar, daß er Thomas nicht brauchen konnte.

Thomas deutete auf Mirjams leeres Cocktailglas. »Was war denn das?«

»Piña Colada«, sagte sie.

»Okay«, lächelte Thomas. »Aber das gehört zum normalen Repertoire. Mixen Sie ihr einen BBC?«

Der Junge warf ihm einen schrägen Blick zu. »Bailey's Banana Colada. Klar doch!« Sorgfältig ausrasierte, hauchdünne Bartstoppel zogen sich an seinem Kinn herunter, und er erinnerte Thomas an Kevin Kuranyi. Jedenfalls war er jetzt erst mal beschäftigt.

»Sag mal, Mirjam«, er stand neben ihr und redete leise, sah aber an ihrem Blick und den geröteten Wangen, daß der Cocktail schon Wirkung zeigte, »kannst du mir mal verraten, was sich ein so hübsches Mädchen wie du von so einem Urlaub verspricht?«

Sie drehte schnell den Kopf und schaute ihm direkt in die Augen. Thomas gab den Blick zurück, und es war ihm klar, daß sie über den Hintergrund seiner Frage nachdachte.

»Ich meine, aus welchem Grund bist du mitgefahren?«

Sie hatte sehr aufrecht auf dem Barhocker gesessen, aber jetzt gingen die Schultern leicht nach vorn, und sie sah aus, als ob sie gleich weinen würde. Thomas war auf der Hut. Bitte keine Gefühlsausbrüche, dachte er. Damit konnte er jetzt nicht umgehen. Und er hatte sich sagen lassen, daß vor allem Osteuropäerinnen temperamentvoll werden konnten. Sollte sie plötzlich auf ihn eintrommeln, würde er sofort die Flucht ergreifen.

»Er hat gesagt, er hat ein Haus am Meer, und ich könnte mitfahren. Hätte genug Zimmer!« Sie holte tief Luft. »Es ist eine kleine Wohnung in einem Hochhaus, du schaust auf andere Häuser. Die Wohnung hat zwei Zimmer. Ein Schlafzimmer und eine Wohnküche mit einer Bank. Er hat bis jetzt auf der Bank geschlafen, aber immer schleicht er um mich herum, kommt nackt aus dem Bad, beobachtet mich, das ist alles ekelhaft. Und ich werde nicht mehr dahin zurückkehren, eher schlafe ich am Strand!«

Der Barkeeper stellte ihr den Cocktail hin, sie nahm ihn, ohne Felipe anzuschauen, und zog kurz am Röhrchen. »Ich wollte einfach mit. Und ich habe mich gefreut. In München läuft er ja auch nicht dauernd hinter mir her …«

»In München zahlt er dir zwanzig Euro die Stunde fürs Klavierspielen …«

»Ja. Ich spiele aber auch gut! In meiner Schule in Rußland bin ich gefördert worden!« Sie nahm einen tiefen Zug.

»Das mag ja sein. Aber glaubst du wirklich, daß ein Mann, der sich sonst für Kultur überhaupt nicht interessiert, für bloßes Klavierspielen zwanzig Euro hinlegt?«

»Er hat einen sehr schönen alten Flügel, einen Bechstein. Seine Frau hat wohl auch gut gespielt, aber ihr hat er das Instrument nicht mitgegeben. Ich dachte, es freut ihn, wenn jemand darauf spielt, es wieder zum Leben erweckt, den Tasten Leben einhaucht – was weiß ich. Woher soll ich wissen, was er denkt?« Sie redete sich in Fahrt.

Mit einem kurzen Seitenblick stellte Thomas fest, daß Charly schon leicht beunruhigt herüberschaute.

»Ja, aber dann lädt er dich in sein Ferienhaus an die Algarve ein – wenn es auch nur eine Wohnung ist, so bezahlt er doch den Flug und den Aufenthalt. Und da hast du dir noch nichts gedacht?«

Sie sah ihn groß an, und ihre Augen füllten sich mit Tränen. »Ich hab mich erst mal gefreut. Ich war noch nie im Urlaub. Ich fand den Gedanken wunderbar. Nach Portugal ans Meer, das hörte sich an wie ein Märchen.«

Ach, du lieber Himmel, dachte Thomas.

»Und ich stellte mir vor, er hat ein großes Haus mit großen Terrassentüren, die man alle öffnen kann, und einen Flügel mit Blick aufs Meer, und ich sitze abends da und spiele – und vielleicht hat er auch Gäste, und man trinkt Cocktails und plaudert und hört Musik. Einfach so.«

Verarschte sie ihn? Thomas war sich nicht sicher. Wie paßte das mit den Einkaufsorgien zusammen, mit dem Prada-Gestöckel über Kies und Sand?

Sie hatte den BBC ausgetrunken, griff nach ihrer Tasche und stand unvermittelt auf.

»Was ist jetzt?« wollte Thomas wissen, und er kam sich ihr gegenüber alt und erfahren vor, und das war er ja auch. Mit diesem Kindergesicht, mit dem sie ihn jetzt anschaute, hätte er sie am liebsten in den Arm genommen.

»Ich gehe jetzt«, sagte sie entschlossen. »Ich lasse mir ein Taxi rufen, und dann suche ich mir ein kleines Zimmer. Ich ertrage es nicht mehr, nachts in diese stickige Wohnung zu gehen, und er schaut mich an und wartet – wie ein Hund!«

Sie lief tatsächlich in Richtung Ausgang. Thomas winkte nach hinten ab, er ahnte, daß Charly schon in den Startlöchern war, und ging ihr hinterher. Draußen lehnte sie vorm Eingang an der Wand, Thomas blieb neben ihr stehen. Sie waren mitten in der Altstadt, und um sie herum war es erstaunlich still. Nur vereinzelt liefen noch späte Gäste an ihnen vorüber.

»Was verspricht er sich?« fragte sie ihn nach einer Weile.

»Das, was sich Männer immer versprechen, wenn sie eine Frau in den Urlaub einladen«, erklärte er. »Aber das muß ich dir sicherlich nicht sagen. Ich wundere mich nur, daß du darüber so erstaunt bist!«

»Aber er ist doch so alt! Wie kommt er nur auf die Idee …«

»Er sieht doch nur aus seinen Augen heraus. Und seine Augen zeigen dich. Nicht ihn. Und nicht euch beide zusammen. Er fühlt sich mit dir unglaublich jung und gut. Und er möchte dir das natürlich zeigen.«

»Brrr!« Sie schüttelte sich.

Es war wieder still, zwei Katzen huschten vorbei.

»Hast du gedacht, er zahlt dir für Tausende von Euros Kleider und Schuhe, und du kommst so davon?«

»Ich dachte, er hat so viel Geld, daß ihm das egal ist. So, wie wenn ich hundert Euro ausgebe. Oder vielleicht fünfzig! Und er wollte ja auch immer, daß ich die kürzesten Kleider und die höchsten Stilettos trage. Ich kann auch einfach in Jeans und T-Shirts rumlaufen. Aber er wollte mit mir angeben!«

Tja, das wollte er wohl, dachte Thomas. Und jetzt, einen Tag vor der Abreise, bekommt er die Panik. Tausende von Euro in ein Objekt gesteckt, das ihm am Flughafen München entgleiten würde.

»Willst du später noch bei ihm arbeiten?« fragte Thomas. »Brauchst du dieses … Klavierhonorar?«

»Es war immer schön bei ihm.«

Thomas verschränkte die Arme. »Ich sag dir mal, wie Männer das sehen. Schläfst du mit ihm, hast du ihn an der Backe, schläfst du nicht mit ihm, hast du keinen Job mehr.«

Mirjam rieb sich mit dem Zeigefinger unter dem Augenlid.

»Darfst du die Kleider denn behalten?« fragte Thomas. Man konnte ja nie wissen. Nicht daß er sie vor der Abreise wieder einsammelte.

Mirjam schniefte. »Ja, darf ich!«

Er betrachtete sie. Aber irgendwie mußten die beiden da selbst durch.

»Findest du ihn ganz grauenhaft oder doch ein bißchen nett?«

»Mal so, mal so!«

»Hmm!«

Er kratzte sich am Nacken. Er und seine Erfahrung mit Frauen. Wie kam Charly überhaupt auf eine so abwegige Idee? Sah er etwa aus wie ein Frauenheld? Bestimmt nicht. Eher wie ein treusorgender Familienvater, obwohl ihm nichts ferner lag.

»Weißt du was? Sprich mit ihm darüber. Sag ihm, daß du ihn zwar ganz nett findest« – wie furchtbar, dachte er, das war der Todesstoß für jeden Mann, wie konnte er so etwas vorschlagen –, »aber daß du dir keine Liebesbeziehung mit ihm vorgestellt hast. Du möchtest für ihn Klavier spielen, und das ist es. Mehr hast du dir auch bei dieser Reise nicht gedacht. Dann wirst du sehen, wie er reagiert. Du kannst ihm auch noch sagen, daß er ein außergewöhnlicher Mann sei. Das wird ihm guttun und ihn wieder aufbauen.« Das war die Ausrede der Frauen, die einen zwar nicht haben, einem aber auch nicht weh tun wollten. Konnte man nur hoffen, daß Charly die noch nicht gehört hatte.

»Aha!« Mirjam hatte sich die Träne abgewischt, drückte

ihm aus heiterem Himmel einen Kuß auf die Wange und öffnete die Eingangstür zurück zur Bar. »Danke!« sagte sie. »Ich werde mir das überlegen!«

Etwas verdattert lief Thomas hinterher. Das ging jetzt aber schnell! Charly schaute ihm erwartungsvoll entgegen, aber auch mit einer Spur Mißtrauen. Es war geradezu lachhaft, dachte Thomas. Für Mirjam war er mit vierzig doch genauso ein alter Sack wie Charly mit sechzig. Aber Männer waren nun mal Reviertarzans, zuerst schickte man einen los, um etwas zu richten, und wenn er zurückkam, erschlug man ihn, weil er es gerichtet hatte.

Mirjam drückte auch Charly einen Kuß auf die Wange, der nun überhaupt nicht wußte, was er davon halten sollte, und unterhielt sich dann wieder mit Felipe. Der stellte ihr eine Cocktail-Eigenkreation auf den Tresen, und während die beiden offensichtlich gutgelaunt über alles mögliche scherzten, klärte Thomas Charly auf.

»Vergiß es«, sagte er. »Sie sah in dir den Daddy, der ihr einfach etwas Nettes bieten wollte. Sie denkt, bei dir kommt es aufs Geld nicht an, offensichtlich hält sie dich für einen Waffen- oder Drogenschmuggler oder was Ähnliches. Jedenfalls war die Einladung für sie völlig harmlos, sie wollte dir in deinem Haus am Meer ein bißchen was am Flügel vorspielen – oder deine Gäste unterhalten. Und die Idee zu den tollen Kleidern kam von dir, sagt sie! Mit Geld lockt man natürlich Mäuse. Aber wenn du willst, daß dir diese Maus in München noch was an deinem Flügel vorspielt, würde ich sie in Ruhe lassen.«

Charly schwieg kurz, dann brach es aus ihm heraus. »Hast *du* ein Auge auf sie geworfen? Da draußen … so lang?«

Thomas zog die Augenbrauen hoch. »Weißt du was, mein Lieber, ich bin verliebt! Kein Interesse!«

Sechs Uhr fünfunddreißig Uhr. Evas Wecker klingelte. Sie blieb noch kurz liegen und überdachte den heutigen Tag und die Woche. Sie hatte morgen einen Termin bei der Rechtsanwältin wegen Gerold. Da war sie gespannt, heute um zehn war Meeting im Hotel wegen des Katalogs, da war sie auch gespannt, vielleicht stieß sie ja doch irgendwie auf den Menschen, dem sie das zu verdanken hatte. Dann wollte sie die Beule an ihrem Wagen schätzen lassen – vielleicht fuhr ja auch noch jemand dagegen –, Flash brauchte eine Wurmkur und Hoppeline auch. Sie mußte ihre Mutter besuchen – dringend – und Tonis Hausaufgaben kontrollieren. Sie sollte sich um Caros Liebeskummer kümmern und vielleicht noch einmal ein paar Bahnen Golf spielen, bevor sie mit Thomas das Turnier bestritt. Und überhaupt. Sie hatte ihn nicht einmal nach seinem Handicap befragt. Eigentlich wußte sie überhaupt nichts von ihm. Er hatte eine junge Nachbarin, die seine Blumen versorgte, das war's. Er trug keinen Ring, erklärte sich für unverheiratet, war wohl der totale Single. War ein vierzigjähriger totaler Single tragbar? Für eine Mutter mit zwei Töchtern, Hund und Kaninchen?

Was hatte er falsch gemacht, daß er noch Single war? Oder hatte es an seinen Partnerinnen gelegen? Welchen Partnerinnen? Wie vielen Partnerinnen? Was waren das für Frauen gewesen?

Eva schaute auf den Wecker. Au, Mist, zehn Minuten vertrödelt. Und überhaupt, dachte sie, während sie aufsprang und in ihren Bademantel schlüpfte, du machst dir viel zu viele Gedanken. Was geht er dich denn an? Du spielst mit ihm eine Runde beim Frühlingsfest. Du wirst mit ihm tanzen. Er behauptet, er könne beides. Vielleicht ist er auch gut im Bett, aber wer will das wissen?

»Ich«, sagte sie, während sie die Treppe hinunter zur Küche lief.

Das erste Fotoshooting war beeindruckend. Die Geschäftsleitung hatte noch ein zweites Paar angefordert, das in der Bar professionell tanzen sollte. Sie wünschten sich Close-up-Fotos, also mußte Tom gut Licht stellen, und Eva mußte gut arbeiten. Es sollte ein Aufmacherfoto werden, vielleicht sogar als Logo für das Hotel verwendet werden. Jede Parfümreihe und jede Modelinie hatte ein Gesicht, warum nicht auch ein Hotel?

Als Eva das Model sah, verstand sie es. Isabella war eine echte Schönheit. Die zwanzigjährige Puertoricanerin, die ihr zur Begrüßung freundlich die Hand reichte, hatte eine so natürliche Ausstrahlung, daß es Eva schier den Atem verschlug. Sie trug überhaupt kein Make-up, aber die dunklen, großen Augen mit den geschwungenen Augenbrauen, das offene Lächeln mit den ebenmäßigen weißen Zähnen, ihr samtiger Teint und das schwere dunkelbraune Haar ergaben ein unübertreffliches Bild. Dazu sprach und bewegte sie sich mit einer solchen Anmut, daß Eva ein ganz komisches, fast wehmütiges Gefühl bekam. Hoffentlich wird dieses Mädchen nie verheizt, dachte sie. Nie von irgendwelchen Idioten ausgenutzt oder so verbogen, daß sie irgendwann nicht mehr ist, wie sie war.

Das männliche Model war etwas älter, Typ erfolgreicher Broker, und das ärgerte Eva schon wieder. Erfolgreicher Mann kann sich Schönheit leisten. Das alte Klischee. Waren das die ewigen Männerträume?

Aber das ging sie nichts an. In Absprache mit der Executive-Managerin Gabriela Zell schminkte sie Isabella sehr natürlich. Zur Grundierung und dem Puder, das Hautunregelmäßigkeiten verdecken und glänzende Stirnen verhindern sollte, tuschte sie nur die Wimpern, zog einen hauchzarten dunkelbraunen Lidstrich und legte Lipgloß auf. Jede weitere Farbe wäre zuviel gewesen. Auch mit ihrem dunklen, schweren Haar hatte sie kaum Arbeit, es fiel ihr voll und glänzend nach hinten über die Schultern und sah wunderschön aus. Neben Isabella ist jede andere ein Aschenputtel, dachte Eva und schloß sich dabei nicht aus.

Mit Yanek hatte sie ebenfalls wenig zu tun. Er hatte kurze Haare und eine gepflegte Haut. Grundierung und Puder, das war's. Eigentlich verwunderlich, daß man dafür gerade sie haben wollte. Ehrlich gesagt hätte das jeder Berufsanfänger gekonnt.

Die beiden tanzten vor der Kamera, und sie tanzten wirklich. Isabella sprühte vor Lebensfreude, und Yanek besaß großes Körpergefühl. Sie paßten hervorragend zusammen. Die Tanzfläche hatten Tom und seine Assistentin Jeanette mit vier Scheinwerfern bestückt, die, mit seidenfarbenem Pergamentpapier überklebt, ein weiches Licht gaben. Der Pressechef legte einen Tango auf, und jetzt tanzte auch Tom mit seiner Kamera um das Paar herum. Gleichzeitig zu seinem Auslöser schossen die Lampen Blitze, und es lag eine verheißungsvolle Leidenschaft über allem. Wie die beiden tanzten und wie Tom sie anfeuerte und sich ihnen gleichzeitig hingab, das war eine

Dynamik, der kaum jemand widerstehen konnte. Eva achtete nur auf die Gesichter. Glänzen die Stirnen, kleben die Haare, muß die Wimperntusche erneuert werden oder das Lipgloss – und trotzdem riß es sie mit. Als Tom drei Stunden später das Zeichen zum Aufhören gab, waren alle erschöpft, aber glücklich. Jeanette nahm die Filme sofort an sich und fuhr los, um sie gleich entwickeln zu lassen. Damit durfte nichts schiefgehen – und es war immer die schlimmste Zeit für den Fotografen, wenn er nicht digital fotografierte, bis die Dias auf dem Tisch lagen und klar war, daß weder der Film einen Schaden hatte noch die Belichtung falsch bemessen war.

Der Pressechef lud zum Mittagessen ein, und bis auf Isabella sagten alle zu. Beim Blick auf ihre superschlanke, hochgewachsene Figur war es Eva klar. »Schade!« sagte sie zu ihr, und Isabella zuckte lächelnd die Achseln. »Das ist der Preis«, sagte sie. »Jeder muß seinen Preis bezahlen …«

Eva nickte. Damit hatte sie recht. Auch sie bezahlte ihren Preis.

Gab es Menschen, die so davonkamen? Vielleicht die Kinder superreicher Eltern?

Was war mit Athina Onassis, Billionärin seit der ersten Sekunde ihres Lebens? Tochter von Christina Onassis, die mit achtunddreißig starb? Enkelin von Aristoteles Onassis, der eine Affäre mit der Primadonna des zwanzigsten Jahrhunderts, Maria Callas, hatte und später John F. Kennedys Witwe Jackie heiratete? Das kleine Mädchen bezahlte bestimmt einen Höchstpreis. Wen hatte sie denn außer Geld? War ihr Vater Thierry Roussel für sie da?

War sie für ihre Kinder da oder zu sehr mit ihren eigenen Problemen beschäftigt? Sie konnte es nicht sagen. Als berufstätige Mutter hatte man immer ein leichtes Ziehen in der Magengegend. Aber hatten das Hausfrauen nicht auch, wenn andere von ihren Berufserlebnissen, vielleicht sogar Erfolgen erzählten?

Apropos … Sie kramte nach ihrem Handy und schaltete es ein. Es piepste einige Male, mehrere Kurznachrichten waren eingegangen, aber Eva schaute nur nach einer. Was hatte sie zuletzt geschrieben? Sie sah unter »Gesendet« nach. *Sonnenstrahlen sind das eine, aber Männerhände sollen auch streicheln können – hab ich mir sagen lassen. Wünsche schönes Frühstück!* Das Frühstück war schon ein bißchen länger her. Um die dreißig Stunden. Nicht zu fassen, waren die Nacht und der Tag so schnell vergangen? Sie durchforstete ihren »Eingang«: Inga fragte nach, wie es ihr ginge, und Evelyne wollte wissen, wann ihre nächste Joggingtour im Kräherwald anstehe. Der Prosecco stünde kalt.

Und da war Thomas. *Schöner Gedanke,* schrieb er. *Hat mich durch den ganzen Tag begleitet. Möglicherweise bin ich ein phantasievolles Augenmännchen.* Eva überlegte. Jetzt durfte die Sache nicht zu intim werden, sonst konnten sie sich nachher nicht mehr unbefangen begegnen. *Im Moment beschränkt sich meine Phantasie auf das Fünf-Sterne-Menü, das gleich serviert wird. Trotzdem hoffe ich, daß die Realität meine Phantasie übertrifft …* Sie konnte es nicht lassen. Aber es war kein zweideutiger Satz, sie freute sich wirklich, denn wann kam sie schon einmal dazu, so fürstlich zu dinieren.

Zwischen Gabriela Zell, der Executive-Managerin, und dem Pressechef war ein Platz für sie freigehalten worden. Schnell war klar, daß sich der Pressechef über die Maßen für Yanek interessierte, was den nicht zu stören schien, also unterhielt sich Eva mit Gabriela Zell. Sie war ganz Geschäftsfrau, sehr professionell mit dem, was und wie sie es sagte, aber mit der Vorspeise blitzte doch plötzlich die Neugier durch. »Und was machen Sie, wenn Sie nicht für Tom arbeiten?«

»Ich arbeite eher selten für Tom«, sagte sie, überlegte aber gleichzeitig, wieviel sie wohl sagen durfte. Es war schlecht, wenn einer im Team von oben protegiert wurde. Das kam bei den anderen meist nicht so gut.

»Ich arbeite in der Regel für den SWR. Landesschau, Talkrunden und so. Jetzt ist mir ein Spielfilm angeboten worden, aber sechs Wochen von zu Hause weg, das ist schwierig!«

»Wegen der anderen Jobs?«

Eva schüttelte lächelnd den Kopf. »Nein, wegen meiner Kinder!«

»Aha!« Der Blick war fast erstaunt. Das belustigte Eva, sie sagte aber nichts.

»Irgendwie sehen Sie gar nicht nach Kindern aus!« fuhr Gabriela fort. »Sie sehen so frisch aus. Und mit einem Hang ins Unkonventionelle.«

Eva sah automatisch an sich hinunter. Ja, heute hatte sie ihr Schuloutfit vom Vorstellungsgespräch nicht an, sondern eine Batikhose und eine weiße Bluse dazu. So unkonventionell nun auch wieder nicht – höchstens die Hose. Die hatte sie gefärbt, nachdem sie einen roten Nagellackfleck auf dem Oberschenkel hatte.

Bevor sie antworten konnte, wurde der Hauptgang serviert: Stubenküken an Maispolenta. Eva war nicht wohl gewesen, als sie hörte, was auf sie zukam. Stubenküken, das waren doch winzige goldgelbe Flaumbällchen, die konnte man doch nicht essen!

Sie begann mehr als zaghaft, aber dann mußte sie doch zugeben, daß sie himmlisch schmeckten. Yanek hob das Glas, und alle taten es ihm gleich. Der Weißwein war leicht und trocken, und Eva empfand ihn als köstlich. Überhaupt paßte hier alles. Die Stimmung, die Arbeit, die Leute. Yanek hatte seinen Anzug mit Jeans und Pullover getauscht und sah sehr attraktiv aus. Oder machte das nur der Wein? Eva aß mit allen Sinnen. Nur schade, daß Isabella nicht mehr dabei war, sie hätte sie gern noch etwas betrachtet. Und sie ein bißchen über ihr Leben befragt.

Für drei Uhr waren die beiden nächsten Models bestellt. Tom wollte mit der Hotellobby anfangen, Ankunft der Gäste mit großem Gepäck. Louis Vuitton hatte eigens verschiedene Koffer und Taschen geschickt, Baldessarini stellte die Garderobe für den Herrn, Boss für die Frau. Schöne Sachen, Eva hatte sie vorhin schon in einer Suite, die zur Garderobe und Maske umfunktioniert worden war, am Kleiderständer hängen sehen. Es mußte schon ein besonderes Gefühl sein, in so teure Kleidungsstücke schlüpfen zu dürfen. Ob man sich darin anders fühlte? Ob sich die Wirkung der Kleidung auf den Träger übertrug? Bewegte man sich anders, fühlte man anders?

Sie hätte das jetzt gern mit jemandem besprochen, der sich damit auskannte, aber letztlich war es wahrscheinlich so, daß man sich dessen nach einer gewissen Zeit nicht mehr bewußt war. Wie ein teures Auto zu fahren. Am ersten Tag streichelt man wahrscheinlich sanft über das Sitzleder, und schon nach ein paar Wochen läßt man den Hund hinein.

Gabrielas Blick ließ sie aufschrecken.

»Oh, Entschuldigung«, sagte Eva. »Ich habe geträumt – hab ich was verpaßt?«

Gabriela Zell schüttelte den Kopf. »Ich wollte nur noch mal auf Ihre Kinder zurückkommen. In welchem Alter sind sie denn?«

»Vierzehn und achtzehn. Recht spannend!«

Gabriela lächelte und fuhr sich über ihr honigblondes Haar, das sie hochgesteckt hatte. »Ja, wenn ich so an meine Zeit damals denke, kann ich mir das gut vorstellen.«

Eva betrachtete sie von der Seite. »Sie sehen aber doch eher diszipliniert aus. Die erfolgreiche Frau von heute, die weiß, was sie will, die tut, was sie will, und die kriegt, was sie will.«

Gabriela lachte. »Sie wissen doch sicherlich auch, was Sie wollen!«

»Ja, aber noch viel mehr weiß ich, was ich nicht will und trotzdem tun muß!« Sie dachte an ihren Haushalt, an den Besuch bei ihrer Mutter, an die Hausaufgabenbetreuung ihrer Tochter.

»Vielleicht läßt sich ein Kompromiß finden«, schlug Gabriela vor.

Eva schaute sie an. Ihr Kostüm, das tadellos saß, ihre ganze Erscheinung, die auf einen bewußten Lebensstil schließen ließ. Gesunde Ernährung, viel Mineralwasser und gezielter Sport.

»Ach«, sagte Eva. »Ich nehme mal an, Sie sind Single, Mitte Dreißig, finanziell unabhängig, und ihre Familie läßt sie in Ruhe.«

Gabriela nickte. »Genau so ist es nicht!« Sie lächelte. »Aber fast. Ich bin geschieden, Anfang Vierzig, Vater verstorben, meine Mutter ist ein selbständiger Typ, mein Bruder auch, Großeltern gibt es keine mehr, und die übrige Verwandtschaft hält sich zurück. Ich habe keine Kinder, keinen Hund, kein Meerschweinchen. Wenn mich ein Last-Minute-Flug anlächelt, flieg ich übers Wochenende nach Rom. Oder sonstwohin.«

»Und wenn Sie Lust auf einen One-Night-Stand haben, dann tun Sie das.«

»Genauso ist es!«

Die beiden Frauen schauten sich an. Zwei Frauen, zwei Leben, dachte Eva.

Tom klopfte auf den Tisch.

»Jeanette und ich gehen schon mal los, Vorbereitungen treffen.« Er stand genau in dem Moment auf, in dem das Dessert hereingetragen wurde. Erdbeergratin. Und es roch so verführerisch, daß sich Tom wieder setzte. »Na, gut«, sagte er. »Eigentlich stehe ich nicht auf Süßes, aber ich ergebe mich!«

Gil und Jana waren völlig anders als das Modelpaar zuvor. Jana hatte die freche Schnauze einer Vorstadtgöre, kam in einem sackartigen, verwaschenen T-Shirt über der Jeans und sah aus wie ihre eigene Putzfrau. Gil war, wie sein exakt ausrasierter Bart schon verraten hatte, lässig, aber penibel gekleidet. Ganz in Schwarz, selbst die Schuhe mit dem roten Prada-Zeichen. Wahrscheinlich hatte er nur mit Schuhen und Bart vor dem Spiegel gestanden und sich das passende Outfit dazu überlegt, dachte Eva. Aber die beiden gefielen ihr, es war eben nicht das brave, gestandene Paar, das man sonst immer auf den Hotelprospekten sah. Aber nahm man den beiden auch ab, daß sie sich in ihrem Alter ein so teures Reisegepäck leisten konnten? Oder wollten? Oder ging es bereits um die zweite Generation? Sie, die erbende Tochter eines großen Autotuners, er der erbende Sohn eines Arzneimittelkonzerns. Oder umgekehrt. Und egal, es war nicht ihre Aufgabe, über Sinn oder Unsinn einer Werbekampagne zu urteilen.

Jana hatte sich aus der Minibar eine eiskalte Cola geholt und fläzte sich in den Sessel.

»So, okay!« sagte sie. »Dann mach mal 'ne Schönheit aus mir!«

Eva schaute sie im Spiegel an und mußte unwillkürlich lächeln. Wie anders sie doch im Vergleich zu Isabella war. Gegensätzlicher hätte es nicht mehr sein können.

Jana, so hatte es ihr Gabriela Zell gesagt, sollte ihre Windstoßfrisur behalten, möglichst frech und anders daherkommen – trotz des edlen Outfits und der exklusiven Koffer, oder gerade deswegen. Eva fuhr ihr mit allen zehn Fingern durch die Haare, zog einige Strähnen nach oben und auf die Seite, fönte quer und setzte Gel nur für die Spitzen ein. Sie sah aus, als ob sie Achterbahn gefahren wäre. Kombiniert mit einem maronenbraunen, körperbetonten Hemdkleid und hohen Schuhen, sah das tatsächlich scharf aus. Daneben Gil in weißem Hemd und dunkler Hose mit einem wadenlangen weißen Wollmantel aus feinstem Tuch. Es war faszinierend, wie die beiden sich mit ihrer Kleidung veränderten. Auch in ihrer Art. Plötzlich waren sie nicht mehr die frechen Vorstadtteenies, sondern Societykids mit Allüren. Oder ohne Allüren. Sicherlich war es ein Vorurteil, daß nur reiche Leute Allüren haben. Beim Mittelstand heißt so was einfach Macken. Aber wer Geld hat, kommt mit seinen Macken eher durch. Da ließen Musikdiven vor ihrer Ankunft ganze Hotelzimmer umbauen und weiß streichen, weil ihnen andere Farben nicht behagten. Sie nicht inspirierten, hieß es dann. Oder Migräne verursachten oder ihre Libido störten. Andere fanden Sex auch im Heuschober schön.

Wo war sie nur schon wieder mit ihren Gedanken?

Jana und Gil kamen zurück, beide mußten sich umziehen, Gil glänzte nur ein bißchen, Jana konnte bleiben, wie sie war. Gabriela war beim Shooting mit dabei und bestimmte, ob etwas verändert wurde oder nicht.

Eva beobachtete sie. Sie war das krasse Gegenstück zu ihr. Sie gab Tom kurze und klare Anweisungen, sagte sofort, wenn ihr etwas mißfiel oder sie Sorge hatte, Tom hätte nicht erfaßt, worauf es ihr ankäme. Sicher war Tom reichlich genervt, aber am Ende war alles genau so, wie Gabriela es wollte. Tom war einfach nur ihr verlängerter Arm. Eva fand das interessant. Sie selbst versuchte immer, die Dinge ein bißchen zu bemänteln, nicht so geradeheraus zu sein. Sie dachte immer, man könne andere damit verletzen. Wo hatte sie das nur her? Hatte ihre Mutter ihr das beigebracht? Hier zeigte sich, und zwar direkt vor ihren Augen, daß man auch akzeptiert wurde, wenn man ein einfaches »Nein, so nicht!« äußerte. Oder funktionierte das nur in einer übergeordneten Position? War sie im Beruf gar nicht mächtig genug, um »Nein, so nicht!« zu sagen?

Akzeptierten ihre Kinder eigentlich ein »Nein, so nicht!«?

Hatte ihr Mann es akzeptiert?

Hatte sie selbst es je gesagt?

Als sie nach Hause fuhr, war sie restlos ausgepumpt. Sie sehnte sich nach einem heißen Bad oder einem bequemen

Sessel mit Fußstütze. Trotzdem war es schön gewesen. Die Shootings waren klasse, und sie war auf die Ergebnisse gespannt. Gabriela hatte noch zum Abendessen und in die Hotelbar eingeladen, aber Eva hatte nur mit dem Kopf geschüttelt.

»Kein Gläschen Champagner zum Entspannen?«

Das war schon sehr verlockend. Wenn Gabriela Champagner sagte, meinte sie Champagner und nicht Sekt oder Prosecco. Eva schüttelte trotzdem den Kopf.

»Andere Verpflichtungen?«

Eva hob die Schultern. »Die Kinder! Ich war den ganzen Tag weg. Und die Tiere. Die jüngere ist nicht so ganz gewissenhaft und die Ältere im Abitur- und Liebesstreß. Da kann schon mal was schiefgehen …«

Gabriela Zell reichte ihr die Hand. »Gut, dann bis morgen. Bringen Sie mir doch mal ein Foto von ihrer Familie mit.« Sie zögerte kurz. »Gibt es eigentlich auch einen Mann dazu?«

»Mann?« Eva überlegte kurz. »Nein!« sagte sie dann bestimmt. Gestern hätte sie sich vielleicht noch zu ausschweifenden Erklärungen hinreißen lassen, aber sie hatte ja dazugelernt.

Thomas hatte den Tag mit Golf und einem wunderschönen Spaziergang entlang den Klippen bis zum Leuchtturm verbracht. Es war der erste Tag gewesen, der so richtig ihm gehörte. Schon als er aus dem Hotel herausgetreten und die ersten paar Meter auf dem sandigen, schmalen Pfad gegangen war, steil bergab und dann wieder hoch, unter ihm das rauschende Meer, die krächzenden Seevögel, die die Thermik so unbeschreiblich elegant ausnutzten und mit weit gespannten Flügeln stundenlang über die Weite des Atlantiks segeln konnten, spürte er diese vollkommene Zufriedenheit, die einfach nur glücklich machte. Er hätte jetzt sein kleines Motorradzelt auf eine der vorspringenden Klippen bauen und für die letzten Tage dort bleiben mögen. Er und die Welt. Mehr hätte er nicht gebraucht.

Völlig befreit lief er dahin, bewunderte die Pflanzen, blieb stehen, sah kleine blaue und gelbe Blüten, die ihm in Deutschland nie aufgefallen wären. Auf riesigen Stechpalmen saßen schillernde Schmetterlinge, und zwischendurch huschten kleine Eidechsen über seinen Weg. Schilder warnten vor bröckelnden Felsen, und tatsächlich, immer wieder waren Teile des Bodens abgerutscht und in die Tiefe gedonnert. Weit unten lagen kleine Sandstrände, wunderschön in ihrer kargen Abgeschiedenheit. Der Leuchtturm am Eckpunkt der weit herausragenden Klippe, der ihm am Anfang unendlich weit vorgekommen war, rückte rasch näher. Zu schnell. Thomas wollte noch nicht in die Zivilisation zurück. Er hatte einen kleinen Weg entdeckt, der steil hinunter zu einer Bucht führte, die paradiesisch zwischen den hohen Klippen lag. Es reizte ihn, dieses kleine Stück Strand dort unten zu erobern, es ganz für sich allein zu haben, seine Fußabdrücke zu hinterlassen und gleichzeitig zu wissen, daß die Natur sie rasch wegwischen würde. Wie viele Fußabdrücke hatte diese kleine Bucht schon gesehen? Wie viele Liebende? Der Weg war wohl schon vor Jahren angelegt worden, denn immer wieder verlor er sich fast und verzweigte sich und wurde nie breiter als drei Männerfüße. Unter Thomas' Bootsschuhen kam Geröll in Bewegung. Es polterte vor ihm den Abhang hinunter, kleine Steinlawinen lösten größere aus.

Und auch die Felsen, nach denen er griff, um sich abzustützen, erwiesen sich als brüchig. Er kletterte vorsichtig und setzte beharrlich Schritt vor Schritt, trotzdem hatte er das Gefühl, daß der Strand, so verlockend er auch erschien, kaum näher kam. Als sich der schmale, gewundene Pfad auf der Hälfte der Strecke auflöste, zwischen dornigem Gestrüpp und Geröll buchstäblich nicht mehr zu sehen war, beschloß Thomas, sein Abenteuer aufzugeben. Was tat er, wenn er unten stand und nicht mehr hochkam? Und war überhaupt Ebbe, oder war gerade Flut?

Er setzte sich auf eine Felsnase und sah aufs Meer hinaus. Ein Vogel umkreiste ihn. Möglicherweise wollte er ihn von seinem Nest weglocken, gab sich als die einfachere Beute aus.

»Ich tu dir nichts«, sagte Thomas und schaute den Flugkünsten des Vogels zu. Es mußte unbeschreiblich sein, sich einfach abzustoßen und von der Luft getragen zu werden. Was sind wir nur für plumpe Kreaturen, dachte er. Für alles brauchen wir Hilfsmittel. Fürs Fliegen, fürs Tauchen, selbst den Pelz müssen wir klauen. Ohne unsere Art, alles zu unseren Gunsten ausschlachten zu wollen, hätten wir keine Chance zum Überleben. Thomas starrte aufs Meer und mußte an die Meeresschildkröten und Delphine vor Mallorca denken, die qualvoll in Fischernetzen verendeten. Da sonnten sich die Reichen und Schönen auf der Insel und hatten keine Ahnung, was vor ihren Augen abging. Der Sonnenuntergang, der sich auf dem Meer spiegelte, wurde fotografiert. Doch welcher Todeskampf spielte sich ein paar Meter weiter unten ab?

War der Mensch unschuldig, nur weil er unwissend war? Was war mit den Walen? Achthundert tote Wale als Forschungsopfer für Japan? Was erforschten Japaner an achthundert Walen, wo doch längst alles erforscht ist? Warum läßt die Welt so etwas geschehen, wo doch jeder weiß, daß es nur um Geld geht und nicht um Wissenschaft?

Das gleiche galt auch unter den Menschen. Und es gab immer arme Schlucker, die für die Dummheit oder Geldgier anderer ihr Leben lassen mußten. Wieviel Leid bringt der Mensch über den Menschen?

Thomas dachte an Eva. Vielleicht war deshalb die Familie das, was der Mensch als Hort, als schützendes Nest empfand. Ein starkes Band um eine Sippe, die sich gegenseitig hilft und beschützt.

Aber ist auf Liebe Verlaß?

Er schaute nach unten. Die Wellen rollten mächtig heran, verloren auf dem Weg durch die Felsen an Kraft und leckten zum Schluß am Strand, um sich gurgelnd zurückzuziehen.

Da gehen wir mit Getöse durchs Leben, dachte er, und zurück bleibt nichts. Ein dünnes Rinnsal, wenn überhaupt.

Was ergibt das alles für einen Sinn?

Wieder dachte er an Eva. Er griff nach seinem Handy.

Im Moment beschränkt sich meine Phantasie auf das Fünf-Sterne-Menü, das gleich serviert wird. Trotzdem hoffe ich, daß die Realität meine Phantasie übertrifft …

Fünf-Sterne-Menü. Das paßte so gar nicht hierher. Hierher würde eine einfache Hütte passen mit einem frischen Fisch auf dem Grill. Er schaute wieder zur Bucht hinunter. Manche Naturschönheiten schützen sich selbst, dachte er. Sie machten sich unzugänglich.

Mit der Realität muß man umgehen können, schrieb er dann. *Phantasie ist steuerbar.*

Er drehte sich um und schaute nach oben auf den Pfad. Er stieg doch ganz ordentlich an und zog sich hin. Meine Realität ist, daß ich da wieder hinaufklettern muß, dachte Thomas lächelnd. Und meine Phantasie würde dazu ausreichen, die Welt völlig neu zu strukturieren. Sich tatsächlich global Gedanken zu machen. Sich zu überlegen, wie man die Menschheit vernünftig ernähren kann. Er mußte grinsen. Hatte er heute seinen Moralischen? Lag das am Meer? An der Sonne oder an dem felsigen Abriß eines Kontinents, der ihm die Endlichkeit aufzeigte?

Als er eine halbe Stunde später wieder oben ankam, schweißgebadet, setzte er einen Nachsatz an seine Kurznachricht. *Dürfen Männer über ihre Existenz nachdenken? Ich glaube, ich bin heute total unmännlich.* Aber er fühlte sich gut dabei. Trotzdem hatte er jetzt wieder Appetit auf ein kaltes Pils und ein saftiges Steak. Der Anfall war vorbei.

Toni, Sven und Caro saßen am Küchentisch, als Eva nach Hause kam. Caroline hatte eine Pizza gemacht, das war eine ihrer Spezialitäten: selbstgemachte Pizza, bei der der Teig schön dünn und kroß, der Belag dick war und der Käse saftige Fäden zog. Eva hatte zwar keinen Hunger, spürte aber, wie ihr das Wasser im Mund zusammenlief.

»Habt ihr noch ein Stück übrig?« fragte sie und freute sich, als Sven sagte: »Im Backofen.« Er stand sogar auf, um ihr einen Teller zu holen.

»Wir haben gerade über dich geredet«, erklärte Toni, während sich Eva eine angebrochene Flasche Rotwein holte. Caro schob ihr über den Tisch ein Weinglas zu.

»Über mich?« fragte Eva erstaunt und setzte sich. »Was gibt es denn über mich zu reden?«

»Du brauchst wieder einen Mann«, erklärte Toni. »Es ist nicht gut, so lange allein zu sein. Für die Psyche nicht und sonst auch nicht! Rein körperlich meine ich.«

Sven nickte. Caro grinste.

»Ah!« sagte Eva und beschloß, erst mal zu tun, als ob das völlig normal sei – die vierzehnjährige Tochter rät zur Liebestherapie. »Und? Wie stellt ihr euch das vor?«

Toni wurde geschäftig. Sie lehnte sich vor und schob dabei ihren Teller zur Seite, der, typisch Toni, voll abgegessener Krusten lag.

»Wir haben darüber geredet und finden, daß wir ziemlich egoistisch sind!«

Eva staunte und sagte nichts.

»Ja«, ließ sich nun ihre Älteste hören. »Papa ist weg, das tut weh, ist aber nicht zu ändern. Vor allem kannst du nichts dafür. Irgendwas ist da schiefgelaufen, das kann aber nur er uns erklären – irgendwann mal vielleicht …« Ihre Stimme wurde dünner. Sie faßte sich jedoch sofort wieder. »Und wir haben doch auch unsere Freunde. Schau Antonia an!« Sven griff schnell nach Tonis Hand. »Und deshalb wollen wir dir sagen, daß du ihn ruhig mit nach Hause bringen darfst!«

Die drei warfen sich zufriedene Blicke zu.

»Ich darf was?« Eva war perplex. »Ihn nach Hause bringen?« Sie schaute einen nach dem anderen an. Alle drei nickten ihr aufmunternd zu. »Aber *wen* denn?«

»Na, den Mann aus der Bar!« klärte Toni sie auf. »Der aus dem Krankenhaus. Was ist denn mit ihm? Sah doch ganz manierlich aus!«

Eva mußte unwillkürlich an ihre Mutter denken. Manierlich! Genau wie in den Achtzigern. Sie schenkte sich ein und nahm erst einmal einen tiefen Schluck. »Jetzt mal langsam. Ich weiß nichts über diesen Mann, ich kenne ihn überhaupt nicht. Wir spielen zum Frühlingsfest ...«

»Na, ist doch schon was!« unterbrach Toni sie.

»... gemeinsam Golf und werden vielleicht miteinander tanzen. Mehr ist nicht vorgesehen!«

»Aber Mama!« Caroline schenkte ihr einen geduldigen Blick. »Laß es doch einfach auf dich zukommen! Vielleicht wird es ja ganz schön!«

»Genau!« sagte ihre kleine Schwester und legte ihre Hand auf Svens Schulter. »Auf, wir gehen! Morgen ist Schule!« Auf dem Weg aus der Küche drehte sie sich noch einmal um. »Was wir dir nur noch mal sagen wollten, ist: Ran an den Mann. Wegen uns mußt du jetzt keine Skrupel mehr haben! Gute Nacht!«

Eva schaute den beiden nach, dann drehte sie sich kopfschüttelnd zu Caro um. »Irgendwie habe ich das Gefühl, ich bin im falschen Film!« sagte sie. »Ermuntern mich meine eigenen Töchter, auf Männerjagd zu gehen?«

»Doch nicht auf Männerjagd!« Caro schaute sie an, als hätte sie alles mißverstanden. »Du sollst dir nur was gönnen. Das tun wir doch auch!«

Eva steckte sich ein Stück Pizza in den Mund. Die hatte sie vor Überraschung ganz vergessen, aber jetzt war sie fast kalt.

»Und was ist mit dir?« wollte sie dann wissen.

»Das mit der Beule tut mir leid«, erklärte Caro.

»Dir sollte viel eher das mit dem fehlenden Führerschein leid tun«, erwiderte Eva. »Es hätte dir und anderen etwas passieren können! Daran gemessen ist die Beule wirklich harmlos!« Sie schaute ihrer Tochter in die Augen. »Frage ist nur, wie geht es dir? Hat sich das mit deinem Freund geklärt?«

»Er sagt, da ist nichts. Aber er löscht Kurznachrichten und drückt Anrufe weg, wenn ich dabei bin, oder geht zu Hause nicht ans Telefon, obwohl ich weiß, daß er da ist. Und dann stellt er mich hin, als ob ich hysterisch sei!« Sie schüttelte den Kopf. »Wieso macht er das? Er könnte doch auch einfach sagen, daß er eine andere hat, dann kann ich mich damit abfinden. Aber so bin ich hin und her gerissen. Einmal denke ich, ich sehe tatsächlich Gespenster, und dann wieder ist es glasklar, daß er irgendein Spielchen spielt.«

»Und wem traust du mehr. Deinem Bauch oder deinem Kopf?« wollte sie wissen.

»Meinem Bauch«, kam es spontan.

»Kann es sein, daß er vielleicht gar nicht dich, sondern euch beide betrügt? Schon mal darüber nachgedacht? Vielleicht ahnt die andere ja auch etwas, und er hält euch schön auseinander?«

Caro schaute sie mit großen Augen an. »Ich mache Abitur, und er kostet mich meine ganze Energie! Was hab ich da für einen Scheißkerl am Hals!«

Eva schüttelte den Kopf. »Du hast ihn nicht am Hals. Du liebst ihn freiwillig, da gibt es keine Verpflichtungen. Wenn er dich nicht unterstützt, sondern dir deine Kräfte raubt, vor allem in einer Phase, in der du einen starken Partner bräuchtest, dann denk drüber nach!«

Es war ihr anzusehen, wie sie darüber nachdachte.

»Wie du mit Papi?« sagte sie schließlich.

»Möglicherweise!«

Eine Weile war es still, Caro schaute in ihr Wasserglas. »Okay«, sagte sie. »So viel Glück wie Toni habe ich offensichtlich nicht!«

»Ach, warte es ab«, lächelte Eva. »Es ist ihre erste Liebe. Es wird nicht die letzte sein!«

Im Bett entdeckte sie Thomas Raus Kurznachricht. Komisch. Sie mußte spät gekommen sein.

Dürfen Männer über ihre Existenz nachdenken? Ich glaube, ich bin heute total unmännlich.

Was fing sie jetzt damit an?

Ach ja, Männer denken nicht. Das hatte ihr Gerold mal gesagt. Sie denken nicht pausenlos vor sich hin wie Frauen. Und vor allem vermeidet ein Mann, über sich selbst nachzudenken, er könnte Abgründe entdecken, die er nicht wissen will. Und auch nicht verstehen kann. Also läßt er es lieber. Wenn er nun also schrieb, daß er über seine Existenz nachgedacht hatte, war das wahrscheinlich Neuland für ihn. Fühlte sich irgendwie weiblich. So war das zu verstehen.

Sie kuschelte sich in ihrer Bettdecke zurecht und überlegte. *Das hast du jetzt aber schön gemacht – braves Kerlchen …* Nein. Die Masche würde sie nicht reiten. Sie las seinen Text noch einmal: *Dürfen Männer über ihre Existenz nachdenken? Ich glaube, ich bin heute total unmännlich.*

Ich bin schon mein Leben lang ziemlich unmännlich und habe mit meiner Existenz trotzdem kein Problem! Es schoß aus ihr heraus und war getippt und gesendet, bevor sie noch einmal darüber nachdenken konnte. Aber sie war auch müde und wollte schlafen.

Thomas hatte sich noch einmal mit Barry, Charly und Mirjam getroffen, und nach einem weiteren Geheimrestaurant, das ihn zum Staunen gebracht hatte, landeten sie erneut in einer Bar. Thomas fühlte sich großartig. Der heutige Tag, die Wanderung, das abendliche Spiel mit Barry und das gute Essen bescherten ihm ein rundum gutes Gefühl. Und obwohl er heute kaum auf die anderen achtete, fiel ihm doch nach einer Weile auf, daß Mirjam anders war. Gelöster. Sie beteiligte sich beim Essen am Gespräch, scherzte sogar. Waren ihre Hemmungen verschwunden? Charly hatte ja immer behauptet, daß sie nett sei, aber so ganz war es nicht zu glauben gewesen. Sie hatte immer gewirkt, als ob ihr das alles hier zu blöd wäre. Die Umstände und die Menschen, Charly, Barry und letztendlich auch er.

Hatte sie mit Charly geredet? Hatte sein Gespräch vor der Bar etwas bewirkt?

Er war sich nicht sicher, wollte aber auch nicht darüber nachdenken. Vor allem nicht, weil er eben eine SMS empfangen hatte, aus der er nicht so richtig schlau wurde. *Ich bin schon mein Leben lang ziemlich unmännlich und habe mit meiner Existenz trotzdem kein Problem!* Machte sie sich über ihn lustig?

Da hatte er schon mal tiefschürfende Gedanken gehabt – und dies auch noch den ganzen Nachmittag lang –, also genau das, was Frauen doch immer haben wollten, und dann wurde man einfach so mit links abgefertigt. Sollte er darauf überhaupt reagieren?

Schön für Sie! schrieb er. So! Jetzt konnte sie selbst schauen, wie sie damit klarkam.

Er hatte noch ein Pils bestellt und drehte sich auf seinem

Barhocker gerade zu Barry um, um ihn nach dem Endspurt seines Lehrgangs zu befragen, schließlich mußte er ja wohl auch mal ein paar Löcher gehen und nicht nur in der Driving-Ranch Bälle schlagen, als er sah, wie Charly plötzlich über das ganze Gesicht strahlte. Seine dicke Goldkette verblaßte direkt dagegen. Was war denn jetzt los?

»Noch einen Drink auf euren letzten Abend?« fragte Barry und wollte dem Barkeeper schon ein Zeichen machen, aber Charly griff hinter sich, wo Mirjam gerade langbeinig von ihrem Barhocker herunterrutschte. Hand in Hand standen sie vor den beiden staunenden Männern.

»Würden wir ja schon gern«, sagte Mirjam, und Charly fügte mit stolzgeschwellter Brust an: »Aber mia ham a Liabesleabn ja aa no!« Und damit verschwanden sie.

Dienstagmorgen. Sechs Uhr fünfunddreißig. Immer der gleiche Trott. Eva schälte sich aus ihrem Bett heraus, schlüpfte in den Bademantel, ging zum Klopfen an Tonis Zimmer vorbei und in die Küche, um die Pausenbrote zu richten. Die unnötigen. Sie warf die Kaffeemaschine an, lauschte nach oben, freute sich, daß Flash ihre Weckversuche unterstützte, indem er Toni auffordernd anbellte, und begann Brote zu machen. Zwei Äpfel. Zwei Getränke. Sie lief hoch, klopfte erneut: »Jetzt wird's aber Zeit! Und außerdem muß Flash sicherlich in den Garten«, trat in ihr Zimmer und holte das Handy. Das war neu an ihrem Trott. Früher ging sie von Tonis Zimmer direkt hinunter zum Briefkasten, um die Tageszeitung zu holen.

Schön für Sie!

Ach! Sie drückte auf »Gesendet« und las ihren eigenen Satz noch einmal: *Ich bin schon mein Leben lang ziemlich unmännlich und habe mit meiner Existenz trotzdem kein Problem.*

Welches Problem hatte er mit diesem Satz?

Ziemlich leicht eingeschnappt, was? schrieb sie, während ihr Kaffee wild fauchend in die Tasse lief. *Verstehe es nicht!*

Sie lief noch einmal zur Treppe. »Toni!«

Die Antwort bekam sie von Sven: »Sie ist schon aufgestanden!«

Den hatte sie ganz vergessen. Sie hatten ja gestern abend zusammen in der Küche gesessen, und ihre Kinder hatten sie ermuntert, sich nach einem neuen Begleiter umzuschauen. Nicht zu fassen! Und gleich darauf fiel ihr ein, daß heute auch kein normaler Tag war: Heute würde sie zum erstenmal in ihrem Leben zu einem Rechtsanwalt gehen. Irgendwie kam es ihr vor, als müsse sie zu ihrem Schuldirektor. Wollte der nicht auch Sachen wissen, die einem peinlich waren?

Trotzdem, ihr Herz klopfte zwar, aber sie freute sich auch darauf. Es war der Anfang auf ihrem Weg, alles zu klären und neu zu ordnen. War sie geschieden, war sie frei für einen neuen Lebensabschnitt. Wußte, was ihr zustand und was nicht.

Und am Nachmittag würden sie den Wellnessbereich im »Amélie«-Hotel fotografieren, da freute sie sich auch drauf. Versprach ein interessanter Tag zu werden.

Trotzdem störte sie etwas. Da war nicht alles rund.

Flash kam mit großem Getöse die Treppe heruntergestürzt, begrüßte sie freudigst und sauste wild wedelnd vor die Terrassentür. Kaum hatte Eva sie geöffnet, kam Hoppeline hinterher. Eva, die Tasse Kaffee in der Hand, schaute zu, wie die beiden durch den Garten liefen, Flash markierte eiligst den einzigen Baum, und Hoppeline hatte ihren Platz unter einem Holzstoß am Gartenzaun gefunden.

Oben tat sich was, Eva hörte, wie Sven und Toni das Bad verließen und Caro hineinging. »Immer läßt du alles liegen«, hörte sie durchs Haus. »Alte Schlampe!«

Toni ließ der Ausbruch offensichtlich kalt, denn gleich darauf kam sie mit Sven in trauter Zweisamkeit die Treppe herunter, und Eva dachte mal wieder: wie ein altes Ehepaar. Toni trug eine zweireihige Perlenkette, Ohrringe und einen Haarreif. Dazu einen schwarzen Pulli mit Ausschnitt.

Für Evas Geschmack war das entschieden zu dick aufgetragen.

»Meinst du nicht, daß das für die Schule eine Spur zuviel ist?« wollte sie wissen.

»Nein, wieso? Alle laufen so rum.«

Sven zuckte lächelnd die Schultern.

Es mußte an der Schule liegen. Auf Caros Gymi pflegten sie eher den Naturstil: alles zurückhaltend bis schlicht. Kaum Make-up, nur Wimperntusche und Lipgloß, sportliche Kleidung.

Toni stopfte Brot und Getränk in die viel zu kleine Tasche, die ihr als Schulranzen diente, und gab Sven den Apfel. »Tschüß denn«, rief sie.

»Wann kommst du wieder?« wollte Eva wissen.

»Sven bringt mich!«

Das beantwortete zwar die Frage nicht, aber damit war sie auch schon draußen, und Sven startete den Roller. Das fand Toni natürlich cool, so direkt vor den Schulhof gefahren zu werden.

Aber auch sonst war es eigentlich kaum zu glauben, daß Toni immer zu spät kommen sollte. Sie war jeden Tag erheblich früher dran als ihre ältere Schwester. Und wenn sie auch in eine andere Schule fuhr, so war die Strecke doch kaum länger. Caro stand zwanzig Minuten später auf und kam trotzdem nie zu spät. Sie hatte sich die S-Bahn-Verbindungen so genau ausgerechnet, daß sie auf den Punkt genau in ihrer Klasse war.

Eva hörte Caro oben rumoren. Gut. Jetzt war Zeit für Flash und Hoppeline. Beide standen schon erwartungsvoll an der Terrassentür. Während sie Hoppeline eine Karotte putzte, einige Apfelstücke richtete und Löwenzahn dazulegte, kam Caro herunter.

»Mutti, das mit gestern habe ich mir noch mal überlegt!«

»Wie meinst du das? Was?«

»Daß er vielleicht eine andere hat, die er genauso bescheißt!«

»Ben?«

»Ben!« Ihre Miene verfinsterte sich. Wenn Toni Sven sagte, hatte sie immer ein Lachen im Gesicht. So gesehen, war die Geschichte schon klar.

»Und was willst du tun?«

»Herausfinden, wer die andere ist, natürlich!« Sie steckte ihr Pausenbrot, den Apfel und die kleine Flasche ein. »Und ihn damit konfrontieren. Dann muß ihm ja wohl was dazu einfallen ...«

Eva nickte, dachte aber: Mein Gott, so viel Aufhebens wegen so eines Kerls.

»Versau dir seinetwegen dein Abi nicht«, sagte sie nur. »Das ist er so oder so nicht wert!«

»Wir werden sehen!« Caro nickte grimmig, warf sich ihre Tasche über und blieb vor der Haustür stehen. »Mutti?« fragte sie und drehte sich noch einmal nach Eva um.

»Ja?«

»Machst du mal wieder Zigeunerragout?«

Das hatte sie als Kind wahnsinnig geliebt. Wenn es sie denn trösten konnte.

»Klar. Gern!«

»Also heute abend?«

Dann mußte sie noch einkaufen. Am besten zwischen Rechtsanwalt und Shooting.

»Wenn du willst, dann heute abend!«

Caro strahlte und warf die Tür hinter sich zu.

Eva hatte sich nach dem Duschen eingecremt und stand vor dem Kleiderschrank. Sie konnte sich nicht entscheiden. Rechtsanwalt, das war ja doch eher etwas Gediegenes. Und Werbeaufnahmen waren eher flott. Jeans und Bluse. Neben ihrer Bluse hing ihre kurzärmelige Weste mit den vielen kleinen Taschen, die sie bei besonders aufwendigen Shootings mit ihren Utensilien bestücken konnte. Beispielsweise bei Filmen, wenn man nicht immer den Schminkkoffer mit sich herumschleppen wollte. Sie dachte an den Spielfilm, der ihr sowieso schon die ganze Zeit unter den Nägeln brannte. Wenn sie nicht bald was von sich hören ließ, würden sie einfach eine andere Maskenbildnerin besetzen. Sie glaubte nicht, daß die Dispo hinter ihr her telefonieren würde. Aber da war noch was anderes. Ihr Magen meldete, daß es noch einen Punkt gab, der in ihrem Unterbewußtsein brannte. Ihre Mutter? Sie hatte sich den Mittwoch zum Besuch vorgenommen, also morgen.

Nein, das war es auch nicht.

Sie entschied sich für Jeans und ein blaues Jackett. Hatte sie das nicht kürzlich schon mal getragen? Ja, beim Besuch bei Tonis Klassenlehrerin in der Schule. Na gut. Und beim ersten Treffen vor dem Shooting. Das ging also nicht. Sie hängte es wieder zurück in den Schrank und zog eine dunkelbraune Lederjacke in Jackettform heraus. Gut, dann eben die. Zur Jeans und hellblauen Bluse. Und damit gut jetzt!

Der Wilhelmsplatz bot keine Parkmöglichkeiten. In der Schlosserstraße stellte sie sich quer vor einen Hoteleingang und hoffte, daß sie damit keinen verärgerte. Und nicht abgeschleppt wurde. Aber es war kurz vor halb elf, und sie wollte nicht zu spät kommen.

Sie fand das Schild der Rechtsanwälte »Schebauer« an einem typischen Stadthaus, groß und einfallslos gebaut, dafür aber mit mannshohen Quadersteinen aus Granit geschmückt. Oben logierte die SPD. Wahrscheinlich waren das die Hauptkunden, dachte Eva, Schröder und Fischer hatten es ja vorgemacht.

Sie lächelte und drückte recht entspannt den Klingelknopf. Mit einem Summen ging die Tür auf, und sofort ertönte von oben lautes, helles Hundegebell. Eva stieg die breite Treppe hinauf und blieb vor einer Tür stehen. Eine junge Frau öffnete und begrüßte sie mit ihrem Namen. Eva grüßte zurück und ging in das angewiesene Zimmer, das gleich links neben der Eingangstür lag.

Eine dunkelhaarige, schlanke Frau kam ihr entgegen, umwuselt von zwei Jack-Russell-Terriern und einem braunen Etwas mit großen Ohren.

»Haben Sie Angst?« fragte sie mit dunkler Stimme und zeigte auf die Hunde.

Eva schüttelte den Kopf. Eher schüchterte die Frau sie ein, die so energisch auf sie zukam.

»Guten Tag«, sagte sie und reichte ihr die Hand. »Ich bin Patricia Schebauer. Nehmen Sie doch Platz!«

Anscheinend galt das auch für die Hunde, denn zwei schlüpften sofort in ihre Körbe, während sich der größte auf die Fensterbank setzte. Von da aus hatte er den ganzen Wilhelmsplatz im Griff. Eva mußte lächeln. Seine Neugierde erinnerte sie an Flash.

»Ich habe auch einen«, sagte sie zu Patricia und setzte sich in einen schmalen Sessel aus Plastik.

Der ganze Raum war modern, aber gemütlich eingerichtet. Hinter ihr stand ein Designersofa, das sicherlich nur die Hunde benutzten, mutmaßte Eva, vor ihr befand sich ein leichter Glasschreibtisch, und an der Wand hingen moderne Bilder. Patricia Schebauer setzte sich nun hinter den Tisch und beugte sich vor.

»Wenn ich richtig verstanden habe«, begann sie, »ist Ihr Mann nach der Tsunamiwelle verschwunden, und Sie möchten sich jetzt von ihm scheiden lassen.«

Eva zögerte. So hörte sich das irgendwie schräg an.

»Mein Mann ist Ingenieur und an Entwicklungshilfeprojekten beteiligt. Nach der großen Katastrophe haben das deutsche Verteidigungsministerium und das BKA gleich Hilfstruppen nach Südasien entsandt, wie das Technische Hilfswerk und die Caritas und viele andere auch. Mein Mann bekam den Auftrag, sich die Schäden anzuschauen, eine Aufstellung davon zu machen und mit anderen gemeinsam erste Maßnahmen einzuleiten. Und so flog er nach Indonesien in die Provinzhauptstadt Banda Aceh.«

Eva blickte auf. Die Rechtsanwältin sah nicht so aus, als ob sie sie unterbrechen wollte.

»Ja, das war Mitte Januar 2005. Seitdem habe ich ihn nicht mehr gesehen!«

Patricia Schebauer machte ein nachdenkliches Gesicht.

»Könnte es nicht sein, daß ihm tatsächlich etwas zugestoßen ist?«

»Dann hätte ich dies doch wohl offiziell erfahren«, erklärte Eva. »Nein. Er hat dort gearbeitet, ganz klar. Er lebte mit Kollegen zusammen in einem Hotel, und anfangs meldete er sich regelmäßig, dann immer weniger. Schließlich überhaupt nicht mehr!«

»Was haben Sie gemacht?«

»Mich bei seiner Firma erkundigt. Es hieß, er habe gekündigt. Im Hotel war er auch nicht mehr. Seine Kollegen weichen mir aus oder geben seltsame Antworten, es ist ihnen peinlich, wenn ich frage. Ich weiß nicht: Ist er auf seine alten Tage zum Aussteiger geworden?«

»War er der Typ dafür?«

»Ich glaube eher, er hat sich neu verliebt. Die Frauen dort unten sind ja auch ganz anders als wir – ich meine, sie sind ganz anders gestrickt. Sie nehmen längst nicht alles so wichtig. Und finden einen häßlichen Mann oder einen dicken oder einen schräg angezogenen nicht so schlimm!«

»Deshalb bin ich froh, daß ich Europäerin bin!«

Es kam so trocken, daß Eva lachen mußte.

»Na ja«, gab Eva zu. »Ich bin auch nicht gerade der anschmiegsame Typ, ich will schon wissen, was läuft!«

»Das beruhigt mich!«

Sie schauten sich an. Diese Frau gefiel ihr. Sie hatte zwar etwas Kühles, wie sie so in ihrem hellen Leinenkleid und mit der langen doppelten Kette dasaß, aber gleichzeitig gab sie Eva auch das Gefühl, bei ihr mit ihrem Ansinnen richtig zu liegen.

»Ja«, sagte Eva. »Wie auch immer, jetzt ist er weg. Ich habe meinen Kindern noch eine Weile vorgespielt, daß Papa sich um sie kümmere, Geld und liebe Worte schicke, vor allem an Weihnachten war das schwierig, aber er tut weder das eine noch das andere.«

»Wie alt sind Ihre Kinder?«

»Zwei Mädchen, vierzehn und achtzehn. Mittlerweile haben sie schon selbst gemerkt, wie der Hase läuft. Also, ich muß jetzt nicht mehr Versteck spielen.«

»Gut«, sagte Patricia und zog einen Block zu sich. »Steigen wir in den Ring. Zunächst einmal: Sie sind nicht machtlos. Auch wenn er in Indonesien, Malaysia, Singapur, Thailand oder sonstwo ist, er entkommt uns nicht.«

Ihr Grinsen erinnerte sie an Cruella de Vil aus *101 Dalmatiner.*

»Hat er Vermögen?«

»Wir hatten nur ein Konto, und seitdem er kein Gehalt mehr bezieht, fließt da von seiner Seite aus natürlich nichts mehr drauf.«

»Keine Aktien oder geheime Konten? Schweiz? Liechtenstein?«

Eva schüttelte den Kopf. »Leider nein.«

»Oldtimer, Rennpferde, Immobilien?«

Es war deutlich, daß Patricia sie ein bißchen aufmuntern wollte.

»Tiere mochte er nicht, und aus Autos hat er sich nichts gemacht. Wir haben einen alten Golf.«

»Mutters Häuschen? Opas Grundstück am See?«

Eva schüttelte den Kopf. Sie hatten tatsächlich nichts. Und das Häuschen war von *ihrer* Omi, nicht von seiner.

»Uhrensammlung, Schmuck, Bilder?«

»Oh, Gott«, sagte sie. »Wir sind wirklich arme Schlukker, dabei bin ich schon achtunddreißig!« Sie sah sofort ihre Schwester vor sich und auch Evelyne im Kräherwald.

»Irgendwas besitzen Sie. Wir kommen schon noch drauf!« Patricia Schebauer lehnte sich zurück. »Haben Sie denn während Ihrer Ehe etwas gemeinsam erworben, das Wert hätte?«

Eva überlegte, schüttelte dann aber den Kopf. »Nichts, was nicht das übliche wäre. Waschmaschine, Trockner, Möbel, und einen Umbau haben wir gemeinsam durchgezogen. Eine schöne Küche. Aber in dem Haus wohne ich ja sowieso! Es gehörte meiner Großmutter.«

»Also brauchen wir gar nicht auf Zugewinnausgleich zu gehen, sondern nur auf Versorgungsausgleich, schon wegen der Rente. Das Sorgerecht bekommen Sie, das ist jedenfalls klar.«

Eva nickte ergeben. »Und wie geht das jetzt, wenn niemand weiß, wo er steckt?«

»Wenn es keinen bekannten Aufenthaltsort mehr gibt und man das nachweisen kann, also wenn das deutsche Einwohnermeldeamt keine Angaben hat, seine Firma nichts weiß und auch das Hotel keine weitere Anschrift hat, dann ist der derzeitige Aufenthaltsort unbekannt, und der Scheidungsantrag wird ihm öffentlich zugestellt.«

»Wie soll denn das gehen?« Eva runzelte die Stirn. »Wird das öffentlich am Marktplatz verlesen, oder wie?«

Patricia mußte lachen. »Fast. Aber nicht ganz … Es bedeutet lediglich einen Aushang in dem Gericht, in dem die Scheidung stattfinden soll. Und nach vier Wochen gilt der Scheidungsantrag als zugegangen. Dann können wir loslegen!«

»Ohne ihn. Das ist schon irgendwie seltsam!«

Patricia legte ihren Stift zur Seite und schaute sie an. Wieder glitt ein schnelles Lächeln über ihr Gesicht, und wieder sah Eva Glenn Close in der Rolle der exaltierten Pelzträgerin vor sich. »Es gibt doch nichts Schöneres, als sich von jemandem scheiden zu lassen, der gar nicht da ist!«

»Da haben Sie zwar recht«, erwiderte Eva. »Er wird nicht groß widersprechen, aber ich komme auch an nichts heran!«

»Warten Sie ab, zunächst haben Sie mal einen Titel und das Recht auf Ihrer Seite. Es ist dann klar, daß er für den Unterhalt ihrer Kinder aufkommen muß. Und gegebenenfalls auch für Ihren. Sie schicken mir seine Gehaltsunterlagen, Ihre Heiratsurkunde und die Geburtsurkunde Ihrer Kinder zu, dann kann ich loslegen.«

Eva nickte. »Okay. Das wäre dann ein Titel auf nichts …«

Patricia schüttelte den Kopf. »Irgend etwas fällt Ihnen noch ein. Vielleicht heute nacht im Bett … und mit der Scheidung haben wir das entsprechende Urteil, daß er es Ihnen übertragen muß. Egal, was es ist!«

Eva glaubte nicht so ganz daran. Sie hatten nichts, als sie jung in die Ehe gegangen waren, und das hatte sich bis jetzt nicht geändert. Aber selbst wenn sie nichts bekommen sollte, dann hatte sie zumindest die Gewißheit, daß er keine

Ansprüche mehr gegen sie stellen konnte. Sie stand auf und reichte Patricia Schebauer die Hand. »Vielen Dank«, sagte sie. »Sie haben mir sehr geholfen. Ich werde Ihnen alles zusenden und über verborgene Schätze nachdenken.«

Thomas saß am Flughafen. Das waren denkwürdige Tage gewesen, fand er. Am Nachmittag hatte er noch einmal gespielt, aber auch zum erstenmal nachgefragt, wie ihm Barry eigentlich eine Platzreife ausstellen wollte, wenn sie nie über den Platz gegangen waren.

»Platzreife?« Barry sah ihn mit großen, erstaunten Augen an. »Wieso Platzreife?«

Jetzt war es an Thomas, verblüfft zu schauen. »Ja, ich habe doch diesen ganzen Urlaub nur gebucht, um die Platzreife zu erlangen!«

Sie standen auf der Driving-Range, und Barry sagte nur kurz: »Wart mal!« Dann lief er in sein Büro und kam kurz danach wieder heraus. »Hier!« Er wies auf ein Blatt Papier. »Hier steht, daß du einen Schnupperkurs gebucht hast. Keine Platzreife. Da hätten wir ganz anders und öfter trainieren müssen. Das wäre auch teurer gewesen!«

Thomas hätte sich am liebsten niedergesetzt, wenn ein Stuhl in der Nähe gewesen wäre. »Und ich habe mich schon gewundert!«

»Und wieso hast du nichts gesagt?«

»Ach!« Er schlug sich vor die Stirn. »Ich Idiot! Da fliege ich hierher, um die Platzreife zu machen, und komme genauso unterbelichtet zurück, dafür um drei Kilo schwerer!«

Er schaute Barry an und schüttelte den Kopf. Barry war unter seiner Bräune blaß geworden. »Das schaffen wir jetzt nicht mehr«, sagte er. »Da mußt du noch mal wiederkommen!« Dann grinste er aber auch schon wieder. »War doch auch schön, oder nicht?«

»Ganz toll!« Und als er Barrys mißtrauischen Blick sah: »Nein, wirklich! Ich komme bestimmt wieder – und nicht nur wegen der Platzreife.« Sie schauten sich an. »Aber einmal kannst du doch vielleicht noch mit mir über den Platz gehen – fürs Feeling?«

Barry überlegte, dann schaute er auf seine Uhr. »Fast Mittag. Wann geht dein Flieger?«

»Später Nachmittag!«

»Eine Stunde, okay. Das reicht für dein Feeling. Schauen wir, wie weit wir kommen!«

Im nachhinein mußte er lachen. Er sah sich mit Barry bei schweißtreibender Hitze dieses Gelände angehen, das nur aus Berg und Tal zu bestehen schien. Anfangs ging es sogar noch erstaunlich gut, aber dann traf er überhaupt nichts mehr. Kannte er das nicht schon? Das war doch wie verhext. Immer wenn er glaubte, den Schlag kapiert zu haben, narrte ihn der kleine Ball und blieb einfach liegen. Oder hüpfte in den nächsten Sandbunker. Nach einer Stunde waren sie an Loch 8, hatten nur eine einzige Gruppe an sich vorbeiziehen lassen müssen, weil sich sonst kein Mensch bei der Gluthitze auf den Bahnen herumtrieb, und beschlossen, daß nun ein kühles Pils für den Abschied angebracht sei.

»Was mache ich nur«, sagte Thomas, als sie das erste Glas geleert und das zweite gerade bestellt hatten. »Ich soll mit einer Golferin spielen und habe maßlos angegeben. Ich habe ihr gesagt, ich könnte Golf spielen!«

»Ah!« Barry grinste. »Deshalb die Blitzaktion. I see!«

Thomas nickte.

»So schnell geht es aber so oder so nicht«, sagte Barry.

»Weiß ich jetzt auch!«

Barry nickte. »Sie sieht gut aus?«

»Ja!«

»Und du willst mit ihr ins Bett?«

»Sowieso!«

Barry schüttelte den Kopf. »Du bist auch nicht besser als Charly!«

Das fand Thomas ja nun gar nicht, hatte aber keine Gegenargumente.

»Verstauch dir eine Hand, dann geht gar nichts!«

Der Tag war wechselhaft gewesen, aber jetzt zum Abend wurde es milder. Und Eva riß die Terrassentür auf. Es roch nach Erde und Pflanzen und überhaupt nach Frühling, sie genoß es. Das Shooting war gut gelaufen, die nassen Gesichter mochte sie sowieso am liebsten, da ließen sich die Haare toll legen, sexy und wild, und auch die Models waren gut drauf gewesen, weil Wellness immer eine intime Atmosphäre erzeugt. Die einen wurden frei, die anderen verkrampften sich. Gil und Jana fingen an zu flirten. Das taten zwar alle guten Models mit der Kamera, aber hier war es ein Dreiecksverhältnis, und es war wunderbar. Tom hatte sensationelle Aufnahmen gemacht, da war er sich sicher.

Mit dem Gefühl, einen erfolgreichen Tag verlebt zu haben, war Eva nach Hause gekommen. Sie hatte den Teig gerührt, das Fleisch gerichtet und alles zurechtgelegt. Dann war sie nach oben in ihr Reich gelaufen, hatte geduscht, sich ein weites altes T-Shirt über noch ältere Leggings gezogen und war entspannt nach unten gegangen. Heute stand ein superfreier, supergemütlicher Abend an.

Als Caro und Toni nach Hause kamen, stand sie schon über den brodelnden Kochtopf gebeugt und schabte Spätzle.

»Au, lecker, Mama! Spätzle!« rief Toni, obwohl es überhaupt nicht ihre Spätzle waren. Caro umarmte sie und drückte ihr einen Kuß auf die Wange. Das tat so unendlich gut, daß ihr fast die Tränen kamen. Kleine Geste, große Wirkung, dachte sie und schickte Flash zum x-ten Mal aus der Küche.

Caro deckte den Tisch und erzählte nebenbei von der Schule; Toni drückte sich um die Arbeit, erklärte aber, daß morgen die gelben Säcke hinausgestellt werden müßten.

»Ja, prima«, sagte Caro, »mach's doch gleich, dann ist es getan!«

Damit hatte Toni nicht gerechnet, und sie suchte nach einer Ausrede, aber keine wurde ihr abgenommen. »Das reicht doch auch noch morgen früh!« versuchte sie es schließlich, aber Caro zog nur noch die Augenbraue hoch. »Gut«, kapitulierte sie schließlich. »Aber dann gehe ich auch gleich noch mit Flash Gassi!«

Flash war sofort zur Stelle, wedelte sie heftig an, denn dieses Wort kannte er genau. Eva schaute von ihrem dampfenden Spätzlebrett auf und mußte lachen. In diesem Moment klingelte das Telefon. Toni stand am nächsten, nahm ab und rief sofort: »Für dich.« Dabei winkte sie Caro zu. Eva schaute gespannt auf. Gab es News von ihrem Ben? Schwor er gerade mal wieder ewige Liebe, oder was taten Jungs in dem Alter eigentlich? Sie hatte keine Ahnung. Sie hörte nur Caro zu, die nach wenigen Sekunden »Okay, nein, kein Problem, wir freuen uns« sagte und auflegte.

»Mama«, sagte sie gleich darauf, »das war ein Schulkamerad, der fragte, ob er noch kommen dürfte. Er ist nett. Aber wenn es nicht paßt, ruf ich ihn an und erzähl ihm was.«

Eva schaute an sich herunter. »Wenn ihn mein Räuberlook nicht stört und du ihn gern dabei hast, ist das okay. Spätzle haben wir jedenfalls genug.« Die Schüssel mit den goldgelben Teigkringeln war tatsächlich schon fast voll, und ständig zog ihr eine ihrer Töchter einen frischen, heißen, aber zu dick geratenen Teigwurm heraus und stopfte ihn sich direkt in den Mund.

»Wenn ihr so weitermacht, seid ihr satt, bevor das Essen auf den Tisch kommt«, ermahnte sie genau mit den Sätzen ihrer Mutter. Dabei fiel ihr ein, daß morgen Mittwoch war und sie zu ihrer Mutter wollte. Und gleichzeitig dachte sie, daß es doch viel netter sei, wenn sie an einem solchen Abend zusammen zu Hause essen würden. Da bekam ihre Mutter doch viel besser mit, was daheim so abging.

»Nein, der ist nett«, beruhigte sie Caro. »Völlig harmlos. Eigentlich wollten wir heute miteinander Mathe lernen, er ist ein richtiges Genie, blickt alles! Ich hab ihm 'ne SMS geschickt und abgesagt, muß irgendwie nicht angekommen sein.«

Eva hatte Zwiebeln und Knoblauch kleingeschnitten, Paprika und Peperoncini, Sahne und Creme fraîche parat gestellt und briet jetzt das geschnetzelte Schweinefleisch an. Es zischte und schmorte, und es war im Kreise ihrer Lieben einfach nur gemütlich. Hoffentlich störte dieser Kerl nicht zu sehr. Aber vielleicht war er ja auch eine

Bereicherung. Mathegenie? So einen hatte sie bisher noch nie hier. Wie mußte man sich ein Mathegenie vorstellen? Runde, dunkle Brille und beginnende Geheimratsecken?

Sie schmunzelte vor sich hin, als es klingelte.

Na, der war schnell! Hatte sicherlich nicht von zu Hause angerufen, sondern kurz vorher überprüft, ob alles okay war. Sprach für ihn.

Eva drehte sich schnell um. Caro saß am gedeckten Küchentisch, nickte ihr zu und sagte: »Ich mach auf!«

Eva mixte die Zutaten für die Sauce und gab sie in die Pfanne zum Fleisch, als eine Stimme hinter ihr sagte: »Schönen guten Abend.«

Im aufsteigenden Dampf drehte sie sich um, und dann fiel ihr der Kochlöffel aus der Hand. Hinter ihr stand Thomas, braungebrannt und in einem weißen Poloshirt und Jeans.

Entgeistert starrte Eva ihre Tochter an. »Ich dachte, es sei …«

Die zuckte hinter seinem Rücken zunächst nur die Achseln und versuchte sich dann in Zeichensprache. Eva verstand kein Wort.

»Hallo«, schaffte sie, und dann wäre sie am liebsten davongelaufen. Ausgerechnet in ihren ältesten Klamotten. Sie mußte aussehen wie Else Stratmann in ihren schlimmsten Zeiten.

»Wenn ich ungelegen komme, kann ich auch wieder gehen«, sagte er. »Ich wollte Sie eigentlich spontan in unsere Bar entführen und habe nur ›Okay, nein, kein Problem‹ verstanden. Sorry, wenn es anders war.«

Eva hatte sich halbwegs wieder gefaßt.

»Das war meine Tochter«, erklärte sie lahm.

Und Caro zuckte erneut die Achseln. »Tut mir leid«, sagte sie, »ich habe Sie mit meinem Schulkameraden verwechselt, der heißt auch Thomas!«

»Das ehrt mich doch«, sagte er. »Hört sich nach jung und dynamisch an!« Er grinste und streckte Eva die Hand hin.

»Ist okay«, sagte sie, während sie einschlug. »Dann sehen Sie wenigstens gleich mal, wie es in einer richtigen Familie zugeht.«

»Ja, spaßig!« sagte er und reichte nun auch Caro die Hand. »Den Mörderhund habe ich allerdings noch nicht getroffen.«

Eva suchte nach dem Kochlöffel, und Caro zeigte zur Tür, wo Hoppeline Männchen machte und hereingelassen werden wollte. »Dafür kommt jetzt unser Mörderhase, da wäre ich vorsichtig!«

Eva warf Caro einen Seitenblick zu. Sie sah vergnügt aus. Das machte ihrer Tochter jetzt Spaß, daß die Beute direkt ins Netz gelaufen war. Parat zur gründlichen Begutachtung.

»Vor Hasen habe ich keine Angst«, sagte Thomas. »Die gehören doch zu einem normalen männlichen Leben dazu!«

Eva und Caro schauten sich an.

Thomas legte den Kopf schief. »War wohl wieder falsch?«

»Ziemlich!« sagten Mutter und Tochter wie aus einem Mund.

»Das mit der Flirtschule ist irgendwie gründlich an Ihnen vorbeigegangen«, erklärte Eva und drehte die Temperatur am Herd herunter. »Möchten Sie ein kaltes Pils? Ich hätte jetzt Lust auf ein Bier!«

Sie strich sich mit dem Handrücken die Haare aus dem Gesicht und lachte ihn an. »Willkommen im Chaotenhaushalt Kern!«

»Fühle mich wohl«, sagte er und zeigte auf einen Stuhl. »Darf ich mich setzen?«

Da erst fiel Eva sein Verband an der linken Hand auf. »Oh!« sagte sie. »Das darf aber nicht wahr sein! Schlimm?«

Sie rechnete schnell nach. In elf Tagen war Frühlingsfest im Golfclub. Sie mußte unbedingt noch einmal spielen, sonst hatte sie kein gutes Gefühl.

»Ich setze auf Sieg!« sagte sie und nahm einen imaginären Golfschläger in die Hand.

»Im Notfall siegen Sie halt für mich mit«, sagte er und hielt die linke Hand nach oben. »Ganz böse gequetscht!«

»Och, wie dumm!« Eva setzte sich ihm gegenüber hin, das Bier hatte sie vergessen. »Wir hätten da einen Arzt ...«

»War ich schon«, winkte er ab. »Aber einen Hoffnungsschimmer gibt's ...«

»Ach, ja?« Eva schaute ihn fragend an.

»Ich kann tanzen!« Wider Willen mußte sie lachen. Das war ja auch der wichtigere Teil. Abends, wenn alle Ladys neugierig herüberschauten.

»Da bin ich aber froh!« sagte sie. »Sie retten mein Gesicht!«

Thomas musterte sie und grinste. »Da hab ich aber was zu tun. Ist das Wimperntusche unter den Augen, die schwarzen Schatten da? Und der dunkle Strich über der Wange? Das scheint mir ein Lidstrich zu sein, der sich im Wasserdampf aufgelöst hat.«

Eva schoß von ihrem Stuhl hoch und wäre fast mit ihrer Tochter zusammengestoßen, die eben zwei perfekt eingeschenkte Pils auf den Tisch stellen wollte.

»Mama!« protestierte sie. »Paß doch auf!«

Aber Eva schüttelte nur den Kopf und lief hinaus.

»So schlimm war's doch gar nicht«, sagte Thomas und warf Caro einen fragenden Blick zu.

»Ich glaube, sie läßt sich nicht gern so unfertig überraschen, schließlich geht ihr das gegen die Berufsehre«, sagte Caro und öffnete Hoppeline die Tür. Die kam herein und lief sofort neugierig zu Thomas' Füßen, um seine Schuhe gründlich zu beschnüffeln.

»Ich denke, das ist ein Hase, kein Hund!« Thomas bückte sich nach dem Kaninchen, was ihm aber nicht behagte. Mit einem Satz brachte es sich aus seiner Reichweite. »Hier muß man wirklich aufpassen, was man tut und sagt«, stellte er fest.

Caro setzte sich zu ihm. »Das muß man bei Männern auch«, sagte sie.

»Ich glaube, Männer vertragen mehr!«

Caro prustete. »Das glauben aber nur Sie! Ich gebe Ihnen ein Beispiel. Mein Freund hat mir gesagt, daß er meine Figur so toll fände und nicht mehr darauf verzichten könne!«

Thomas nickte. »Kann ich verstehen!«

Caro runzelte die Stirn. »Er sagte auch, daß er eine Exfreundin getroffen habe, die so zugenommen habe, daß es ihn richtig abgeturnt hat!«

Thomas nickte erneut, sagte aber nichts dazu.

»Das hat mich aber geärgert. Immerhin reduziert er damit doch alles aufs Äußere!«

Thomas zuckte die Achseln.

»Ich habe ihm also gesagt, daß ich nach meinem letzten Freund nie mehr auf die zwanzig Zentimeter verzichten wollte, bei ihm aber eine Ausnahme machen würde!«

Thomas lachte los. »Das haben Sie gesagt? Und er?«

»War beleidigt. Dabei wollte ich ihm eigentlich nur sagen, daß er mir auch menschlich etwas bedeutet und ich ihn nicht nur auf Maße reduziere.«

Thomas lachte noch immer und schaute sie kopfschüttelnd an. »So etwas verstehen Männer nicht«, sagte er schließlich. »Davon hat er bestimmt nur die Hälfte mitgekriegt!«

Flash kam um die Ecke gestürzt, hinter ihm Toni mit erhitztem Gesicht. »Wir sind um die Wette gelaufen«, rief sie, bevor sie vor dem Tisch abbremste. »Er hat gewonnen!«

»Guten Abend!« sagte Thomas und stand auf.

»Oh!« Sie stutzte, während Flash schon bei ihm stand und ihn anwedelte. »Sie sind's?«

»Ja!« Er deutete auf Flash. »Wie geht's dem Freund?«

Toni klemmte sich die Haare hinter die Ohren und wurde rot. Caro sah's mit Erstaunen. »Alles klar«, sagte Toni und drehte sich nach Eva um, die in Jeans und T-Shirt wieder in die Küche kam.

»Na, alle Spuren beseitigt?« fragte Thomas.

Eva lachte: »Hatte was von einem dramatischen Theaterstück. War aber auch sehr individuell!«

Er nickte. »Und in was für ein Fest bin ich da geplatzt?« Er zeigte zum Herd, wo Ragout und Spätzle warteten.

»Nur ein Wunsch meiner großen Tochter, aber ich glaube, es reicht auch noch für einen Gast!« Eva schaute von einer zur anderen, und als alle nickten, legte sie ein weiteres Gedeck auf.

Als Revanche für den »Abend im Familienkreis«, wie er sagte, lud Thomas sie für den Freitag abend zum Essen ein. Die Woche lief gut, das Shooting machte weiterhin Spaß, und Gabriela Zell versprach ihr, wieder auf sie zuzukommen, falls eine Maskenbildnerin gebraucht würde.

Toni und Caro fanden Thomas nett und waren sich einig, daß er für Eva nicht schlecht sei. Eva sträubte sich ein bißchen, weil es sich für sie anhörte, als ob sie eine schlechtgelaunte alte Jungfer sei, die mal ein bißchen Befriedigung nötig hätte. »Weißt du, Mama, auf Papa brauchst du keine Rücksicht mehr zu nehmen. Wir denken, er tut's auch nicht!«

Bei ihrer Mutter am Mittwoch abend wurde klar, daß sie für sechs Wochen Au-pair-Dienste nicht in Frage kam. Sie würde beim derzeitigen Tempo ihrer Töchter einfach nicht mitkommen.

»Hör mal, Mutti, wir gehen einfach mal wieder gemeinsam essen. Was hältst du davon?«

»Jaaa«, kam zögernd die Antwort, und ihre Mutter prüfte mit beiden Händen, ob ihre Frisur noch saß. »Aber zu dem, bei dem wir das letzte Mal waren, brauchen wir nicht mehr hin. Ich habe es dir nicht gesagt, aber die Nierchen mache ich wirklich besser. Erinnerst du dich? Schön sauer, und sie müssen auch lange genug eingelegt werden, damit sie den bitteren Geschmack verlieren. Das kann man mit Sahne nicht übertünchen!«

»Ja, gut. Dann gehen wir eben woanders hin. Zu dem Italiener mit den vielen Vorspeisen, weißt du noch?«

»Ja, schon. Aber die Pizza hatte einen viel zu dicken Boden. Erinnerst du dich an die Pizzen, die wir früher selbst gemacht haben?« Ihre Augen bekamen einen schwelgerischen Ausdruck. »Der Boden war ganz dünn und kroß, und dafür gab es viel Belag und Käse. Gibt's heute nicht mehr!«

»Ja, Mama, Caro kann das auch ganz gut. Oder du machst ganz einfach selbst eine und lädst uns ein? Die Kinder würden sich freuen.«

»Ach, bis ich die ganzen Zutaten habe und … ich glaube, das macht mir keinen Spaß mehr.«

Eva war ratlos. »Hast du Lust, mit zum Frühlingsfest zu gehen? Du könntest dich doch auf die Terrasse setzen und von dort aus zuschauen?«

»Ja, aber Kind, was soll ich da? Ich kenne doch keinen mehr – und seitdem Papa tot ist … und ich habe ja auch nichts Entsprechendes zum Anziehen, da kommen doch die Damen der Gesellschaft …«

»Mama, die freuen sich doch, wenn du mal wieder kommst. Ich hole dich ab, und wenn du willst, können wir auch vorher noch einkaufen gehen. Obwohl du ja schöne Kleider hast!«

»Ja, als Papa noch lebte, war das eben alles anders …«

Als sie ging, hatte sie nichts erreicht. Außer daß sie dagewesen war, hatte der Besuch keine Früchte getragen. Ihre Mutter hing in der Vergangenheit fest, und jeder Versuch, sie zu etwas zu bewegen, stieß auf Ablehnung.

»Was machst du eigentlich so den ganzen Tag?« fragte sie zum Abschied. »Wird es dir in deiner Wohnung nicht langweilig? Willst du nicht vielleicht doch mal raus? Theater, Kino oder so?«

Ihre Mutter hatte sie erstaunt angeschaut. »Ich halte die Wohnung in Schuß, ganz genau, wie ich es früher getan habe, als ihr alle noch da wart.«

Eigentlich war es traurig. Seit ihr Vater tot war und damit ihr Leben am Golfplatz praktisch mitgestorben war, interessierte sie sich für gar nichts mehr. Manchmal erzählte ihr Eva von anderen Frauen, die nach dem Tod ihrer Männer ihre eigenen Interessen verwirklichten, Kurse belegten, Yoga machten, in fremde Länder reisten, aber alles stieß auf Unverständnis. »Was soll ich da?« fragte sie dann. »Das hat mich früher nicht interessiert, warum sollte es das heute?«

Eva war deprimiert nach Hause gefahren und hatte auf dem Rückweg noch vom Auto aus im Sender angerufen und den Spielfilm in Österreich abgesagt. »Vielen Dank für die Chance«, sagte sie, »aber ich finde niemanden für die Kinder!«

»Ja, so ist es, wenn man den Mutter-Soll-Plan erfüllt«, sagte Kevin von der Dispo. »Das sagen sie einem nicht, wenn sie von familienfreundlicher Politik reden. Aber Beruf und Kinder – da brauchst du in Deutschland starke Nerven oder starke Partner!«

»Ich habe im Moment weder das eine noch das andere!«

»Als Alleinerziehende bist du sowieso angeschissen!«

»Ja, danke für deinen Beistand!«

»Ich denke jedenfalls beim nächsten Film an dich!«

Als sie auflegte, hatte sie doch tatsächlich Tränen in den Augen und bemerkte erst durch das Hupkonzert hinter ihr, daß die Ampel auf Grün gesprungen war.

Um so mehr freute sie sich auf Freitag. Toni fragte an, ob sie wieder einen Videoabend machen dürfe.

»Aha«, sagte Eva. »Und wer kommt?«

»Theresa, Valerie und Maxi!«

Eva hatte nichts dagegen, es hatte ja auch das letzte Mal gut geklappt.

Caro gab dagegen an, gemeinsam mit ihrer Freundin Marktforschung betreiben zu wollen.

»Nennt man das jetzt so?« wollte Eva wissen.

»Wir schaun mal«, erklärte Caro und streckte ihre schmale Gestalt selbstbewußt. »Ben hat angeblich eine Familienfeier. Entweder finden wir heraus, wie die Familienfeier heißt, und klären die Sache ein für allemal, oder wir schauen mal, ob es nicht andere nette Jungs gibt!«

Eva enthielt sich eines Kommentars, weil sie ja auch im Begriff war, Marktforschung zu betreiben. Wenn auch auf eine andere Art. Sie stand vor ihrem Kleiderschrank und ließ zunächst den Blick schweifen. Dann beschloß sie, mit der Unterwäsche anzufangen. Das Spitzenteil, das sie sich vor kurzem geschenkt hatte, hatte sie bisher genau einmal getragen. Es war ihr einfach zu schade gewesen. Jetzt schlüpfte sie hinein und lief nach unten zur Garderobe. Flash kam sofort angespurtet, weil an der Garderobe auch seine Leine hing.

»Wir gehen nicht Gassi«, klärte Eva ihn auf und mußte lachen, weil er ein unglaubliches Grinsen im Gesicht hatte. Die Zunge hing ihm auf der einen Seite aus dem Maul, die Augen waren groß und erwartungsvoll auf sie gerichtet. »Später!« sagte sie, und er fing sacht an zu wedeln. Wenn mich Thomas dann auch so anstarrt, bekomme ich einen Lachanfall, dachte sie und wandte sich wieder ihrem Spiegelbild zu. Gut, das mit dem Joggen hatte sie nun nicht wirklich ernsthaft betrieben. Trotzdem sah sie gut aus. Der hauchzarte dunkelbraune Slip mit veilchenblauen, zarten Blüten sah wunderschön aus, besonders weil es ein String war. Und auch der BH war ein Traum und machte zudem einen schönen Busen. Gut, das Darunter hatte sie. Nun fehlte noch das Darüber. Bald sah es in ihrem Schlafzimmer aus wie bei Toni. Es gab kaum eine Kombination, die sie noch nicht ausprobiert hatte. Aber wenn ihr etwas gefiel, dann vertrug sich der Stoff mit den BH-Spitzen nicht, die sich unschön abzeichneten. Aber deswegen einen glatten BH anzuziehen kam auch nicht in Frage. Und etwas Neues kaufen konnte sie auch nicht, sie hatte einfach nichts übrig. Sie spürte, wie ihre Nervosität stieg, und wurde langsam hektisch. Um sieben schickte sie Thomas eine SMS, er möge sie nicht um halb, sondern um acht Uhr abholen.

Thomas war das gerade recht. Sein letzter Termin hatte länger gedauert, und er wollte noch in aller Ruhe duschen. Als er nach Hause kam, war seine Tür nur angelehnt und signalisierte ihm, daß Saskia gerade nach seinen Blumen schaute. Manchmal war ihm das wirklich zuviel, auch wenn sie es gut meinte.

Sie saß mit einer Tafel Schokolade auf seinem hellen Naturledersofa und schaute irgendeine dußlige Vorabendsoap an. Bei seinem Anblick zuckte sie zusammen und nahm die angewinkelten Beine herunter. »Oh! Du bist früh!«

Es war eine Szene wie aus einem schlechten Film, dachte er, und warum fiel ihm jetzt gerade Charly ein? Saskia steckte sich den letzten Bissen Schokolade in den Mund

und stand auf. »Meine Glotze hat plötzlich den Geist aufgegeben, und es war so spannend – da dachte ich, es macht dir bestimmt nichts aus ...«

Reg dich ab, sagte er sich. Sie will nicht einziehen. Sie schaut nur fern.

»Kein Problem«, sagte er. »Wenn es dich nicht stört, daß ich hier dusche?«

»Nein, mach nur«, sagte sie und ließ sich wieder zurücksinken.

Das mußt du mal einer erklären, dachte er, während er in sein Schlafzimmer ging. Du kommst mit einem Mädchen nach Hause, und da liegt schon eine in wohliger Vertrautheit. Die Vertrautheit deshalb, weil sie seine Schokolade aß. Also war sie an seinem Kühlschrank gewesen. Er brachte sie immer aus Zürich mit, und jetzt zerbröselte sie auf seinem Sofa. Also stand Blumengießen gegen Nichtblumengießen. Aber er war zu oft unterwegs. Also pro Blumengießen. Und somit pro Schokolade auf seinem Sofa.

In seinem Schlafzimmer hängte er Anzug und Hose über eine Stuhllehne, alles andere warf er aufs Bett. Mußte sowieso in die Wäsche. Dann ging er ins angrenzende Badezimmer. Es war groß, hatte eine verführerische Rundbadewanne, die er nie benutzte, weil das Wasser ewig lief und, bis die Wanne endlich voll war, schon wieder kalt war. An den Wasserdruck im siebten Stock hatten die Herren Badausstatter nicht gedacht. Er auch nicht. Aber sie machte sich gut. Philippe Starck als Deko. Er ging unter die Dusche, die er hatte mauern lassen, weil das wenig Putzen nötig machte. Nichts schlimmer als der Wasserabstreifer, der an mancher gläsernen Damendusche hing, und der zarte Hinweis, man möge anschließend doch streifenfrei reinigen, damit es keine Kalktropfen gäbe. Er war fast schon allergisch gegen diese Dinger.

In seiner Dusche konnte der Kalk rieseln, soviel er wollte, auf den kleinen grauen Mosaikfliesen sah man nichts. Das Wasser prasselte von oben herunter, und er begann sich zu entspannen, schloß die Augen und gab sich dem guten Gefühl des Schauers hin. Bis er an einer Stelle etwas spürte, das dort nicht hingehörte. Er öffnete vorsichtig ein Auge unter dem Wasserstrahl und glaubte es nicht. Die Hand an seinem Penis gehörte Saskia. Sie stand nackt vor ihm. Vor lauter Schreck verschluckte er sich. Wie hatte sie sich so lautlos anschleichen können? *Psycho II* war nichts dagegen!

Wie sollte er reagieren?

Bevor er eine Entscheidung fällen konnte, reagierte sein Penis. Er wurde steif. Gegen seinen Willen, das paßte Thomas nun gar nicht. Außerdem wollte er sich keinen Ärger aufhalsen, und mit der Nachbarin, die einen Schlüssel zu seiner Wohnung besaß, etwas anzufangen war nicht nur idiotisch, sondern auch noch kontraproduktiv. Nie wieder würde er eine Frau in sein Reich führen können, ohne von Argusaugen beobachtet und womöglich seziert zu werden. Augenblicklich drehte er den Wasserhahn auf Kalt und drehte sich um.

»Liebe Saskia«, sagte er über seine Schulter hinweg. »Du bist eine wunderschöne junge Frau. Aber leider viel zu jung für mich! Ich bin vierzig! Das sind fast zwanzig Jahre Unterschied. Das geht überhaupt nicht!«

»Mir macht das nichts!« Schon stand sie ebenfalls unter der kalten Dusche.

Thomas fror, und es zeigte Wirkung. Seine Erektion fiel in sich zusammen.

»Sei vernünftig«, sagte er. »Du duschst jetzt schön warm, und ich ziehe mich an. Ich muß nämlich noch mal weg.« Und als er ihren Körper an seinem spürte, die spitzen Brüste, die sich an ihn drückten, sagte er schnell: »Ein wirklich wichtiger Termin! Und morgen reden wir über alles!«

Über alles zu reden war der absolute Horrortrip für ihn, aber sicherlich kam er irgendwie darum herum.

»Hier ist eine wunderbare Duschcreme von Joop«, sagte er noch schnell, bevor er sich aus der Dusche drückte.

Er schaute gar nicht mehr zurück, griff nach seinem Badetuch, legte ihr ein frisches hin und ging hinaus. Hatte sie was getrunken? War sie vor dem Kühlschrank an seiner Bar gewesen?

Sie hatte doch nie irgendwelche Anzeichen von Verliebtheit oder auch nur Annäherung gezeigt. Er mußte hier schleunigst weg.

Er nahm einen Slip, Socken und ein frisches Hemd aus dem Schrank und zog es in solcher Hast an, als sei er ein Liebhaber im falschen Haushalt. Jeans, ein dunkles Jackett und ein edles Paar handgefertigter Schuhe, darauf stand er genauso wie auf eine schöne Uhr. Auf seinen Lieblingsduft mußte er verzichten, der Weg zurück ins Bad wäre ihm zu gefährlich gewesen, so fuhr er sich mit allen Fingern durch die Haare und hoffte, daß er männlich-verwegen und nicht ungepflegt aussah. Zumal er sich auch nicht mehr hatte rasieren können.

Beim Hinausgehen warf er einen Blick auf sein Sofa. Braune Spuren, er hatte es sich doch gedacht. Sie war noch so kindlich, daß sie nicht mal Schokolade krümelfrei in den Mund brachte.

Um kurz vor acht Uhr stand er vor Evas Haustür. Dieses Botnang war so verwinkelt und hatte eine so seltsame Verkehrsführung, daß er richtig aufpassen mußte. Und irgendwie beschlich ihn der Verdacht, daß es einen einfacheren Weg als den durch die engen, steilen Straßen gab. Sein Navi wollte auf den heutigen Abend einfach noch eins draufsetzen.

Er parkte und schaute auf seine Uhr. Zehn vor. Es war unhöflich, zu früh zu kommen. Und hätte ihn seine Nachbarin nicht aus dem Haus getrieben, hätte er bequem um zehn nach kommen können. So stand er nun herum wie ein Schuljunge und betrachtete die Umgebung. Es waren alles putzige Häuschen, die typischen Einfamilienhäuschen aus den Fünfzigern, die nach Idylle und eigenem Versorgungsgärtchen aussahen. Die geeignete Kulisse für das fröhliche Familienleben nach dem Krieg, dachte er. Mit Schultüte, Schlabberlatz und Grießbrei. Oder aber es spielten sich Dramen hinter den Fenstern ab. Der brave Lehrer schlug seine Frau und vergewaltigte seine Tochter. Alles war möglich.

Thomas schaute wieder auf seine Uhr. Noch fünf Minuten. Gut, wenn er langsam die Tür öffnete und gemütlich auf die andere Straßenseite schlenderte, würde es genau hinkommen. Er öffnete, und diesem Moment sah er es: Er hatte den Verband vergessen! Das durfte doch nicht wahr sein!

Erschrocken schlug er die Wagentür wieder zu. Verdammt, Saskia! dachte er. Daran war sie schuld! Er war ja förmlich aus seiner Wohnung getrieben worden. Und das als Schwerverletzter!

Das erste, was ihm einfiel, war eine Apotheke. Er brauchte einen Verband! Um acht Uhr an einem Freitag?

Notdienstapotheke. Und die war in der Stadt. Das ging sich nie und nimmer aus!

Der Verbandskasten im Auto fiel ihm ein. Er fuhr einen BMW. Wo zum Teufel war da der Verbandskasten? Sollte er in der Betriebsanleitung nachlesen? Oder erst mal suchen?

Er tippte auf den Kofferraum. Verbandkasten, Warndreieck und Weste mußten ja wohl irgendwie zusammenliegen, mutmaßte er. Kurz darauf saß er wieder im Auto und versuchte sich einhändig einen Verband anzulegen. Er spürte es mehr, als er es sah – aber als er nach der Beifahrerseite schaute, stand da Toni am Wagenfenster und guckte ihm zu.

Das ist nicht mein Tag, dachte Thomas. Und sein zweiter Gedanke war: Wieviel hatte sie gesehen?

Mit dem Ende der Mullbinde zwischen den Zähnen ließ er das Fenster herunter.

»Soll ich dir helfen?« fragte Toni. »Sven kommt auch gleich, und der hat eben einen Erste-Hilfe-Kurs absolviert, du weißt, wegen Führerschein und so. Der kennt sich richtig gut aus!«

»Himmel, nein!« entfuhr es Thomas.

»Nein, der macht es gut! Kannst es mir glauben! Wir haben geübt!«

»Ich glaube dir das«, sagte Thomas ergeben. »Aber mir ist nur ein Teil aufgegangen, und jetzt befestige ich es wieder. Das geht schon.«

Warum habe ich nicht Saskia gepackt und mich nachher schlafen gelegt? fragte er sich. Was will ich eigentlich hier?

»Na, gut«, sagte Toni und lief zum Haus hinüber. »Aber wenn du Hilfe brauchst …«

Thomas machte den Verband fest und lief rüber auf die andere Straßenseite. Ein Roller kam angebrettert, und Thomas machte einen schnellen Schritt zur Seite. Eine verbundene Hand reichte, sein Bein wollte er behalten. Es war Sven, der den Fahrdienst für Tonis Freundinnen machte, weil die Busse so unpraktisch verkehrten.

Den hat wirklich der Affe gebissen, dachte Thomas. Auf eine solche Idee wäre er nie gekommen. Nicht mal als verliebter Teenager.

Die Haustür stand offen, und Flash ließ ihn gnädig eintreten. Er inspizierte jeden und schenkte jedem ein hechelndes Lachen. Thomas ging an ihm vorbei und wartete darauf, Hoppeline zu sehen. Nicht zu fassen, wie schnell man sich an etwas gewöhnen kann, dachte er. Hunde, Kaninchen, Kinder – die vollkommene Katastrophe eigentlich.

Im Flur blieb er stehen.

»Eva«, rief er versuchsweise.

Das Kaninchen kam die Treppe heruntergehoppelt, Eva nicht.

Also ging er geradeaus zur Küche und klopfte an die Tür. Keine Antwort. Er öffnete, aber es war niemand drin. Thomas schloß die Tür wieder, nahm sein Handy und schrieb: »Ich bin da!«

Tonis Freundinnen stürmten krakeelend an ihm vorbei, Hoppeline lief hinterher, und Flash spielte den Hütehund

und bildete das Schlußlicht. Keiner hatte ihn beachtet, und er stand noch immer da.

Von oben hörte er: »Mama, du hast eine SMS gekriegt!«

»Du sollst doch nicht immer mein Handy nehmen, wie oft …«

»Ich bin da!« rief Thomas zaghaft.

Oben war es still.

»Was war das?« fragte Eva offensichtlich ihre Tochter.

»Es kam von unten«, sagte Toni.

»Und es heißt nicht ›was war das‹. Sondern ›wer war das‹. Nämlich ich! Ich warte!« dröhnte er mit seinem besten Männerbaß durchs Haus.

Augenblicklich erschienen oben am Treppenabsatz ein paar nackte Beine, knieaufwärts kam ein mokkafarbener, schmaler Leinenrock in Sicht, ab der Hüfte ein marokkanischer Goldgürtel und eine ärmellose, ebenfalls dunkelbraune Bluse. Und gleich darauf stand sie in voller Größe vor ihm.

»Was für ein schöner Auftritt«, sagte er. »So von unten nach oben!«

Sie lächelte. »Ich habe geübt!«

»Hat geklappt!«

Eva musterte ihn wohlwollend. Irgendwie sah er nach schneller Dusche und »keine Zeit« aus. Das gab ihm etwas männlich Unfertiges, das sie anzog. Jedenfalls war er keiner, der stundenlang vor dem Spiegel stand und mit seiner Wet-Wave-Frisur kämpfte.

»Gut!« sagte er. »Können wir gehen?«

»Vielleicht noch … Schuhe?« Sie warf ihm einen kekken Blick zu und wippte auf den Zehenspitzen.

»Schade!« sagte er. »Sieht ohne sehr sexy aus!«

Eva lachte, holte sich schmale dunkelbraune Pumps und eine wollweiße Jacke, die wie ein Jackett geschnitten und mit einem breiten Gürtel zu schließen war. Die hatte sie vor vier Wochen bei einem Räumungsverkauf erstanden. Ein Designerschnäppchen, und jetzt kam die Premiere.

»Wir gehen dann, tschüß!« brüllte sie nach oben, aber es hörte niemand oder wollte niemand hören.

Er hielt ihr die Tür auf, und sie lächelte ihm dankend zu.

»Besondere Wünsche?« fragte er, als sie zusammen die Treppe hinuntergingen.

»Daß alles ruhig bleibt!«

»Ruhig?« Er schaute erst sie an und dann hinter ihr am Haus hoch zum ersten Stock. »Mädels, die Videos schauen. Was soll da schon passieren!«

Eva gab ihm recht, aber so ganz wohl war ihr nicht dabei.

Es war schön, jemanden zu haben, der auch einmal eine Meinung zu etwas hatte. Man mußte sich nicht immer selbst befragen.

»Trotzdem noch einmal – haben Sie einen besonderen Wunsch? Ein besonderes Restaurant? Lieblingsrestaurant? Irgendwas?«

Eva überlegte. »Ich lasse mich gern überraschen«, sagte sie dann.

»Gut, ich habe im ›Zauberstab‹ für uns reserviert.« Er hielt ihr die Wagentür auf.

»Hört sich spannend an«, sagte sie, als er hinter dem Lenkrad saß.

»Ja!« Er startete. »Die schmalzige Variante wäre – wollen Sie sie hören?«

»Ich lern immer gern dazu.«

»Natürlich, daß Sie mich verzaubert haben.«

»Ah«, sagte Eva. »Und weil die nicht stimmt, gibt es noch eine andere.«

»Stimmt noch nicht ...«, sagte er und warf ihr einen männlich-vielsagenden Blick zu. »So schnell geht's bei mir nun auch wieder nicht!«

»Na, denn«, sagte sie. »Dann warten wir mit der schmalzigen Variante noch ein bißchen, und Sie verraten mir einstweilen die Wahrheit.«

»Die kochen gut!«

Er fuhr los und warf ihr einen Blick zu. Sie schmunzelte.

»Reicht das nicht?« fragte er.

»Doch – aber ich frage mich gerade, warum Sie Ihren Verband heute rechts tragen?«

Thomas hatte Mühe, nicht rot zu werden.

Das Restaurant mitten in Stuttgart war gemütlich und strahlte trotzdem Exklusivität aus. Man spürte schon beim Hereinkommen, daß es etwas Besonderes war. Eva freute sich über seine Wahl und auch darüber, daß Thomas offensichtlich einen bestimmten Platz reserviert hatte. Zumindest wurden sie begrüßt und dann »nach Ihren Wünschen« zu einem fein gedeckten kleinen Tisch geführt.

»Schön!« sagte Eva. »Vielen Dank!«

»Warten Sie es ab!« Er drohte mit seiner verbundenen Hand. Thomas hatte sie im Wagen zunächst verblüfft angeschaut, dann an sich hinunter und schließlich schallend gelacht. Und dann hatte er ihr erklärt, daß es für eine

Beichte noch zu früh sei. Er werde sie dann zusammen mit dem Verband ablegen. Doch den Zeitpunkt wollte er bestimmen.

Eva hatte zwar im stillen gerätselt: Was bitte, konnte es bedeuten, wenn ein Mann einen Verband spazierentrug? Hatte er einen Tick? War er ein Hypochonder, der sich täglich ein anderes Wehwehchen einbildete? Das war anstrengender als eine wirkliche Krankheit.

Sie würde es beobachten. Jetzt aber vergrub sie sich erst einmal in die Speisekarte. Die las sich spannend: Knakkige Baby-Leaf-Salate mit gebackenen Thunfischwürfeln im Kroepekmantel. Und kroß gebratener Branzino auf mediterranem Kartoffel-Bohnen-Salat und gebratenen Artischocken. Das hatte sie zu Hause jedenfalls noch nie gekocht. Und da entdeckte sie Lamm unter der Lavendelkruste mit Süßkartoffel-Rhabarberpüree und glaciertem Gemüse. Das war es.

»Na, schon was gefunden?« fragte Thomas, der sie beobachtet hatte.

Wahrscheinlich glühen meine Ohren, dachte Eva. Den Eindruck hatte sie manchmal, wenn sie aufgeregt war. Sie strich ihr schweres Haar zurück und nickte. »Ja, das ist schon außergewöhnlich hier. Aber ich glaube, ich nehme ganz einfach das Lamm!«

»Und vorneweg?«

Eva warf noch einen schnellen Blick in die Karte, aber da kamen die zwei Gläser Champagner, die Thomas als Aperitif bestellt hatte, und sie stießen an.

»Dürfte ich als Älterer das Du anbieten?« fragte Thomas. »Wir brauchen uns auch nicht zu küssen!« fügte er schnell hinzu, als er Evas entsetzten Blick sah.

»Nein!« sagte sie. Und gleich darauf: »Doch, meine ich! Entschuldigung, ich hatte nur gerade noch was gelesen!« Sie trank hastig einen Schluck und las dann vor: »Wir bitten um telefonische Vorreservierung, da wir ausschließlich mit ›Lebendigware‹ arbeiten!« Sie schaute ihn an. »Lebendigware!«

Thomas stellte sein Glas ab und vertiefte sich nun ebenfalls in die Karte.

»Ja«, sagte er. »Da steht: ›Ganze Langusten sollen vorher angemeldet werden.‹«

»Langusten?« Sie fuhr mit dem Zeigefinger nach unten. »Ach, ja. Und ich dachte schon ...«

Er lachte. »Aber nicht wirklich, oder?«

Sie schüttelte den Kopf. »Ich bin wohl etwas zerstreut. Aber trotzdem – ich habe einmal gesehen, wie eine Languste wieder aus dem Kochtopf mit kochendem Wasser krabbeln wollte, seitdem bin ich geheilt!«

Er nickte. »Mir geht's mit Austern so. Ein Tier auseinanderzureißen und lebendig zu schlucken – hat ein bißchen was von Neuguinea. Dort servieren sie ihren Lieblingsgästen riesige fette Maden. Zum Reinbeißen schön!«

»Brr!« schüttelte sich Eva. »Könnten wir vielleicht das Thema wechseln?«

Er nahm noch einmal das Glas in die Hand. »Gern! Wollen wir gleich zu dir oder vorher noch was trinken?«

»Zu mir geht nicht!« scherzte sie. »Ich habe Kinder!«

»Zu mir aber auch nicht!« erklärte er. »Ich habe eine Nachbarin!«

»Dann essen wir!« entschied Eva. »Und duzen uns. Ich heiße Eva, bin achtunddreißig Jahre alt, bald geschieden und mittellos!«

Sie stießen an, und er lachte. Seine Zähne waren wirklich unglaublich gleichmäßig. Schade, daß sie nicht weißer waren. Da ließe sich sicherlich was machen. Sie müßte nur Evelyne fragen.

»Das kann nicht sein. Wer im Golf-Club Solitude Mitglied ist, hat doch allein für die Aufnahme sicherlich einige tausend Euro hingelegt!«

»Ja, eben!« sagte sie. »Und danach war ich pleite!«

Er lachte wieder.

»In welchem Golfclub spielen Sie, pardon, spielst du denn?«

»Da ich eine Weile in Düsseldorf gearbeitet habe, bin ich Mitglied im Golfclub Hubbelrath!«

»Oh! Auch nicht von schlechten Eltern. Gediegen, ehrwürdig, Austragungsort großer Turniere. Und auch nicht ganz günstig!« Sie lächelte. »Aber hat in Deutschland die meisten Mitglieder. Eintausendneunhundert, glaube ich, wenn das noch stimmt!«

Thomas warf ihr einen erstaunten Blick zu.

Zwei kleine Suppentäßchen wurden serviert. »Ein Gruß aus der Küche«, sagte die junge Frau. »Kaltschale von Tomaten und Paprika.«

»Hmm, sieht lecker aus!« sagte Eva. »Vielen Dank!«

»Du kennst dich gut aus!« erklärte Thomas, und Eva dachte, wie leicht er vom Sie auf das Du übergegangen war.

»Ja«, sagte sie, »und wenn du die Regeln dort kennst, dann weißt du auch, daß jüngere Spieler die älteren zuerst grüßen müssen. Weißt du das?«

Thomas schüttelte den Kopf. »Muß ich überlesen haben.«

»Na, vielleicht haben sie es auch rausgenommen!« Sie tauchte den kleinen Espressolöffel in das Süppchen und probierte genießerisch.

»Wieso sollten sie das tun?« fragte er.

»Na, in der Stadt von Ansari, Saylan und Neuroth – was glaubst du denn! Wenn du da eine grüßt, bekommst du doch direkt eine geschmettert, die denkt ja, ihr Schönheitschirurg hat versagt!«

Er schüttelte den Kopf. »Du bist böse!«

»Und du kannst nicht Golf spielen!«

Jetzt richtete er sich auf.

»Wie kommst du denn auf so was?«

»Wenn du Golfer wärst, hättest du von Anfang an nur ein Thema gehabt!«

»Hab ich doch!«

»Ja, aber nicht golfen!«

»Ah! Und woher willst du das so genau wissen?«

»Weil richtige Golfer pausenlos über Golf reden. Die kennen nichts anderes mehr!«

»Du redest ja auch nicht über Golf!«

»Ich spiele schon zu lange. Ich rede bereits wieder über Sex!«

»Ach!«

»Ja!«

»Und was gibt's da zu reden?«

»Gehen wir zu dir oder gehen wir zu mir?!?«

Sie gingen wirklich, aber erst drei Stunden später. Thomas hatte sein Auto stehen lassen und ein Taxi bestellt. Sie hatten sich zum Hauptgang einen 98er Bordeaux gegönnt und zum Dessert ein weiteres Glas Champagner, und damit wurde auch Thomas die Sache zu heikel. Um noch selbst fahren zu dürfen, hatten sie deutlich zuviel Alkohol getrunken.

Sie saßen eng nebeneinander im Fond des alten Mercedes, Thomas hatte seinen Arm mit der verbundenen Hand um sie gelegt.

Eva überlegte, wie er es vor ihrer Haustür wohl anstellen würde. Gab er den Gentleman, begleitete sie zu ihrer Haustür und drückte ihr einen freundschaftlichen Gute-Nacht-Kuß auf beide Wangen? Vielleicht mit einer kurzen körperlichen Annäherung, damit sie auch spürte, was sie da versäumte? Frei nach Mae West: »Is this your gun, Darling, or are you so excited to see me?« Oder bezahlte er das Taxi ganz selbstverständlich, stieg mit ihr aus und tat, als gäbe es keine weitere Überlegung?

Sie war sich selbst nicht so sicher, welche der beiden Möglichkeiten ihr besser gefallen würde. Einerseits war sie durch den Alkohol beschwingt und hatte Lust auf ihn, andererseits wollte sie ihren Töchtern kein schlechtes Beispiel geben. Das erstemal aus und dann gleich so …

Der Taxifahrer riß sie aus ihren Überlegungen. »Das Haus dort mit dem wilden Getöse?«

»Mit was?« Sie war in Gedanken versunken gewesen, aber jetzt beugte sie sich zum Vordersitz. Auch Thomas richtete sich auf.

Tatsächlich. Ihr Häuschen stach glänzend aus der Nachbarschaft hervor, alle Zimmer waren hell erleuchtet, die Haustür stand offen, auf dem Gehsteig parkten etliche Roller, und sie sah Schatten hinter den Fenstern vorbeihuschen, die dort sicherlich nicht hingehörten.

»Was ist denn da los?« fragte sie irritiert.

»Ich würde mal auf eine Party tippen«, entgegnete Thomas und grinste sie an. »Deine Toni und ihr Videoabend!«

»Das sollte ein reiner Mädchenabend werden«, sagte sie und spürte, wie der Zorn in ihr hochstieg. »Wie der letzte!«

Der Taxifahrer hielt am Bürgersteig an. »Ich kann Sie auch in die nächste Bar fahren!«

»Oh, nein!« sagte Eva, die ihre Tasche öffnete. »Was macht das?« fragte sie, ohne auf den Taxameter zu schauen. Ihr Blick hing wie gebannt an ihrem Haus.

»Das übernehme ich«, schaltete sich Thomas ein. »Schließlich war es meine Einladung!«

»Kommst du noch mit?« Wie unromantisch das jetzt klang, dachte sie im selben Augenblick.

»Wenn ich als Mastino gebraucht werde?«

Wie ein Kampfhund sah er im Moment zwar nicht aus, aber sicherlich war ein Mann in einer solchen Situation nicht schlecht.

»Ich wäre dir dankbar«, sagte sie und öffnete die Wagentür.

Die Haustür stand offen und ließ sich auch nicht mehr schließen. Irgend etwas hatte sie verzogen. Evas Zorn kühlte schlagartig ab, jetzt bekam sie es mit der Angst. Wie würde sie ihre kleine Tochter vorfinden?

Drinnen dröhnte Musik durchs Haus, und Eva stürzte ins Wohnzimmer. Drei ihr völlig unbekannte Jungs saßen dort und hatten Flaschenbier in der Hand. Sie hielt sich nicht einmal mit einer Nachfrage auf, sondern lief gleich weiter, durch die Küche hindurch auf den Flur zurück. Draußen im Eingang unterhielt sich Thomas mit zwei

Jungs, die offensichtlich gerade gehen wollten. Eva warf ihnen nur einen kurzen Blick zu und rannte die Treppe hinauf. Eines der Bilder, die neben der Treppe an der Wand hingen, war heruntergefallen, sie hörte das Glas unter ihren Schuhen knirschen, aber es war ihr egal. Die Tür zu ihrem Schlafzimmer stand offen. Sie zögerte. Das war eine Entweihung und ihrer Tochter nicht zuzutrauen. Ihr Schlafzimmer war für Fremde immer tabu gewesen. Aber die Tagesdecke war zerknüllt, Bierflaschen standen auf dem Boden, und ein umgefallener voller Aschenbecher lag daneben. Sie warf nur einen Blick darauf und drehte um.

Tonis Zimmertür war geschlossen. Sie zögerte kurz, dann klopfte sie und öffnete. Eine unerklärbare Furcht hatte sie gepackt, und als sie jetzt Toni völlig selbstverloren mit Maxi tanzen sah, hätte sie vor Erleichterung heulen können. Sie blieb stehen und wartete, bis ihr Herzschlag sich beruhigt hatte. Dann entdeckte sie Theresa und Valerie, die völlig entspannt auf Tonis Bett saßen und miteinander redeten.

Toni entdeckte sie als erste: »Seid ihr schon da?« fragte sie, und es klang wie ein einziger Vorwurf.

»Entschuldige mal!« Evas Stimme wurde lauter als beabsichtigt. »Die Haustür steht offen, im Haus laufen wildfremde Gestalten herum, und es ist höllenspät!«

Toni hatte zu tanzen aufgehört und schaute sie groß an.

»Versteh kein Wort!«

»Ja, wer ist das denn da unten?«

Toni warf ihren Freundinnen einen Blick zu, dann kam sie zu Eva.

»Laß mal sehen!« sagte sie nur.

»Willst du mir damit sagen, daß du nicht einmal weißt, wen du da ins Haus gelassen hast?!«

Toni drängte sich an ihr vorbei und lief hinunter. Die drei anderen bewegten sich nicht.

»Sind das eure Freunde?« fragte sie in die Runde, bekam aber keine Antwort. Sie lief ihrer Tochter hinterher. Im Eingang standen Thomas und Flash und schauten dem letzten Roller nach, der eben mit viel Lärm davonknatterte.

Toni ging kurz zur Küche und kam gleich wieder zurück. »Dieses Pizzazeug räume ich weg«, sagte sie, als ob damit alles geklärt sei.

»Was waren das für Jungs?« fragte Eva Thomas, der noch immer in der Tür stand.

»Keine Ahnung«, sagte er, und Eva ging auf, wie unsinnig ihre Frage war.

Und überhaupt – was jetzt? Sollte sie die Geschichte in Thomas' Beisein klären? Es ging ihn ja wirklich nichts an, und wahrscheinlich nervte es ihn nur.

»Schade um den schönen Abend«, sagte sie. Toni warf ihr einen Blick zu und ging wieder nach oben, Flash setzte sich auf ihren Fuß, und Thomas legte ihr seine Hand in den Nacken.

»Dein Verband ist weg!« sagte Eva.

»Ja, ich wollte vor den Jungs nicht so wehrlos dastehen.« Er grinste. »Eine bandagierte Rechte kommt nicht so gut. Und ich wußte ja nicht, was du von mir verlangen würdest …«

Sie spürte seine Hand, die ein angenehmes Gefühl auslöste, und lächelte. »Du hättest tatsächlich …?« fragte sie.

Er zuckte die Schultern. »Es waren doch höchstens sechs!«

Eva schwankte noch immer zwischen dem Drang, die Mädchen sofort zur Rede zu stellen, und dem Wunsch, Thomas nicht zu vergraulen.

»Magst du noch ein Bier?« fragte sie und schaute ihn dabei an. Der Druck seiner Hand verstärkte sich in ihrem Nacken.

»Klar«, sagte er. »Bei dir ist wenigstens immer was los!«

Sie mußte lachen, und wie auf Kommando sprang Flash auf und stürmte voraus in die Küche. Hier sah es wirklich schlimm aus, Pizzareste auf Tellern, die überall herumstanden, aufgerissene Packungen eines Hamburger-Unternehmens, leere Bier- und Wodkaflaschen. Das ärgerte sie am meisten, aber sie riß sich zusammen. Es war auch ihr Abend, und sie wollte ihn sich nicht verderben lassen.

Trotzdem fand sie, daß sie das Durcheinander erklären mußte. »Das letztemal war der Videoabend der Mädchen völlig harmlos!« sagte sie und öffnete den Kühlschrank.

»Kein Bier mehr da!« Sie richtete sich auf.

»Kein Wunder!« sagte er, und wie er so dicht vor ihr stand und seine Augen so schelmisch blitzten, legte sie ihre Hände um seinen Nacken und zog ihn zu sich herunter. Sie spürte seine Hand auf ihrem Rücken und wie sie von dort aus zu ihrem Po zu wandern begann und dabei den Druck verstärkte. Sie gab nach, machte den letzten halben Schritt auf ihn zu, bis sie ihn wirklich fühlte, und gleich darauf waren seine Lippen da. Sie erforschten sich, wurden dabei immer heftiger und fordernder. Ihre Körper drängten nach mehr, und als er mit einer Hand das Geschirr zur Seite wischte und sie auf die Küchenzeile setzte, gierte sie nach ihm und umklammerte ihn mit ihren nackten Beinen, wie sie es sich nie hätte träumen lassen. Einige Teller zersprangen am Boden, aber seine Stöße waren das, worauf sie seit Gerold gewartet hatte, und sie wollte an nichts denken, außer an sich selbst und was ihr guttat. Als sie kam und er kurz darauf, öffnete sie die Augen und schaute ihn an. Sein Blick sog sie in sich hinein, und für den Bruchteil einer Sekunde sah sie seine Augen zwischen dem Flaschenregal im »Maritim« aufblitzen.

Sie lösten sich langsam voneinander, Eva rutschte von der Küchenzeile herunter, strich ihren Rock zurecht und schaute Thomas zu, wie er seine Hose wieder schloß.

»Wir haben im Keller auch noch Bier«, sagte sie. »Es traut sich in der Nacht nur niemand runter!«

»Gib mir den Hund und das Kaninchen mit, dann kann's so schlimm nicht werden!«

Eva faßte Thomas mit beiden Händen am Kopf und küßte ihn.

»Du schaffst das schon«, sagte sie. »Aber bleib nicht unten, denn zum Frühstück mußt du weg sein.« Und obwohl das seine eigene Philosophie war, paßte es ihm heute nicht.

»Bis zum Frühstück ist noch lang!« widersprach er.

Eva nickte und begann die Küche aufzuräumen.

Als Thomas mit dem Taxi losfuhr, schaute Eva ihm noch kurz nach und ging dann in das Zimmer ihrer Tochter. Die vier Mädchen lagen schräg nebeneinander in Tonis Doppelbett und hatten so friedliche Gesichter, daß Eva einige Minuten stehen blieb. Die beherrschte Teenagermimik war aus dem Kindergesicht gewichen, weiche, offene Münder, samtene Haut mit erhitzten Wangen; alles, was sie tagsüber für sich in Anspruch nahmen – Coolness, Revolte, Erwachsenwerden –, war abgefallen und hatte einer weichen Ursprünglichkeit Platz gemacht.

»Meine Tochter«, dachte Eva zärtlich und schloß leise die Tür. Hoffentlich hat sie von meiner Sexattacke nichts mitgekriegt, dachte sie, während sie ins Badezimmer ging. Dort erst entdeckte sie das umgedrehte Weizenbierglas im Abfluß der Toilette.

Angewidert nahm sie es heraus. Welche Idioten!, dachte sie. Und auch die Haustür hatten sie nur notdürftig schließen können. Thomas würde ihr morgen einen Schreiner schicken.

Thomas, dachte sie. Komisch, da gab es plötzlich einen Thomas.

Morgens um vier war Thomas zu Hause. Er war nicht betrunken, und trotzdem hatte er das unangenehme Gefühl, nicht ganz bei sich zu sein. Was war los mit ihm? Er hatte das gehabt, was er immer wollte, immer propagierte, stets als das einzig Wahre gepriesen hatte: den schnellen Fick. Und jetzt hatte ihm die schnelle Befriedigung ein flaues Ziehen in der Magengrube verpaßt.

Er stand in seinem Badezimmer und schaute sich beim Zähneputzen im Spiegel an. Was war anders? Er verstand es nicht. Das war es doch, was er in der Bar vom ersten Moment an gewollt hatte. Diese stolze, selbstbewußte Frau flachzulegen. Er müßte euphorisch sein, eine Kerbe mehr an seinem Bettpfosten. Aber er war es nicht.

Er steckte die Zahnbürste zurück. Was war anders?

Sein Blick streifte beim Hinausgehen die Dusche. Thomas dachte zurück an den Nachmittag. Warum hatte er da nicht zugegriffen? Saskia war jung und wollte ihn. Es wäre superbequem gewesen.

Er warf sich in sein Bett, legte sich breit ausgestreckt hin und schaute zur Decke. Eva hatte ihn heimgeschickt. Verdammt! Das war ihm noch nie passiert!

Um zehn wurde Eva wach. Sie lag auf dem Bauch, und ihr erster Blick fiel auf den Aschenbecher neben ihrem Bett. Sie drehte sich um, und ihr zweiter fiel auf Toni, die gerade aus ihrem Zimmer schlich.

»Toni!« rief sie und setzte sich auf.

Dem Gesicht ihrer Tochter war anzusehen, daß sie genau das hatte vermeiden wollen.

»Ja?« fragte sie zögernd.

»Gibt's da irgendwas, das du mir erklären wolltest?«

Toni verzog das Gesicht. »Ich wollte nur Geld für die Brötchen holen. Unten hab ich nichts gefunden!«

»Du weißt, daß ich nicht von Brötchen spreche!«

»Ist es nicht toll, daß ich so früh morgens Brötchen hole?«

Eva zog die Knie an und antwortete nicht. Toni schaute sie an, und Eva wußte genau, wie unbehaglich sie sich fühlte.

»Sind die anderen Mädchen noch da?«

Toni nickte.

»Caro auch?«

Sie verneinte.

»Dann treffen wir uns gleich unten zum Frühstück.«

Eva wollte es nicht glauben. Daß den Mädchen die Situation mit den betrunkenen Jungs über den Kopf gewachsen war, konnte sie sich vorstellen, aber nicht, wie es überhaupt dazu kommen konnte. Theresa und Toni hatten sie bei der S-Bahn-Station kennengelernt. Und weil der Zug gerade einfuhr und sie sich nett fanden, gab Theresa einem der Jungs ihre Handynummer. Und natürlich rief er sie an. Und sie sagte, sie säße mit ihren Freundinnen zusammen, würden Videos schauen. Und auf die Frage, ob man mal kurz vorbeikommen dürfte, gab sie bereitwillig die Adresse an.

»Wir dachten, die gehen gleich wieder.«

»Und irgendwann waren sie ja auch weg, aber dann wollten sie wieder rein, und wir haben das Klingeln wohl überhört …«

»Und dann hingen sie an der Haustür, um sie aufzubrechen?« fragte Eva.

Die Mädchen schauten sich an und zuckten mit den Achseln.

»Und das heruntergefallene Bild? Sieht doch eher so aus, als ob ihr alle durchs Haus getobt wärt. Fangis, versteck dich, hasch mich oder so was in der Art!«

»Mama!«

Es war klar, daß Fangis uncool war.

»Von alleine fällt so ein Bild jedenfalls nicht herunter!« sagte Eva bestimmt.

»Ich glaube, es war der Wind!« Maxi schaute sie treuherzig an. »Oben war das Fenster offen und unten die Haustür, und dann ist es heruntergefallen!«

»Aha. Gut, daß du mir das erklärst, von alleine wäre ich da nicht drauf gekommen!« Sie schaute Theresa an. »Und wer zahlt mir den Schaden?« Theresa warf ihre blonden Haare nach hinten und schwieg. »Sicherlich hast du die

Namen der Jungs oder zumindest eine Telefonnummer von ihnen?«

Sie schüttelte den Kopf.

»Das heißt also, hier ist eine wilde Horde durchs Haus getobt, von denen ihr nicht mal einen einzigen Namen wißt? Die hätten alles stehlen können, verwüsten können, und ihr sagt, war 'ne geile Party?«

»Ja, Mama, tut uns leid!«

Das nahm ihr den Wind aus den Segeln.

»Und du hast nicht gebissen?« fragte sie Flash vorwurfsvoll, der mit Hoppeline zu ihren Füßen lag.

»Er war bei uns im Zimmer!«

»Hat Video geschaut«, sagte Eva und verzog das Gesicht. »Okay, Mädels, dann laßt uns jetzt frühstücken.« Sie stand auf, um die Kaffeemaschine einzuschalten. »Und eines sag ich dir«, drehte sie sich noch einmal zu Theresa um, »sollte sich einer der Jungs bei dir noch mal melden, dann frag nach seiner Versicherung. Ich sehe nicht ein, weshalb ich den Schaden von irgendwelchen Halbbekloppten bezahlen soll. Inklusive Bild!«

Alle vier nickten.

Bin mal gespannt, was ich von meinen Nachbarn zu hören bekomme, dachte sie, aber das sprach sie nicht aus, das war ihr doch zu spießig.

Die Kaffeemaschine war noch in der Aufheizphase, als es an der Tür klingelte. Die Mädchen verteilten gerade Cornflakes und Milch und mixten sich ihre heiße Schokolade, so daß Eva ihren alten Jogginganzug glattstrich und selbst an die Tür ging. Vielleicht kam ja einer der Kerle zurück, um sich zu entschuldigen und für die Folgen seiner Kraftmeierei einzustehen.

Statt dessen stand Thomas draußen und mit ihm ein kompakter, fröhlich lächelnder Mann, der ihr die Hand gab, sich als »Schreiner Markus Allmeier« vorstellte und gleich darauf die schiefe Tür untersuchte.

»Und wie will er das jetzt machen?« fragte Eva leise. »Die Tür aushängen und mitnehmen, und wir nageln so lange Säcke in den Türrahmen?«

Thomas schmunzelte nur und zog sie an sich. Sie roch ihn und fühlte sich nicht nur sofort gut, sondern entspannte sich auch.

»War das eine Nacht!« flüsterte sie.

»Meinst du die Jungs?«

Sie biß ihm als Antwort leicht in den Hals.

Ein Roller knatterte heran. Sie lösten sich voneinander, und Thomas zog sie die drei Treppenstufen hinter sich her hinunter auf die Straße.

Sven kam angefahren und parkte hinter einem Mercedes-Sprinter, auf dem groß »Schreinermobil« stand.

»Das ist des Rätsels Lösung«, sagte Thomas. »Er hat alles dabei!«

»Und das ist Sven!« sagte Eva. »Ob der schon weiß, was hier ohne ihn abgegangen ist?«

»Meinst du, jetzt gibt es hier das große Eifersuchtsdrama?«

Sven kam auf sie zu, gab jedem die Hand und deutete dann zum Haus. »Ist Toni da?«

»Geh nur rein«, sagte Eva freundlich. Da konnte Evelyne sagen, was sie wollte, so ein guterzogener erster Lover war was wert.

»Vielleicht sollte ich mich mal duschen und was anderes anziehen?« sagte Eva mehr zu sich selbst, aber ein kleiner

Wagen, der schwungvoll hinter dem Schreinermobil einparkte, ließ sie noch einmal zögern.

»Darf ich mitduschen?« fragte Thomas, der mit seinem hellblauen Poloshirt und der Leinenhose aussah, als sei er gerade erst dem Bett entstiegen.

»Da kommt Caro«, sagte Eva statt einer Antwort. Beide schauten zu, wie Evas ältere Tochter aus dem Wagen stieg.

»Mama!« Sie winkte ihr zu.

»Entschuldige mal«, sagte Eva zu Thomas und ging zu Caro, die übernächtigt aussah, aber auch zufrieden. Sie lächelte ein schelmisches Lächeln und wies zu der jungen Frau, die noch am Steuer saß. »Darf ich dir Lina vorstellen?«

Eva nickte, sagte aber nichts.

»Lina ist Bens Freundin!«

Ben. Jetzt schaltete sie.

»Die Freundin von deinem Ben?« Sie sah Caro groß an.

»Genau! Darf sie reinkommen? Wir haben eine harte Nacht hinter uns!« Sie zeigte zur Tür. »Was ist denn das?«

»Auch eine harte Nacht«, sagte Eva und bückte sich in den Wagen hinunter. »Klar, herzlich willkommen, wir frühstücken gerade.«

Lina stieg aus. Sie hatte unglaublich lange schlanke Beine und trug einen kurzen Rock. Eine wirkliche Modelfigur, aber auch ihr hübsches Gesicht zeugte von wenig Schlaf und einigen Anstrengungen. Gemeinsam gingen sie hinein, Eva fragte im Vorbeigehen noch den Schreiner, ob er auch gern eine Tasse Kaffee hätte, und quittierte sein Ja mit einem Nicken.

In der Küche scheuchte sie die vier Mädchen mit einer Handbewegung an das andere Ende des Tisches und deckte neu ein.

»Aber jetzt endlich einen Kaffee!« sagte sie, während sich alle untereinander vorstellten.

»Und ich bin Thomas«, sagte Thomas, und Toni fügte trocken hinzu: »Der neue Lover meiner Mutter.«

Eva drehte sich nach ihr um, aber nicht nur Toni grinste, sondern alle schauten sie mit dem gleichen Gesichtsausdruck an. Sogar Thomas grinste. Sie stand an derselben Stelle, an der sie sich heute nacht mit Thomas geliebt hatte. Wie lange war das her? Tage? Oder nur Stunden?

Sie sagte nichts, sondern ließ eine Tasse Kaffee aus der Maschine und schäumte nebenher Milch auf.

In diesem Moment klingelte es wieder, und gleich darauf klopfte es an der Tür.

»Ja, bitte«, sagte sie und warf einen Blick zu Sven. Hoffentlich kam jetzt keine neue Flamme von heute nacht. Flash wedelte kurz unter dem Tisch, machte aber keine Anstalten, sich zu erheben. Also mußte es jemand Bekanntes sein.

Der Schreiner öffnete.

»Oh!« sagte Eva. »Ihr Kaffee kommt gleich!«

»Nein!« Er lächelte. »Das hier ist eben abgegeben worden!« Er hielt ein kleines Paket in der Hand, das mit einer Schnur verknotet war. Mißtrauisch stimmten Eva nur die in das Paket eingestanzten Löcher.

»Und das hier auch.« Er gab Eva ein abgerissenes Stück Papier.

»Sorry für heute nacht«, las sie laut vor.

»Sorry für heute nacht?« wiederholte Sven und schaute Toni an. Sie zuckte die Schultern.

»Keine Ahnung«, sagte sie und stand auf. »Scheint aber für mich zu sein!«

»Wer hat es denn abgegeben?« fragte Eva den Schreiner und hielt ihm die Tasse Kaffee hin.

Er wog das Päckchen in seiner Hand. »Ein Junge auf einem Roller. Hat keinen Namen genannt, sagte nur, es stünde alles auf dem Zettel.«

Toni nahm ihm das Päckchen ab.

»Ist jedenfalls nicht schwer«, sagte sie. »Also keine Bombe!«

Der Schreiner bedankte sich für seinen Kaffee, und Eva stellte sich hinter ihre Tochter.

»Es ist aber für mich!« sagte Toni abwehrend.

»Das ist nicht klar«, entgegnete Eva. »›Sorry für letzte Nacht‹ kann auch ein Wiedergutmachungsgeschenk für mich bedeuten!«

»Macht es halt zusammen auf!« schlug Caro vom Tisch aus vor und machte einen langen Hals. Auch der Schreiner war neugierig und blieb stehen. Alle waren neugierig und drängten sich um die beiden.

»Da, halt mal«, sagte sie zu Theresa, bevor sie die Schnur löste und den Deckel aufklappte.

»Huch!« Sie fuhr mit der Nase zurück, beugte sich aber gleich wieder darüber.

»Was denn?« fragte Theresa, die nichts sehen konnte.

»Ach, wie süß!« säuselte Toni, und ihre Stimmlage versetzte Eva in Hochalarm.

»Süß??!!??« fragte sie und nahm Toni das Päckchen aus der Hand. »Laß sehen!«

Das erste, was sie sah, war ein langer, unbehaarter Schwanz. Vor Schreck ließ sie das Päckchen fallen. Es landete zwischen ihnen auf dem Boden. Zunächst tat sich nichts, dann kam eine kleine, spitze Schnauze aus dem Karton hervor mit zwei rosafarbenen kleinen Ohren und dunklen Knopfaugen.

»Eine Maus!« stellte Caro fest, und Lina hüpfte einen Schritt zurück.

»Das ist eine Ratte!« berichtigte der Schreiner in sachlichem Ton. »Eine junge Ratte!« Er beugte sich zu dem Päckchen hinunter. Sofort verschwand der Kopf. »Sie hat Angst!«

»Kein Wunder, wenn alle sie anstarren!« sagte Toni und ging ebenfalls in die Hocke.

»Eine Ratte? Eine Kanalratte, oder was?« Eva drehte sich ebenfalls nach Thomas um. Am liebsten hätte sie »Tu doch was« gesagt, aber er stand hinter ihr und zeigte überhaupt keine Reaktion.

»Wie süß!« hörte sie da Toni zum zweitenmal. »Es sind zwei!«

Evas Kopf flog herum. Ohne weiter nachzudenken machte sie einen großen Schritt auf ihre Tochter zu und kniete sich hin. »Zwei?! Wo?«

»Da!«

Tatsächlich. In dem Päckchen saßen zwei ängstliche Tierchen mehr auf- als nebeneinander.

»Aber die sind doch ganz farbig!« sagte Eva und schaute Toni an. »Ich dachte immer, Ratten sind grau. Oder braun!«

Jetzt kauerten sich auch die anderen auf den Boden, nur der Schreiner und Thomas blieben stehen.

»Das sind Buntratten«, sagte Thomas. »Ehemalige Laborratten. Früher hat man so was aus den Käfigen der Versuchslabors geklaut!«

»Ach, Gott, die Armen!« Sven kniete sich neben Toni. »Aber warum ›Sorry für die letzte Nacht‹?« wollte er wissen.

»Die Ratten behalten wir jedenfalls nicht!« entschied Eva und stand wieder auf. »Die kommen mir nicht ins Haus!«

»Ach!« Toni stand ebenfalls auf, das Päckchen im Arm. »Und wo sollen die armen Viecher jetzt hin?«

»Der Typ, dieser Idiot, soll sie wieder abholen und zurückbringen!«

»Welcher Typ?« wollte Sven wissen und kam gleichfalls hoch.

Schließlich standen sie alle um Toni herum.

»Zeig doch mal eine!« sagte Caro.

Thomas langte behutsam in Tonis Päckchen hinein und holte die beiden Fellknäuel heraus. Eva sah nur zwei lange nackte Schwänze.

»Dann in die nächste Zoohandlung!« sagte sie.

»Damit sie verfüttert werden?« fragte Toni. »Die sind doch noch klein!«

Alle schauten jetzt Thomas an, der auf jeder Schulter eine Ratte sitzen hatte. Eine links und eine rechts.

Eva schüttelte sich. Nie wieder würde sie diesen Mann anfassen können.

»Na, ich geh dann mal an meine Arbeit«, sagte der Schreiner.

»Wollen Sie keine Ratten?« fragte Eva hoffnungsvoll. »Vielleicht als Geschenk für Ihre Kinder?«

»Wir haben Mäuse«, sagte er. »Das reicht uns!«

»Mäuse?« fragte Eva. »Tatsächlich?«

»Sie heißen Gucci und Prada!« bestimmte Toni.

»Gucci und Prada? Du hast ja einen Knall!« Caro tippte sich an die Stirn. »Wie wär's mit Madonna und Brad Pitt?«

»Ein Pärchen?« Eva ging näher an Thomas heran. »Wie sieht man das?«

»An dem Auspuff, den er mit sich herumträgt!« Thomas pflückte sich das grau-weiß gezeichnete Tier von der Schulter und zeigte es Eva. »Übrigens ein hübsches Exemplar, ein Husky!«

»Husky!« sagte Eva und schaute sich nach Flash um. Der saß neben dem Tischbein und ließ die Ratten nicht aus den Augen. »Flash killt sie, wenn er sie kriegt.«

»Nicht, wenn man sie aneinander gewöhnt«, sagte Thomas. »Sie sind alle noch jung, das geht schon!«

»Du fällst mir in den Rücken«, sagte Eva.

»Ich sage ja schon nichts mehr!«

Es klopfte wieder, und der Schreiner schaute noch einmal herein. »Ich wollte nur sagen, ich kann auch Volieren bauen. Ratten brauchen viel Platz zum Spielen. Ich habe schon mal entsprechende Käfige gebaut!«

»Raus!« sagte Eva.

»Ist ja interessant«, sagte Thomas. »Was kostet so eine Voliere?«

»Siebenhundert Euro!«

Eva mußte sich setzen. Siebenhundert Euro für Ratten, und ihr fehlten Reifen, und außerdem hatte sie eine Beule am Wagen.

Für den Übergang holte Toni einen alten Käfig aus dem Keller und richtete ihn mit einem Schuhschachtel-Häuschen, einem hohlen Baumstamm, Zeitungspapier und Papierschnitzel ein. Alle saßen vor dem Käfig: Caro und Lina, Theresa, Maxi, Valerie, Toni und Sven. Eva wollte schon gar nicht mehr hinschauen, aber jeder Vorstoß wurde von Schauermärchen über die Zukunft der Tiere vereitelt.

Schließlich sagte sie nichts mehr.

»Du bist mir auch keine Hilfe!« sagte sie zu Thomas. Sie saßen im Wohnzimmer an dem kleinen Tisch, hatten einen frischen Kaffee vor sich, und Eva war noch immer nicht aus ihrem Schlabberlook herausgekommen.

»Sollte ich?« fragte er und grinste.

»Ich will keine Ratten!« sagte sie. »Ich bin innerhalb von wenigen Wochen zu einem Hund und einem Kaninchen gekommen. Das reicht mir vollauf!«

»Sieh es doch mal so«, sagte er. »Durch Hund und Kaninchen bist du schon so angebunden, da kommt es auf zwei winzige Ratten auch nicht mehr an!«

»Ich mag aber keine Ratten!«

»Du wirst sie liebgewinnen. Es sind intelligente und unterhaltsame Tiere.«

»Wenn ich Unterhaltung will, geh ich in eine Kneipe!«

»Und sie leben keine zwei Jahre. Gönn ihnen das doch!«

Eva schaute ihn mißtrauisch an. »Stammen die am Ende von dir?«

Thomas mußte lachen. »Nein! Ich kenne mich nur aus, weil meine Nachbarin eine Ratte hat. Allerdings keinen Käfig. Die kommt auf Pfiff und ist stubenrein!«

»Ach … deine Nachbarin!«

Eva sagte nichts mehr. Die Geschichte mit der Nachbarin hatte ihr schon im Krankenhaus nicht gepaßt. »Ich geh baden!« sagte sie.

»Darf ich mit?«

Eva mußte lachen.

»Und was machen wir anschließend?« fragte sie.

»Dann bringst du mir bei, wie man Golf spielt!«

Das Wasser lief noch immer, und der Schaum quoll bereits über den Rand der Badewanne, aber sie hatten sich schon beim Ausziehen ineinander verhakt und standen jetzt direkt neben der Tür. Thomas hatte Eva hochgehoben, sie stützte sich an der Wand hinter sich ab und verschwendete nur einen Gedanken an seine Oberschenkel, die das alles aushalten mußten, und vergaß es dann wieder. Es war Sex, wie sie ihn schon lange haben wollte: heftiger, leidenschaftlicher, anders. Sie konzentrierte sich nur auf sich selbst, auf ihr Inneres, ihre Nerven und Muskeln, und als es vor ihren Augen zu flimmern begann und sie ganz kurz einen Rotfilm sah, spürte sie auch an seiner Anspannung, an seinem letzten Anschwellen in ihr, daß er kam. Sie blieben ineinander verschränkt stehen, bis Thomas plötzlich »Scheiße!« sagte und einen Schritt machte. Eva schaute nach unten – er stand im Wasser.

»Oh!« sagte sie, und sie glitten langsam auseinander, bis auch Eva mit beiden Beinen wieder auf dem Boden stand. »Naß!«

»Kann man so sagen!« Er war mit zwei Sätzen an der Badewanne und drehte die Hähne zu. »Sind Sie schon erwachsen, Fräulein?« fragte er dabei über die Schulter, aber Eva kämpfte noch mit einem Lachkrampf. Nicht zu fassen, da lief ihr die Badewanne über! Ihr, die alle immer fünfmal ermahnte, bloß nach Feuer, Wasser und Licht zu schauen. Ermahnungen aus alten Zeiten, die keiner mehr hören wollte, und jetzt das! Und das ihr! Es war zum Totlachen.

Thomas hatte bereits den Wannenstöpsel gezogen und ein Badetuch auf den Boden geworfen. Es sog sich sofort voll, und er wrang es in der Dusche aus. Eva schaute ihm kurz zu, bevor sie selbst einschritt. Thomas war braun und muskulös, und es gefiel ihr, wie er hier agierte. Zumindest war er keiner, der in der Ecke stand und rief: »Hilfe, Wasser, rette mich!« Wieso fiel ihr jetzt Gerold ein? Er war ein anderer Typ, klar, aber praktisch veranlagt war er auch gewesen.

Wahrscheinlich baute er jetzt gerade seiner neuen Familie ein Haus.

Eva nahm ein Handtuch vom Waschtisch und begann nun ebenfalls den Boden aufzuwischen. »Wozu hat so eine Badewanne denn einen Notabfluß?« fragte sie dabei.

»Der ist wohl eher fürs Planschen, aber nicht für volle Fahrt gedacht«, sagte Thomas und wrang sein Tuch erneut kräftig aus. »So! Zumindest bekommt deine Zimmerdecke keine Wasserflecken!«

So weit hatte sie gar nicht gedacht.

»Du bist doch sicherlich versichert?« sagte sie und ging noch einmal die Ecken durch. »Haftpflicht oder so?«

»Wenn *du* den Fragebogen der Versicherung ausfüllst, ja. Mit genauen Angaben und Beweisfotos!«

Eva lachte, richtete sich auf und warf ihr nasses Tuch in das Waschbecken. Dann stieg sie vorsichtig durch den hohen Schaum in die Wanne. »Kaum noch Wasser drin«, sagte sie vorwurfsvoll.

»Dir kann man es wirklich nicht recht machen!«

Eva hatte ihm die Idee ausreden wollen. Bis zum Turnier würde er niemals mit ihr über den Platz gehen können, das war überhaupt nicht zu schaffen. Golf war schon auch Glückssache, sagte sie, aber eben nicht nur. Manches sollte auch gelernt sein. Der Abschlag, beispielsweise. Oder das Putten. Oder wie käme er aus einem Sandbunker wieder heraus?

Mit dem Panzer, hatte Thomas geantwortet.

Eva hatte nur den Kopf geschüttelt. »Bevor du nicht gebeichtet hast, tu ich sowieso keinen Schlag für dich. Oder willst du dir jetzt den Fuß einbandagieren?«

»Ich beichte auf dem Weg zum Golfplatz!«

Eva und Thomas standen im Schlafzimmer, und Thomas schaute ihr beim Anziehen zu. Aber über Slip und BH war sie noch nicht hinausgekommen, weil nicht klar war, was sie überhaupt unternehmen wollten. Und überhaupt: Zum erstenmal in ihrem Leben war Eva vom Badezimmer über den Flur in ihr Zimmer geschlichen. Hoffentlich kam keines der Kinder hoch, und noch schlimmer – hoffentlich hatten sie von dem Spektakel nichts mitbekommen! Wer wollte schon die Liebeseskapaden der eigenen Mutter erleben?

»Also gut, du beichtest auf dem Weg zum Golfplatz!« Sie überlegte. »Wie lange dauert die Beichte denn? Ich meine, reicht der Weg zu meinem Club?«

Aber das war ja sowieso total ungeschickt. Sie konnte doch keinen blutigen Anfänger als ihren Partner vorführen. Und er war schon angemeldet. Dieses Gelächter konnte sie sich sparen.

»Reicht eine Stunde?« fragte sie.

»Willst du eine Lebensbeichte?«

»Klar!«

»Dann bestelle ich schon mal zwei Abendkarten für das *Moulin Rouge*!«

»Okay!« Sie ging an ihren Schrank und suchte ihre Golfkleidung heraus. »Paris ist mir für heute zu weit. Aber ich gebe dir zwei Stunden. Und wir fahren nicht zu meinem Golfclub, die Überraschung hebe ich mir auf, wir fahren zum Golfclub Schloß Langenstein. Da kennt uns niemand! Ein Country-Club nach alter englischer Tradition.«

»Schottland?«

»Bodensee!«

Eva genoß die Fahrt an Thomas' Seite. Er fuhr schnell, drängelte dabei aber nicht und hielt genügend Abstand. Drängeln und zu dichtes Auffahren haßte sie. Da fuhr sie lieber selbst. Aber ebensowenig wollte sie einen zögerlichen oder aus Prinzip ständig links, aber langsam fahrenden Mann neben sich haben. Damit wäre jeder Sex-Appeal gestorben. Mindestens so schnell wie bei einem schlechten Tänzer.

Thomas wollte ihr von Portugal erzählen, aber der Verkehr war so dicht, daß Eva entschied, er könne ihr das auch später beichten. Achtzehn Loch böten genug Gelegenheit, und wenn diese Strecke nicht reichte, dann eben im Clubrestaurant. Falls er da noch genug Puste hatte.

»Auch recht«, sagte Thomas. »Ich bin sowieso evangelisch!«

Das Wetter war gut, wärmer als die Tage zuvor, der Himmel blau und nur von einigen Schäfchenwolken durchzogen. Das perfekte Ausflugswetter, dachte Eva und rief: »Schau, wie wunderschön«, als sie auf der Bergkuppe angekommen waren und vom Hegaublick aus den Bodensee und die Vulkanhügel sehen konnten. Der See lag silberfarben da, und auf den einzelnen Bergkegeln thronten die alten Ruinen. »Das ist eine solche Urlandschaft«, sagte Eva, während die Autobahn sie schnell nach unten führte, »daß die Kraft doch direkt in die Menschen übergehen muß!«

Thomas warf ihr einen schnellen Blick zu. »Du bist mir kräftig genug«, sagte er, und Eva dachte sofort an ihr Gewicht. Hatte sie nicht regelmäßig joggen wollen?

»Wie meinst du das?« fragte sie.

»Ein Urweib eben. Sündhaft gefährlich. Wer weiß, welche Zaubermittelchen du nachts mixt, um Männer gefügig zu machen!«

»Ach!« Sie lachte. »Bei dir habe ich noch nicht mal angefangen!«

»Ich fühle mich aber anders!«

»Was würdest du niemals tun?«

»Mit einer Frau am Morgen danach frühstücken!«

»Wollen mal sehen!« Eva nahm ihre Finger zu Hilfe. »Beifuß, Frauenkraut und Lilienstaub, der Schleim einer kriechenden Nacktschnecke um Mitternacht, zwei Tropfen Eulenblut …«

Er wehrte ab. »Ich befürchte, bei dir tun's auch zwei Paar Weißwürste mit süßem Senf!«

Zwei Bronzefiguren auf hohen Sockeln rechts und links der schmalen Straße kündigten das Schloß an. Thomas bremste ab. »Warst du denn schon mal hier?« fragte er Eva.

Sie schüttelte den Kopf. »Aber wir werden uns sicherlich zurechtfinden. Achtzehn Loch sind nun mal achtzehn Loch!«

»Aha!«

Links kam eine helle Mauer mit einer breiten Einfahrt in Sicht. Thomas bog ab und fuhr langsam hinein, der Kies knirschte unter den Reifen.

»Und? Kann man da so unangemeldet losspielen?« wollte er wissen.

»Nein, mein Lieber!« Sie lächelte. »Ich habe ganz offiziell eine Startzeit für uns gebucht.« Sie warf einen Blick auf ihre Armbanduhr. »Paßt genau! Bist gut gefahren!«

»Fahren fällt mir ja auch leicht«, sagte er, während er den Wegweisern zum Clubhaus folgte. »Aber wie weit willst du denn mit mir laufen?«

Sie zuckte die Schultern. »Sind sechs Kilometer. Können aber auch neun werden, wenn du den Ball wild durch die Gegend schlägst!«

Er warf ihr einen Blick zu. »Neun Kilometer? Ich dachte, Golf ist was für alte Leute – kein Sex mehr und so …«

»Hab ich dir nicht schon mal gesagt, es geht auch beides?«

»Sex auf dem Golfplatz?« Er grinste und parkte ein. »Das ist doch mal ein Lichtblick!«

Eva zahlte das Greenfee, der Caddymaster gab Thomas eine passende Ausrüstung, und dann zogen sie los. »Dabei sieht das Bistro so nett aus«, sagte Thomas mit wehmütigem Blick hinüber zur vollbesetzten Terrasse.

»Nachher«, sagte Eva. »Jetzt spielen wir uns erst mal ein bißchen in der Driving-Range ein, dann gönnen wir uns die Bahnen.«

»Darf ich das überhaupt? Ich meine, so ohne Platzreife? Ich könnte ja auch bei einem Bierchen auf dich warten.«

Sie stupste ihn. »Du wolltest das Frühlingsfest mit mir spielen, vergiß das nicht. Und jetzt zeigst du mir einfach mal, was du kannst!«

Am Halfway-House, einem gemütlich aussehenden Kiosk, stießen einige Leute mit Sekt an. Thomas warf Eva einen Blick zu, aber sie ging ungerührt daran vorbei zur Driving-Range. Das war für Thomas ein gewohnter Anblick, auch wenn die Spieler neben den Unterständen spielten – das Wetter war zu schön.

Eva holte Bälle, drückte Thomas einen Schläger in die Hand und sagte: »So!«

»Was so!?«

»Jetzt fang an!«

Wie ging das noch mal? Thomas überlegte, dachte an Barrys Anweisungen und sortierte seine Hände um den Schläger herum. Eva sah zu und nickte.

»Wenn du mir immerzu zuschaust, kann ich nicht!«

»Du sollst kein Pipi machen, sondern einen Schläger richtig halten«, sagte sie, und Thomas warf schnell einen Blick hinter sich.

»So was kannst du doch nicht sagen!« zischte er.

»Vergiß den kleinen Finger um den Zeigefinger nicht!«

»Das konnte ich noch nie!«

»Und jetzt – Abschlag!«

»Ich hasse dich!«

Er schlug – und traf. Der Ball flog, und Thomas drehte sich ungläubig nach Eva um. »Getroffen!« sagte er.

»Was sonst?«

Eva legte ihren kleinen weißen Ball neben ihn, stellte sich in Position, nahm kurz Maß, hob den Schläger an und zog ihn schwungvoll, aber locker durch. Am satten »Plong« war zu hören, daß er in der Luft war.

Thomas schaute ihm nach.

»Weiter als meiner!« stellte er fest.

»Du darfst es noch einmal versuchen«, sagte Eva. Sie zirkelte einen Ball vor seinen Füßen auf das kleine, weiße *tee*, das als Abschlaghilfe gedacht war, und sagte: »Go!«

»Come ist mir lieber!«

»Sag mal«, rügte sie, »auf dem Golfplatz scherzt man nicht, da gibt es feste Regeln!«

Er schlug ab, der Ball drehte sich ein paarmal eiernd um sich selbst und blieb keinen Meter von ihm entfernt liegen. Thomas hatte seine Augen mit der Hand abgeschirmt und starrte in den Himmel. »Siehst du ihn?« rief er. »Da! Da!«

»Das ist eine Möwe!« entgegnete Eva ungerührt. »Wir sind hier am Bodensee. Was hier direkt vor deinen Füßen liegt, ist dein Ball!«

Sie legte ihm einen neuen hin. »Wenn du den triffst, fangen wir an!«

Er traf ihn nicht, und Eva gab ihm noch einige Tips, bis sich das satte »Plong« wieder einstellte.

»Das wurde auch Zeit«, sagte sie, »sonst verpassen wir unsere Startzeit!«

Daß der Herrenabschlag weiter hinten war, fand Thomas schon gleich mal total ungerecht. Wieso mußte man das in Frauen und Männer unterteilen? In seinem Fall wäre er lieber vorn gestanden. Aber es half nichts, Eva ließ ihn von hinten abschlagen. Sie reichte ihm das Holz; als sie aber seinen zögernden Blick sah, drückte sie ihm lieber ein Eisen in die Hand.

»Was der Bauer nicht kennt …«

Thomas schnitt eine Grimasse und nickte.

Eva beobachtete ihn. Er gab gar keine so schlechte Figur ab, obwohl ein Golfer natürlich sofort sah, daß er ein blutiger Anfänger war. Sie war auf seine Beichte gespannt und darauf, weshalb er sich als Golfer aufgespielt hatte. Reine Angabe – der Zweck heiligt die Mittel? Doch welcher Zweck? Er führte den Schläger mit gestrecktem linken Arm nach hinten und zog durch. Er drosch noch zu sehr – aber immerhin, der Ball flog.

»Klasse!« sagte sie. »Und außerdem steht dir dein Golfdreß!«

Er hatte noch immer seine helle Leinenhose und das Poloshirt vom Vormittag an, aber er gefiel ihr in der Bewegung. Und es erinnerte sie an die überlaufende Badewanne.

»Danke!« sagte er. »Und jetzt bist du dran!«

Es war ein sonniger Nachmittag, und der Platz zeigte sich von seiner schönsten Seite. Er war nicht nur äußerst gepflegt, sondern eingebettet in eine Natur, die mit ihren Wildäckern und Wäldern völlig urwüchsig aussah. Eva gefielen auch die Blumenwiesen mit den Obstbäumen, und sie machte Thomas auf die vielen Hecken und das Wildgehölz aufmerksam, aber Thomas sah in allem erst mal ein Hindernis. »Was mache ich, wenn mein Ball in so einer Hecke hängenbleibt? Den krieg ich da doch nie wieder raus!«

Auch mit dem Putten hatte Thomas seine Mühe. Da war der Ball nun endlich auf dem Green und mußte nur noch in das Loch geschubst werden, doch nun wollte er dort partout nicht rein. Natürlich hatte ihm Barry erklärt, wie das ging. Nur leicht anschieben, nicht loshämmern. Und auch der Schläger war zum Anschieben gedacht – nur Thomas' Hände nicht. Der Schlag war jedesmal zu kräftig, und der Ball schoß immer wieder vorbei. Schließlich hatte sogar Eva ein Einsehen.

»Wir sind ja immerhin schon am vierten Loch. Und hinter uns staut es sich jetzt gleich – also gehen wir einfach weiter!« Mit einem eleganten Schlag beförderte sie den widerspenstigen Ball ins Loch, nahm ihn heraus und drückte ihn Thomas in die Hand. »Jedenfalls war er drin, damit er sich das nicht merkt!«

»Aber das ist garantiert nicht zulässig!« rebellierte Thomas. »Wenn ich jetzt die Regeln lese …«

»… dann wärst du überhaupt nicht auf dem Platz!«

»Wie?!« Er erstarrte in seiner Bewegungen.

»Hast du Platzreife? Bist du bei irgendeinem Golfclub Mitglied?«

Thomas runzelte die Stirn. »Wo ist der Abschlag zu Loch 5?« wollte er wissen.

Es ging leicht bergab, und Schloß Langenstein kam in Sicht.

»Ist das nicht prächtig?« fragte Eva.

»Gäbe ein wunderschönes Hotel ab!« Thomas nickte und schwang seinen Golfschläger leicht durch die Luft. Wie Django mit der Waffe, dachte Eva.

»Hotel?« Sie schaute ihn an. »Quatsch! Das ist privat! Da wohnt doch Graf Douglas mit seiner Familie!« Sie machte eine ausholende Bewegung. »Der Eigentümer dieser ganzen Pracht!«

»Wäre trotzdem ein schönes Hotel!«

»Was willst du denn jetzt mit einem Hotel?«

»Dich einladen!« Er ging zu dem Herrenabschlag mit den schwarz-gelben Kugeln, plazierte seinen Ball und sah sie von dort aus herausfordernd an. »Du sitzt doch gern an Hotelbars herum, oder?«

Sie hatte nichts in der Hand, um es ihm an den Kopf zu werfen. Er lachte, machte einen Probeschlag und schlug ab. Der Ball schoß knapp über Eva hinweg steil nach links. Sie schaute ihm nach.

»Falsche Richtung. Sonst ganz ordentlich!«

»Blöder Sport!« sagte Thomas. »Aber ein schönes Haus!«

Tatsächlich. Es war ein wirklich schönes Gebäude, das da am Waldrand stand. Sah aus wie ein gepflegter alter Hof.

»Es hat den Vorteil, daß du den Gärtner nicht bezahlen mußt und trotzdem immer alles in Schuß ist«, sagte Eva und ging zum Damenabschlag. Ihr Ball flog ebenfalls nach links, er blieb nur knapp neben dem von Thomas liegen.

»Das hast du jetzt extra gemacht!« sagte Thomas und drohte ihr mit dem Zeigefinger. »Beim nächsten Schlag schießt du eine Fensterscheibe ein und behauptest, du müßtest von dort drinnen abschlagen.«

»Und?« fragte Eva.

»Es ist das Schlafzimmer!«

»Und?«

»Dann sind wir das erste Golferpaar, das an Loch 5 verlorengeht!«

Sie zogen ihre Trolleys hinter sich her zu den beiden Bällen.

»Wie sie so nett nebeneinanderliegen«, sagte Thomas.

»Das ist gleich vorbei!« Eva drückte ihm den passenden Schläger in die Hand. »Das ist wie im Leben. Da glaubt man auch nicht, daß es sich ändern könnte!«

»Darf ich dich küssen?«

Sie kamen trotz allem recht zügig voran, und die Kulisse wurde immer prächtiger. Das Schloß mit seinen zahlreichen Nebengebäuden leuchtete vor ihnen in der Sonne, und bei Loch 7 konnte Thomas nun auch schon wieder das Halfway-House sehen.

»Half way reicht uns, nicht wahr?« fragte er. Das Bergaufziehen des Trolleys war anstrengend gewesen, und der Bewegungsablauf beim Abschlag ging ihm in die Knochen.

Aber Eva hatte bereits etwas anderes gesehen, sie war sich nur nicht sicher. Vor ihr, bei Loch 8, war ein Pärchen unterwegs, das noch langsamer war als sie. Direkt vor ihnen war keine Startzeit gebucht gewesen, das hatte sie gesehen. Also waren die beiden um volle zwanzig Minuten zurückgefallen. Das würde Thomas sicherlich aufbauen, aber sie zögerte noch. Irgendwas an dem rosafarbenen Outfit kam ihr bekannt vor, auch wenn sie die Frau bisher nur aus der Ferne gesehen hatte.

Als sie auf Loch 8 einschwenkten, kam das Pärchen auf der Gegenbahn zurück. Und jetzt sah sie es genau: Evelyne! Sie übte heimlich! Na, das war ja ein Ding! Da war sie ja noch ehrgeiziger, als Eva gedacht hatte!

Eva half Thomas über die Runden und grübelte. Einen sicheren Spieler hatte Evelyne nicht dabei, also brachte ihr das Ganze nicht viel. Luis war es sicherlich nicht, der golfte sehr gut. Warum schlich sie also in den entlegenen Hügeln am Bodensee herum?

»Wo ist der Panzer?« hörte sie Thomas rufen und gab sich einen Ruck. Evelyne und ihr Mitspieler waren an Loch 9 außer Sichtweite, aber Thomas hatte knapp neben Loch 8 den Sandbunker getroffen.

»Ach, je!« sagte sie. »Nimm den Sand-Wedge!«

»Sandwich? Das erinnert mich daran, daß ich Hunger habe!«

»Scherzbold. Du mußt jetzt pitchen!«

»Kitchen! Sag ich doch!«

»Soll ich dir's zeigen?«

»Nein, ich mag keinen Beziehungsstreß!«

Er stand im Sand und vor ihm ein kleines weißes Etwas. »Ich pflüge jetzt!« kündigte er an.

»Schlag einfach!«

»Schlag einfach«, äffte er sie nach und schlug, daß der Sand fontänenartig aufspritzte. Aber der Ball grub sich nur weiter ein.

»Der will nicht!« sagte er.

»Der will schon«, entgegnete Eva. »Du mußt ihm nur die Chance geben!«

Thomas schlug erneut. »Er will keine Chance!«

»Und außerdem bin ich auch mal dran!« Eva lochte souverän ein und blieb mit der Fahne in der Hand stehen. Ihr Blick ging zum Halfway-House. Evelyne und ihr Begleiter waren dort angekommen. Es lag nur zu weit entfernt, um Näheres erkennen zu können.

Sie schaute nach Thomas. Bis auf die tiefen Sandlöcher war der Bunker leer. Thomas hatte einen Rechen in der

Hand und machte sich daran, seine Schäden wieder glattzubügeln.

»Ich habe ihn beerdigt!« sagte er. »Jetzt hat mir zwar die Trompete für den *Treuen Kameraden* gefehlt, aber es war doch standesgemäß!«

Thomas hatte nicht nur den einen Ball vergraben, er wollte auch keinen neuen. »Du schlägst dich jetzt in Windeseile bis zu Loch 9 vor«, sagte er, »und dann laufen wir zum Halfway-House hinüber, taufen es um in Fullway-House und zischen ein Pils!«

»Und dann die Beichte! Erst gut spielen können, dann nicht spielen können, aber doch ein bißchen spielen können, das schreit doch direkt nach Lügengeschichte!«

»Keine Lügengeschichte! Ein bißchen Marketing!«

»PR in eigener Sache?«

»Ich bin Unternehmensberater. Wer sich nicht verkaufen kann, hat verloren!«

»Oje!« sagte Eva. »Dann weiß ich jetzt, wo meine Fehler liegen!«

»Dafür kannst du golfen!«

Eva war wirklich schnell, vor allem, weil sie die Neugier trieb und sie nicht riskieren wollte, daß Evelyne bereits zu Loch 10 abwanderte. Thomas lief neben ihr her und beobachtete sie. Es war unglaublich. Dieses zierliche Persönchen. Es war ihr überhaupt nicht anzusehen, daß sie einen solchen Schlag draufhatte. In ihrer sandfarbenen Hose und der gestreiften Bluse sah sie eher wie eine Touristin auf Sightseeingtour aus. Dabei war sie sehnig und muskulös und lief ihm immer einen halben Schritt voraus.

»Wieso hast du es eigentlich so eilig?« fragte er kurz vor dem Green. »Ist doch weit und breit keiner hinter uns?«

»Aber vor uns!«

Das verstand er zwar nicht, aber Golf hatte eben seine eigenen Gesetze.

Evelyne erschrak zu Tode. Es war ihr förmlich anzusehen, wie ihr das Blut aus dem Gesicht wich und dann wieder zurückschoß.

»Oh! Eva! Wie kommst du denn hierher?!« Sie nickte ihrer Freundin zu. »Welche Freude!«

Gerade hatten sie und ihr Begleiter sich noch in den Armen gelegen, wie Eva beim Einputten sehr wohl gesehen hatte, jetzt stand sie stocksteif neben ihm.

»Finde ich auch!« sagte Eva zuckersüß und drückte ihr rechts und links den obligatorischen Kuß auf. »Kleine Hexe!« flüsterte sie dabei.

Evelyne räusperte sich. »Darf ich dir Oliver Hartmann vorstellen?«

Eva nickte und gab ihm die Hand.

»Aber wir kennen uns doch«, sagte da Thomas hinter ihr, was Evelyne zusammenfahren ließ.

»Ja, richtig!« Evelynes Begleiter sah Thomas an und reichte ihm die Hand. »Thomas Rau, stimmt's?«

Thomas nickte und begrüßte Evelyne.

»Und das ist eine meiner ältesten Freundinnen, Evelyne«, erklärte Eva. Den Zusatz »glücklich verheiratet« verkniff sie sich, obwohl er ihr auf der Zunge lag. Wunderbarer Mann, wunderbare Kinder, wunderbare Villa. Wahrscheinlich war das alles sterbenslangweilig. Oliver Hartmann war größer und jünger als Luis. Und erheblich attraktiver. Auch wenn er offensichtlich nicht Golf spielen konnte.

»Wollen wir etwas trinken?« fragte Thomas ganz unbefangen.

»Ist das dein neuer …?« fragte Evelyne leise, was Thomas mit einem deutlichen: »Ja!« beantwortete. »Ja, ich denke schon!«

Eva grinste, sagte aber nichts.

»Ich dachte, du hast einen Hund!« Evelyne schaute sie groß an.

»Ja, wir sind in der Zwischenzeit zu fünft. Ein Hund, ein Kaninchen, zwei Ratten und ich!«

Oliver lachte. Er hatte strahlend weiße Zähne, bemerkte Eva. Nur ziemlich unregelmäßig. Oliver und Thomas könnten sich zusammentun, dann wäre es perfekt!

»Wir sind nur zu zweit!« sagte er, was Evelyne wieder rot werden ließ.

»Darauf trinken wir einen«, schlug Thomas vor.

»Wir haben schon«, wandte Evelyne ein.

»Macht nichts!« Oliver grinste. »Mehr als danebenschlagen kann ich mit auch nicht.«

»Oh, das baut mich auf!« Thomas warf einen Blick zu Eva hinüber. »Wurden Sie auch gezwungen?«

Oliver und Thomas solidarisierten sich. Neun Loch waren genug. Eva überlegte kurz, ob sie und Evelyne noch weiterspielen sollten, aber Evelyne rammte ihr den Ellbogen in die Seite. »Bist du verrückt? Wer weiß, was die dann aushecken!«

»Aber vor dem Turnier wäre es vielleicht gar nicht schlecht …«

»Pfeif auf das Turnier!«

Das waren ganz neue Töne. Evelyne, die ehrgeizige Evelyne, die Handicap 13 hatte und immer auf ein Pöstchen im Golfclub schielte, dieser Evelyne war die letzte

Trainingseinheit vor dem Turnier unwichtig? Da mußte es sie aber richtig erwischt haben.

Eva musterte Oliver heimlich. Klar, er war natürlich spannender als der altgediente Luis, der Vater ihrer Kinder. Und vielleicht hatte er im Bett auch mehr drauf. Sie dachte an Thomas. Und das war ja auch nicht schwer, falls Luis Gerold ähnlich war. Aber war nicht überhaupt der Reiz des Neuen das Verführerischste überhaupt? Und was war mit dem Neuen, wenn es alt wurde? Dann brauchte es einen neuen Kick.

So gesehen war keine Beziehung für die Ewigkeit bestimmt. War die Verliebtheit weg, kam bestenfalls die Vertrautheit, und damit gab es nichts Neues mehr zu entdecken. Höchstens für Luis. Der konnte bei aller Vertrautheit eine neue Erfahrung machen. Aber vielleicht war Evelyne ja gar nicht die Ausbrecherin, sondern die Nachzüglerin? Wer wußte das schon so genau? Eva war so in Gedanken, daß sie nicht mitbekam, was die anderen ausmachten. Aber es wurde ihr unmittelbar klar, als die Männer mit schnellem Schritt das Bistro ansteuerten. Pils war die erste Order und dann Langensteiner Omelette und Wurstsalat.

Die schnelle Einigkeit der beiden Männer war verblüffend.

»Woher kennt ihr euch denn?« wollte Eva wissen, obwohl ihr klar war, daß Evelyne gern jede weitere Information vermieden hätte. So ganz traute sie ihr dann wohl doch nicht.

Diese Nachricht wäre in ihrem Golfclub ja auch die Sensation gewesen.

»Oliver ist Hoteldirektor«, sagte Thomas schnell. »Und ich habe dieses Hotel beraten!«

»Ach?« sagte Eva. »Wie berät man denn ein Hotel? Welche Bettwäsche, welche Vorhänge, welche Aschenbecher?«

»Du glaubst mir nicht?«

Eva legte die Speisekarte zur Seite. »Doch. Natürlich. Ich kann es mir nur nicht vorstellen.«

»Es geht um Effizienz. Wie ist das Verhältnis Gast zu Personal, ich meine jetzt zahlenmäßig. Wie ist die Auslastung. Was kann man verbessern. Stimmt das Marketing – solche Sachen.«

»Und jetzt floriert das Hotel?«

»Nachdem wir auch noch die Bar neu gestaltet haben, schon …«, erklärte Thomas.

»Bars scheinen dir zu gefallen!« Eva schaute ihn von der Seite an.

»Zumindest lernt man interessante Leute kennen«, sagte Thomas.

»Aha!« Eva tat es leid, daß sie nicht mit ihm allein am Tisch saß. »Gibt es eine Beichte?«

»Noch eine?« Er grinste.

»Wir beichten nicht!« sagte Oliver.

»Gut.« Eva nickte Evelyne zu. »Dann gehen wir Mädels mal aufs Klo!«

Aha. Hatte sie es sich doch gedacht, und im nachhinein waren die Zeichen ja eindeutig. Evelyne hatte sich verschönern lassen, weil sie Oliver kennengelernt hatte. Luis hätte sie sich auch weiterhin mit hängenden Augendeckeln präsentiert. Er tat ja auch nichts gegen seinen Bauch. Deshalb auch die Aufbruchstimmung, als Eva ihr den Spruch ihrer Töchter verriet: »Ran an den Mann!«

Was hatte sie daraufhin gesagt? »Hätte ich nicht schon Luis, würde ich direkt mitmachen!« Vielleicht war es überhaupt dieser Satz, der ihr den letzten Anstoß gegeben hatte?

Jedenfalls war sie offensichtlich schwer verliebt. Und hatte nun Probleme, mit Luis zu schlafen, wie sie gestand. An ihm paßte ihr nämlich nichts mehr. Er bewegte sich zu schwerfällig, atmete zu heftig, war ideenlos.

»Ach, du je«, sagte Eva vor dem Waschbecken in der Damentoilette. »Und was hast du jetzt vor?«

Evelyne zuckte mit den Schultern. »Erst mal nichts! Ich laß es auf mich zukommen.«

»Und Oliver?«

»Wenn ich das wüßte. Abenteuer ja – mehr … weiß ich nicht!«

Eva zog sich schnell die Lippen nach. »Tja. Dann warte es einfach ab. Vielleicht magst du ihn in einem halben Jahr ja gar nicht mehr.«

»Hmmm …« Der verletzliche Ausdruck in ihrem Gesicht sagte ihr alles. Sie sahen sich kurz in die Augen und nahmen sich dann in die Arme.

»Und du?« fragte Evelyne.

»Ich weiß es auch nicht!«

Thomas sprühte auf der Rückfahrt vor guter Laune. Und erzählte Eva seine Portugalgeschichte so witzig, daß sie aus dem Lachen nicht mehr herauskam. Was ihr besonders gut gefiel, war, daß er sich dabei selbst so nett auf den Arm nahm.

»Du siehst«, sagte er aufgeräumt, als sie in ihre Straße einbogen, »ich lerne für keine Frau der Welt Golf spielen, und ich werde auch niemals mit einer Frau frühstücken. Ich will keine Tiere und keine Kinder. Ich bin ein sensibler Mann, der nur mit sich selbst zurechtkommt!«

»Das ist doch prima«, erklärte Eva. »Kommt mir sehr entgegen. Ich will auch auf keinen Mann mehr Rücksicht nehmen müssen, ich will meine Entscheidungen allein treffen, ich will Tiere haben und beim Frühstück keine stoppeligen Gesichter ertragen müssen!«

»Gut!« nickte Thomas. Er parkte den Wagen am Bordstein. »Hab ich dir schon gesagt, daß ich alte Jogginganzüge unglaublich erotisch finde?«

»Nein, aber dann kann ich ihn ja gleich wieder anziehen!«

Sie lächelten sich an.

»Vielleicht zum Abendessen?«

Caro und Lina standen in der Küche und kochten Spaghetti. Lina hatte inzwischen eine Jeans und ein T-Shirt von Caro an, und Eva hörte sie schon von der Eingangstür aus herumalbern.

»Ich habe gar nicht mehr gefragt«, sagte sie leise zu Thomas. »Vor lauter Ratten habe ich heute morgen meine Tochter ganz vergessen!«

»Sie scheint ganz gut ohne dich zurechtzukommen …«

»Au, prima«, sagte Caro, als Eva mit Thomas um die Ecke bog, »wollt ihr mitessen? Lina hat eine extrascharfe Sauce gekocht, da tränen sogar mir die Augen!«

»Wir haben eigentlich schon in …«

»Aber gern«, unterbrach Thomas Eva und zwinkerte ihr zu. »Wolltest du nicht mit deiner Tochter …?«

»Ich wollte nicht gleich am Anfang unserer Beziehung nudelfett werden!«

»Am Anfang von was?«

Eva biß sich auf die Lippen, ging an Thomas vorbei und schaute in den Topf.

»Habt ihr nicht beide eine verlorene Liebe?«

»Mama!«

Eva angelte nach einem Kaffeelöffel.

»Ich weiß, ich bin völlig undiplomatisch. Aber ich kann nun mal nicht ewig darum herumreden, das liegt mir nicht.« Sie probierte eine Löffelspitze. »Mhh! Wirklich lecker!« Sie nickte Lina anerkennend zu. »Ich finde nur, daß ihr beide für so einen großen Verlust ziemlich fröhlich seid!«

»Wir haben heute mittag eine Flasche Wodka gezogen und ihn begraben!« sagte Lina und zeigte ein Modellächeln.

»Eine ganze Flasche Wodka?« staunte Thomas. »Dafür seht ihr aber gut aus!«

»Wodka!« Eva verzog das Gesicht, sagte aber nichts. »Und was hat Toni getrieben?« fragte sie und hoffte, daß sie bei der Orgie nicht dabeigewesen war. Aber Toni war alles zuzutrauen. »Wo steckt sie überhaupt? Und Flash?« Es war so verdächtig ruhig. »Und die Ratten?«

Lina deutete mit dem Zeigefinger zur Decke. »Ich glaube, sie sind alle oben!«

»Alle???«

Sofort sah sie die Szene von gestern vor sich. Hingen jetzt alle in Tonis Zimmer herum?

Caro grinste. »Keine Sorge. Nur Toni und Sven und ihre Kinder!«

»Das schau ich mir an!« sagte Eva.

»Und sag ihnen, in zehn Minuten gibt es Essen!«

»Dann hol ich schon mal den Wein«, erklärte Thomas und warf Eva einen Blick zu.

Eva war sich gar nicht sicher, ob sie überhaupt noch eine gute Flasche Rotwein hatte. Wann war sie zuletzt einkaufen gewesen? Und für teure Extratouren fehlte ihr das Geld.

»Ich habe den Schlüssel zu meinem Weinkeller verloren«, sagte sie und hob bedauernd die Hände. »Vielleicht finde ich noch eine Flasche in meiner Speisekammer.«

Sie hatte selbst nicht daran geglaubt, aber da schlummerte tatsächlich noch ein vergessener Trollinger.

»Okay«, sagte Thomas. »Ein Württemberger. Ich werde ihn schon mal dekantieren. Gibt es in diesem Fünf-Sterne-Haus eine Glaskaraffe, ein feinmaschiges Sieb und eine Kerze?«

Eva runzelte die Stirn.

»Ich schau mal nach Toni. Ein Korkenzieher ist in der Schublade!«

Eva klopfte kurz an, aber die Musik war zu laut. Sie klopfte wieder und hörte schließlich ein langgezogenes: »Jaaa?« Das zeigte ihr, daß ihre Tochter sie schon beim ersten Mal gehört hatte, aber nicht gestört werden wollte.

Sie öffnete langsam. Das Licht war ausgeschaltet, dafür brannten mindestens zehn Kerzen. Toni und Sven saßen mit angezogenen Knien vor dem Bett, auf dem sich ein riesiger Kleiderberg türmte. Flash lag neben Toni, sprang zur Begrüßung aber sofort auf und mit ihm Hoppeline, die wohl eher vor Schreck, weil sie zwischen Flashs Vorderbeinen geschlummert hatte. Der Käfig stand offen an der Wand, und Eva erschrak. Die Ratten werden doch nicht schon getürmt sein und nun irgendwo im Haus herumgeistern? Sie sah schon eine Rattenflut die Treppe herunterwogen.

»Wo sind Prada und Gucci?« fragte sie einigermaßen atemlos.

Toni wies nur mit dem Finger auf ihren Bauch. Tatsächlich. Dort kauerte eine Ratte und genoß ganz offensichtlich die Streicheleinheiten. Zu sehen war eigentlich nur noch der lange Schwanz. Die andere saß bei Sven.

»Versorgt die bitte, wascht euch die Hände und kommt runter. Gleich gibt es Essen!« sagte Eva und wies auf das Bett. »Und morgen ist Sonntag, da hast du prächtig Zeit, dein Zimmer aufzuräumen!«

»Morgen?« Die Empörung war ihrer Tochter anzuhören. »Morgen hat zufällig Theresa Geburtstag, und ich werde meine beste Freundin ganz bestimmt nicht allein feiern lassen!«

»Ich habe den Eindruck, deine Theresa hat fünfmal im Jahr Geburtstag!«

»Und außerdem muß ich mein Protokoll fertigmachen und eine Power-Point-Präsentation, da habe ich bestimmt keine Zeit für so etwas wie aufräumen!«

»Protokoll! Power-Point-Präsentation! Ich glaube kein Wort!«

»Dann frag Frau Funk, die kann dir das bestätigen!«

»Wie auch immer, die Klamotten finden wieder den Weg in den Schrank!«

»Sind aber alle getragen und schmutzig!«

»Das werde ich mir morgen bei Licht besehen!«

»Essen!« schallte es von unten und war trotz Musik gut zu hören.

»Ah!« sagte Toni. »Mann im Haus!«

»Ja!« antwortete Sven und sammelte die Ratten ein.

Ein verschmitztes Lächeln lief über Tonis Gesicht, und sie zwinkerte ihrer Mutter zu.

Lina war eine Bereicherung, das stellte Eva während des Essens schnell fest. Sie hatte eine so offene Art, die einen einfach mitriß. Im Vergleich zu ihr wirkte Caro wie eine verschlossene Auster – aber vielleicht war das bei Linas Mutter genau umgekehrt? Und auch Toni hätte nie so unbekümmert ausgeplaudert, was in den letzten Stunden passiert war.

Caro hatte die angebliche Kommilitonin ausfindig gemacht, und Lina war aus allen Wolken gefallen. Zuerst wollte sie es nicht glauben und unterstellte Caro weibliche Raffinesse, aber dann wurde ihr doch klar, daß sie für so etwas nie einen solchen Aufwand getrieben hätte, und sie setzten sich gemeinsam in ein Café.

Aus anfänglichem Unglauben wurde bald Zorn. Und zwar bei beiden. Ben hatte tatsächlich eine perfekte Doppelbeziehung geführt. Hätte es keine Andeutungen gegeben, wäre auch Caro nicht dahintergekommen.

Aber nun verabredete sie sich mit Ben in der Stadt. Lina, die das ebenfalls versuchte, hörte, daß er sich dringend mit einem Kommilitonen über ein bestimmtes Fach austauschen müsse, wegen wichtiger Scheine und so. Sie zeigte Verständnis und machte sich auf den Weg. Zuerst sah er Lina kommen. Und da er wußte, daß Caro gleich auftauchen würde, versuchte er sie unter einem Vorwand ganz schnell wieder loszuwerden. Aber schon umschlangen ihn von hinten zwei Arme, und Caro säuselte: »Na, mein Herzblatt, jetzt bin ich da!«

»Schön!« Lina wies auf Caro. »Und wer ist das bitte?«

Aus der Nummer kam er nicht mehr raus. Je länger er es mit hochrotem Kopf versuchte, um so lächerlicher wurde es.

»Und jetzt erklärst du uns, was das soll!« forderte Lina schließlich.

Aber er hob beide Hände abwehrend in die Luft. »Ich liebe euch eben beide!«

»Tja«, sagte Caro. »Pech! Dann machen wir dir die Entscheidung doch leichter …«

»Du wirst in Zukunft einfach ohne uns auskommen müssen!«

Und die beiden Frauen hatten sich untergehakt und ihn ohne ein weiteres Wort stehenlassen.

Toni hörte interessiert zu, Thomas schüttelte nur den Kopf.

»Großer Gott, steh mir bei!« sagte er. »Wenn man nicht mal mehr zwei Frauen haben darf …!«

Sven grinste, aber Toni knuffte ihren Freund sofort.

»Komm bloß nicht auf so 'ne Idee!«

Die Mädchen hatten reichlich Spaghetti und Sauce gekocht, und trotzdem war die große Platte, die in der Mitte des Tisches gestanden hatte, fast leer.

»Was habt ihr heute überhaupt gemacht?« wollte Caro wissen, während sie die letzten Reste zusammenkratzte.

»Eure Mutter meinte, sie müsse mir Golf beibringen.« Thomas zog die Stirn kraus. »Ist nicht so ganz gelungen!«

»Nicht?« Caro blickte auf. »Vielleicht lag's am Schläger. Wir haben doch noch das nigelnagelneue Golfbag mit dem kompletten Satz Schläger, das Opi irgendwann mal aus Amerika mitgebracht hat – weißt du noch? Omi hat es uns doch nach seinem Tod gegeben.«

»Ja, stimmt!« Eva schaute von ihrem Teller auf.

»Es wird immer schlimmer!« sagte Thomas.

»Wo ist es denn abgeblieben?« wollte Toni wissen.

Caro zuckte die Achseln. »Vielleicht auf dem Speicher?«

»Da geh ich nicht hoch!« erklärte Toni. »Da brennt keine einzige Birne mehr!«

»Das ist so 'ne Sache mit unserem Hausmeister!« Eva schaute Thomas entschuldigend an.

»Ich weiß«, sagte er. »Er verschlampt den Schlüssel zum Weinkeller, versteckt Glaskaraffen, demoliert Türen, inszeniert eine Rattenplage, beschädigt Glühbirnen, fördert Bigamie und tritt Beulen in hilflose Autos! Ich würde ihn entlassen!«

Lina grinste. »Wo er recht hat, hat er recht!«

Zwanzig Minuten später durchwühlten sie im Lichtkegel zweier starker Taschenlampen den Speicher. Flash spielte begeistert mit. Seiner Euphorie nach zu schließen mußte es dort oben eine ganze Kolonie von Mäusen geben.

»Vielleicht solltet ihr euch eine Katze anschaffen?« meinte Thomas unschuldig. »Ich könnte ja morgen mal im Tierheim vorbei... Schließlich hatte ich bis jetzt noch kein originelles Geschenk!«

»Hüte dich!« sagte Eva und hustete. Mein Gott, die Kleidersäcke aus dickem, stabilem Kunststoff hatte sie schon ganz vergessen. Sie hingen dicht an dicht an einer stabilen Messingstange, die Gerold beim Einzug zwischen die Sparren genagelt hatte. Eva zog einen der Reißverschlüsse auf. Ja, klar, da war der dunkelblaue Wollwintermantel, den sie schon gesucht hatte. In ihren schlimmsten Verdachtsmomenten war sie sich sicher gewesen, Toni habe ihn für die Weihnachtsgeschenke im Second-Hand-Laden versetzt. Sie leistete im stillen Abbitte.

Thomas war schon tiefer in den Speicher vorgedrungen.

»Du müßtest das ausbauen«, rief er. »Vielleicht als Maisonette zu deinem Schlafzimmer. Ein Künstlerkreativraum oder so was. Mit einer Dachterrasse. Da könnte man wirklich was draus machen!«

»Ja«, rief Eva. »Aber erst ab Montag, wenn ich die sieben Millionen habe!«

»Die was?«

»Die sieben Millionen, die heute im Jackpot sind!«

»Da reichen fünfhunderttausend, schätze ich mal!«

»Dann bin ich ja beruhigt!«

Eva sah sein Licht in der hintersten Ecken umherhuschen und ging ihm nach. Du lieber Himmel, dachte sie, Oma hat wirklich nichts weggeworfen. Selbst die alte Couchgarnitur stand noch da. Alte Stühle mit geflochtenen Rückenteilen, die aber alle zerschlissen waren. Warum hatte sie das aufgehoben und nicht gleich entsorgt? Kommoden, Schränke und Kisten über Kisten. Einige beschriftet, andere nicht. Und Staub, wohin man sah.

»Hier ist bei dem Licht nichts zu finden«, sagte sie. »Doch, da!«

Ein grauer Leinensack hing über etwas, das wie ein Golfbag aussah. Sie zog es nach oben weg, was eine Staubwolke auslöste und sie wieder husten ließ.

»Hast du ihn?« rief Thomas.

»Augenblick!« Sie leuchtete das Ding vor ihr ab. Es war ein alter Hoover-Klopfstaubsauger. Genau! Auf ihre Hoovers war Oma immer so stolz gewesen. Hatte sie alle alten Modelle gesammelt?

»Ein Staubsauger!« rief sie.

»Phantastisch!«

»Sammelst du auch alte Staubsauger? Kannst alle mitnehmen! Schenke ich dir!«

»Nein, das hier!«

»Was dort? Hast du das Golfbag?«

»Nein, ich stehe gerade in der Gemäldegalerie!«

Eva zog dem Staubsauger wieder seinen Sack über und ging auf den anderen Lichtkreis zu. Thomas hatte sich einen alten Sack über die Schulter gelegt und leuchtete ein Ölgemälde ab, das riesig und scheußlich war.

»Stimmt!« sagte sie. »Ich kann mich erinnern, das hing unten im Wohnzimmer, als noch nicht umgebaut war. Aber selbst meine Großmutter hat es nach Großvaters Tod abgehängt. Sie fand es auch immer scheußlich, hat aber nie etwas gesagt!«

»Ach, wie waren die Frauen früher doch rücksichtsvoll!«

Sie knuffte ihn. »Sag bloß, es gefällt dir!«

»Nein, ich finde es auch scheußlich!«

Er zog die Decken von den anderen Gemälden, die allesamt gegen die rauhe Außenwand lehnten, und betrachtete ein Bild nach dem anderen.

»Aber selbst wenn sie scheußlich sind, ist das ein ungeeigneter Aufbewahrungsort. Heiß, staubig – Frost und Hitze, das hält keine Leinwand auf die Dauer aus. Und die Farben auch nicht!«

»Ich könnte sie unter mein Bettchen legen, da haben sie es schön warm!«

»Das bringt mich auf eine Idee!« Er legte die Decken sorgfältig zurück. »Wir sollten dringend duschen!«

»Jetzt? Die Kinder sind sicher schon im Bett!«

»Ich wollte ja auch nicht mit den Kindern duschen!«

»Aber du willst doch nicht etwa bis zum Frühstück bleiben?«

»Ich rede nicht vom Frühstück, sondern von meiner Stauballergie!«

Thomas hatte sich an seinen Leitsatz gehalten und war wieder um vier Uhr morgens gegangen. Eva begleitete ihn zur Tür, machte aber keine Anstalten, ihn zurückzuhalten. Im Gegenteil. Es war ihr sogar ganz recht, denn ihre Mutter hatte sich überraschend zum »Brunch«, wie sie es nannte, angemeldet, und da war jede Neuerung im Haushalt ein endloses Gesprächsthema. Es reichten ihr schon Flash und Hoppeline. Ein neuer Mann – das wäre zuviel gewesen.

Obwohl: Nach ihrem letzten Besuch am Mittwoch, der sie so depressiv gestimmt hatte, fand sie es schon bemerkenswert, daß ihre Mutter sich überhaupt selbst aufschwang. Ein Nachbar fahre sie, hatte sie erklärt, und dem würde sie mal gern ihre Tochter und deren Familie zeigen, wenn man von einer Familie ja auch nicht mehr sprechen könne, aber zumindest hoffe sie doch, daß die Enkelinnen da seien. Und sie gehe davon aus, daß Eva ein ordentliches Frühstück zaubern würde, schließlich käme sie ja nicht jede Woche.

Das Problem war nur, daß Eva den Anrufbeantworter zu spät abgehört hatte. Jetzt fiel die Überprüfung ihres Kühlschranks negativ aus. Das Angebot war mehr als spärlich. Und in ihrem Geldbeutel war auch Ebbe. Aber es nützte nichts. Sie beauftragte ihre Töchter, sich ordentlich anzuziehen, die Fingernägel zu bürsten und den Tisch zu decken, Oma käme mit einem Nachbarn zu Besuch. Und dann fuhr sie zur nächsten Tankstelle, kaufte frische Brötchen, eingeschweißte Wurst und Käse, Eier und Butter. Atemlos kam sie zurück.

Warum war ihr Leben eigentlich immer so stressig?

Sie dachte an Evelyne. Was sie jetzt wohl gerade tat?

Caro hatte den Tisch gedeckt, Toni war mit dem Hund draußen. Eva lief schnell in ihr Zimmer, um nach dem Kaninchen und den Ratten zu sehen, und zog sich dann um. Eine weiße Bluse zur Jeans, das mußte reichen.

Als es um elf klingelte, standen Toni, ihre Mutter und ein fremder Mann gemeinsam vor der Tür.

»Ihr habt doch alle einen Schlüssel«, sagte Eva, als sie die Tür öffnete, aber ihre Mutter wehrte ab: »Man platzt nicht unangemeldet herein.«

»Gut!« Eva war es egal. Nur keine Diskussion am Sonntagmorgen. Vor allem, da sie zuwenig geschlafen hatte. »Bitte, kommt erst einmal herein.«

Ihre Mutter hatte ein kornblaues Kostüm an, das ihr sehr gut stand. Sie sah lebensfroher und frischer aus als sonst.

»Und das ist Oskar Stephan«, stellte sie den Mann an ihrer Seite vor. Er wirkte etwas älter als sie, war aber äußerst gepflegt. Die Krawatte zu seinem dunkelblauen Anzug hatte einen ähnlichen Farbton wie das Kostüm ihrer Mutter.

»Freut mich«, sagte Eva und gab ihm die Hand.

»Ich wollte mich nicht aufdrängen«, sagte er, »aber ihre Mutter meinte, sie seien offen genug für einen solchen Überfall.«

»Da hat sie recht«, sagte Eva und staunte. Was war denn mit ihrer Mutter los?

»Geht ihr mal weiter?« Das war Toni, die mit Flash am Halsband noch immer in der Tür stand.

»Darf ich Ihnen das hier noch als kleines Dankeschön überreichen?«

Die Blumen in seiner linken Hand hatte sie gar nicht bemerkt. Leuchtendblauer Rittersporn mit kleinen Sonnenblumen.

»Wie hübsch«, sagte sie und freute sich wirklich.

Rittersporn! Und überhaupt: Wann hatte sie zuletzt Blumen bekommen?

Von Gerold nie, das stand fest.

Toni hatte Flash losgelassen, der sich jetzt zwischen ihnen hindurch in Richtung Küche quetschte. Das war klar. Sobald er heimkam, mußte er schauen, ob sich sein Napf in der Zwischenzeit gefüllt hatte.

»Was für ein schönes Tier«, sagte Oskar, der rüde von ihm zur Seite geschubst wurde.

»Vielleicht noch etwas ungezogen?« warf ihre Mutter ein.

»Er ist noch jung!« bemerkte ihr Begleiter, und ihre Mutter ließ das gelten.

»Also, dann kommt herein.« Eva ging voraus, sonst wurde das nie was. Während Caro ihre Oma und deren Begleiter begrüßte, suchte Eva eine passende Vase.

Sollte ihre Mutter tatsächlich einen Freund haben? Das gab's doch nicht! Am Mittwoch war davon noch nichts zu spüren gewesen.

Caro und Toni staunten auch. Bis auf Hund und Kaninchen hatten sie alle Freunde nach Hause geschickt, denn sie wollten ihre Oma nicht überfordern – schon gar nicht mit Sven –, und jetzt das.

Die Spiegeleier brutzelten schon in der Pfanne, und Oskar Stephan erwies sich als ziemlich leutselig.

»Schön haben Sie es hier«, sagte er und rückte seine große Brille zurecht.

»Ja, meine Tochter hat umgebaut«, sagte Evas Mutter schnell. »Das Wohnzimmer und die Küche waren früher zwei getrennte Räume.«

Oskar nickte anerkennend. »Und der schöne Parkettboden!«

»Ja, allemal besser als Teppichboden, wo doch alles drin hängen bleibt!« Ihre Mutter nickte zur Bestätigung, und Eva mußte sich setzen. Hatte sie Drogen genommen?

»Ach, was ist denn das?« fragte Oskar und deutete auf Hoppeline, die durch den Garten sprang und Kapriolen schlug.

»Unser Kaninchen«, klärte ihn Toni auf und öffnete die Tür. Flash sauste hinaus.

Ihre Oma rief: »Um Gottes willen«, aber als Flash und Hoppeline miteinander spielten und herumtollten, legte sich die Aufregung wieder. »Herzallerliebst«, sagte Evas Mutter etwas unsicher.

Eva warf ihr einen Blick zu, aber ganz offensichtlich hatte sich ihre Mutter in eine Tierfreundin verwandelt. Kaninchen! Wie machte sie das ihrem verstorbenen Mann in ihrem Abendgebet klar?

Eva grinste, trank einen Schluck Kaffee und ging dann an den Herd zurück. Sie verteilte Spiegeleier mit Speck, stellte die Pfeffer- und Salzmühlen mitten auf den Tisch und setzte sich.

»Und? Wie geht es in der Schule?« wollte ihre Mutter von Toni wissen.

»Ich bleib wahrscheinlich sitzen.«

Das war ein klassischer Affront ihrer jüngsten Tochter. Offensichtlich wollte sie ihre Oma herausfordern, die rosarote Wolke zerstören.

»Ist nicht schlimm!« sagte Oskar. »Bin ich auch und hab's trotzdem zum Wissenschaftler gebracht.«

»Und in was?« wollte Caro wissen, die noch immer nicht wußte, was sie mal werden wollte.

»Er hat einen Doktortitel«, sagte ihre Oma gewichtig.

Aha. Daher wehte der Wind ... Frau Dr. König, Nachtigall, ich hör dich trapsen, dachte Eva.

Oskar winkte ab. »Der Doktor war nicht das Ziel. Ich habe eine Schwäche für die Unterwelt, das war es!«

»Ah!« Toni schaute ihn groß an, und Eva wußte, was sie dachte: Wie Al Capone sah er nicht aus.

»Genauer: für die Unterwasserwelt!«

»Meeresbiologe!« tippte Caro.

»Genau!« Oskar nickte.

»Das ist ja spannend!« Caro rückte näher. »Was macht man da denn so? Waren Sie auf Forschungsschiffen? Und in kleinen Tauchbooten? Wie ist es da unten?«

Oskar lachte. »Es ist eine andere Welt. Aber es gibt natürlich auch ganz verschiedene Möglichkeiten, in diesen Beruf zu kommen. Schau Hans Hass an. Der hat eigentlich Rechtswissenschaften studiert, dann aber umgesattelt und später die spektakulärsten Haifilme gedreht. Er brachte Meeresbiologie, Verhaltensforschung und Management zusammen.«

»Nie von ihm gehört«, sagte Caro.

»Aber bestimmt schon einen seiner Filme gesehen, auch wenn du es nicht weißt. Aber vielleicht«, er grinste wieder, »ist er schon ein bißchen zu alt für dich.«

»Wie alt?« wollte Toni wissen.

»Nun, mit sechsundachtzig Jahren tauchte er vor den Malediven, um die Folgen der Tsunamikatastrophe unter Wasser zu erforschen!«

»Dieser Tsunami!« sagte Eva, und die Kinder schwiegen.

»Aber wenn du mehr wissen willst«, sagte Oskar zu Caro, »dann kann ich dir sicherlich einiges zeigen. Immerhin ist das Meer einer der größten und artenreichsten Lebensräume der Erde. Und die Ozeane bieten noch einiges mehr, zum Beispiel auch mineralische Ressourcen – und trotzdem ist noch vieles unentdeckt!«

Caro war wieder näher herangerückt. »Ich glaube, das interessiert mich wirklich!«

Eva betrachtete sie. Ihre Caro, die immer ihre kleine Schwester vorschickte, wenn es brenzlig wurde, wollte plötzlich die Weltmeere entdecken?

»Ich glaube, Meeresbiologie wäre mir zu naß«, sagte Toni. »Ich mag Wasser nicht so. Ich wäre lieber Hotelmanagerin. Da kann ich um die ganze Welt reisen und in den tollsten Hotels wohnen!«

»Aber vorher mußt du da doch wohl eine Hotelfachlehre machen«, meinte Eva. »Und dazu gehört sicherlich auch der Roomservice. Kannst schon mal üben und dein Zimmer aufräumen!«

»Ha, ha!« sagte Toni. »Sehr witzig! Und außerdem *ist* mein Zimmer aufgeräumt!«

Vorhin war es das noch nicht, dachte Eva, und sie war sich sicher, daß sie nur hinaufgehen mußte, um Tonis Aussage zu widerlegen, aber sie schenkte es sich. Was sollte sie sich ärgern, der Sonntag fing ja erst an und noch nicht einmal so schlecht, wie sie es befürchtet hatte.

Draußen wurde es zunehmend wärmer, und als Eva zum Abschluß ein Gläschen Prosecco auf der Terrasse anbot, war ihre Mutter sofort dafür. Ihre Kinder zogen sich zurück, und ihre Mutter holte aus der großen Gartenkiste die Auflagen für die Stühle. Oskar wollte Eva beim Öffnen der Sektflasche behilflich sein. Das war der Moment.

»Woher kennen Sie sich denn eigentlich?« fragte sie, als sie allein in der Küche standen.

»Hat Ihre Frau Mutter Ihnen das nicht erzählt?«

»Bisher nicht!«

Er legte eine Stoffserviette um den Hals der Flasche und entkorkte sie mit einem leisen »Plopp«.

»Ich habe vor drei Jahren meine Frau verloren. Wir hatten keine Kinder ...« Er lächelte. »Wir waren ein sogenanntes modernes Paar, denn auch sie war Meeresbiologin, und da war für Kinder kein Platz.« Er goß die drei Gläser, die Eva ihm hinstellte, sorgfältig ein. »Später haben wir es bereut. Aber da war es natürlich zu spät.« Er zuckte die Achseln. »So habe ich jetzt einfach eine Anzeige aufgegeben.« Oskar lächelte sie an, und durch seine Brillengläser waren seine Augen sehr groß und sehr blau. Meeresblau.

»Darf ich Ihnen den Text verraten?«

»Ja, aber sicher. Bin sehr gespannt!«

»Witwer sucht lebenslustige Frau mit unkonventioneller Familie. Bin finanziell unabhängig, kompatibel, gesund und fröhlich. Zweiundachtzigjähriger Lausbub mit Doktortitel.«

Eva hielt die Luft an. »Und da hat Ihnen meine Mutter geantwortet?«

»Ja, sofort!«

Von all dem hat sie nur den Doktortitel verstanden, dachte Eva.

»Und gestern habe ich sie angerufen, und wir haben festgestellt, daß wir nur drei Straßen auseinander wohnen. Ist das nicht ein Witz?«

Eva schüttelte den Kopf. »Ja, tatsächlich!«

»Und im Lauf dieses Gesprächs habe ich sie gefragt, ob sie denn wirklich mit einer unkonventionellen Familie gesegnet sei.«

»Ah! Und was hat sie gesagt?«

»Daß sie mir das sofort beweisen werde!«

In diesem Moment bog Toni um die Ecke, auf ihren Schultern die Ratten. »Ich dachte, wenn sie keine Angst vor Haien haben, dann werden die beiden Sie sicherlich nicht schocken!«

»Aber nein!« Er betrachtete sie näher. »Männchen und Weibchen.« Oskar schaute Eva an. »Nicht kastriert! Sie sind mutig!« Er zögerte kurz. »Oder züchten Sie?«

»Züchten?« Fast hätte sie die Gläser fallen lassen, die sie eben auf das schöne alte Silbertablett ihrer Großmutter stellte.

»Die sind doch noch jung! Richtige Kinder!«

»Die Kinder werden mit fünf Wochen geschlechtsreif, und das Weibchen ist dann etwa alle fünf Tage für sechs Stunden hitzig!«

»Du meine Güte!« Eva warf Prada einen mißtrauischen

Blick zu. »Dann brauchen wir sofort einen Tierarzt zur Kastration!«

»Das macht nicht jeder. Die Narkose bei Kleintieren ist heikel. Aber ich kann mich erkundigen!«

Eva mußte lachen. Sie griff nach einem Glas und nahm einen Schluck. »Entschuldigung«, sagte sie. »Aber das mußte jetzt sein!«

»Kein Problem«, sagte er und schenkte nach.

»Haben wir den Test denn bestanden?«

»Wie bitte?«

»Sind wir unkonventionell genug?«

Er lachte und nahm sein Glas, um mit ihr anzustoßen. »Keine Frage!« sagte er. »Wenn Ihre Frau Mutter mich ein bißchen mag, würde mir das alles sehr gut gefallen!«

»Jedenfalls schon mal herzlich willkommen in der Familie«, sagte Eva und schüttelte den Kopf. Da hatte ihre Mutter sie benutzt, um sich einen Mann zu angeln. Unkonventionell! Alles das, was ihre Mutter eigentlich nicht leiden konnte. Es war zum Piepen. Aber klar, mit einem Doktor der Meeresbiologie würde sie mit Glanz und Gloria in die Gesellschaft zurückkehren. Wenn er überhaupt ein Gesellschaftsbär war. Saßen Wissenschaftler nicht eher studierend in ihren stillen Kämmerchen?

»Tanzen Sie denn gern?« fragte sie, während sie die Gläser auffüllte und auf das Tablett zurückstellte.

»Ich bin ein leidenschaftlicher Tänzer!« Eva konnte den Schalk in seinen Augen aufblitzen sehen. »Ob ich indes auch begabt bin, wage ich zu bezweifeln.«

»Leidenschaftlich reicht vollkommen!« sagte Eva. Das hörte sich doch alles sehr gut an. Aber ob sich ihre Mutter so umstellen konnte? Von der kleinkarierten Weltverbesserin und Ewiggestrigen zur aufgeklärten Partnerin eines lebensfrohen und aufgeschlossenen Mannes?

Aber hörte man nicht immer wieder, daß gerade Frauen besonders anpassungsfähig sind, wenn es um ihre Partner geht? Vielleicht hatte sie sich in ihrer Art ja auch nur Vati angepaßt und war eigentlich ganz anders?

Aber wie war sie dann wirklich? Wie war ihre Persönlichkeit?

Eva beschloß, nicht weiter darüber nachzudenken. Die Frauen hatten sich einfach verändert, sie standen nicht mehr nur im Schatten ihrer Männer und gaben sich anpassungsfähig wie ein Chamäleon. Sie dachte an Thomas. In ihrer kurzen Beziehung war bisher eher er das Chamäleon.

»Wollen Sie vorausgehen?« Oskar hatte das Tablett in den Händen. Er war wirklich äußerst aufmerksam und charmant.

»Darf ich der Omi die Ratten auch zeigen, oder fällt sie dann in Ohnmacht?« fragte Toni von hinten.

»Wir zeigen sie ihr gemeinsam«, schlug Oskar vor. »Ich werde ihr sagen, es sei ein Härtetest!«

Der Härtetest kommt erst noch, dachte Eva. Wie lange trugen Ratten eigentlich?

Am Abend lud Eva ihre beiden Töchter zum Italiener ein. Für die nächste Woche war die Landesschau gesichert, und für die übernächste Woche hatte Tom eine Andeutung gemacht, daß es da noch ein Hotel zu fotografieren gäbe. »Derselbe Gönner?« hatte Eva mißtrauisch gefragt. Toms Gesicht konnte sie durchs Telefon nicht sehen, aber: »Guter Job, gute Kohle – warum das so sei, könne ihr doch egal sein«, war seine Antwort. Er wußte mehr, da war sich Eva sicher. Aber er hatte ihr ja schon angedeutet, daß sein Job von ihrem abhing. Es war ein eigenartiges Gefühl, plötzlich ausschlaggebend zu sein. Aber wie auch immer – mit einem hatte er jedenfalls recht, sie konnte jetzt zwei Wochen im voraus planen. Das bedeutete, daß sie sich neue Reifen kaufen und sich heute abend den Restaurantbesuch leisten konnte.

Thomas war mit seiner Mutter zum fünfundsiebzigsten Geburtstag seiner Tante gefahren, und Toni hatte ihrem Sven die Tiere aufs Auge gedrückt. »Frauenabend, Schatz«, hatte sie gesagt. »Aber Flash freut sich …«

Die Pizzen waren klasse, überhaupt waren sie bei ihrem Lieblingsitaliener, der immer gut aufgelegt war und manchmal auch nur eine Pizza nach Hause lieferte, obwohl die Mindestbestellung eigentlich zwei waren.

Sie saßen gemütlich in einer Ecke, Eva hatte sich eine kleine Karaffe Lambrusco bestellt, ihre Töchter tranken Cola. Zum Dessert gönnten sie sich Zabaione. »Wenn schon, dann richtig in die vollen«, hatte Eva gesagt. Sie hörten, wie der Koch die Zutaten mit dem Schneebesen in der Schüssel schaumig schlug, allein das ließ ihnen das Wasser im Mund zusammenlaufen. Flüchtig dachte sie an einen neuen Joggingplan, strich es aber gleich wieder aus ihren Gedanken. Flash gefiel das Stöckchenspiel weitaus besser, als nur gesittet neben ihr her zu traben. Ihm machte sie mit Waldläufen auf überfüllten Pfaden jedenfalls keine Freude. Also konnte sie es auch lassen.

Caro hatte während des ganzen Abends fast nur ein Thema. Sie war von der Begegnung mit Oskar völlig hingerissen.

»Mama, meinst du, Meeresbiologie wäre wirklich was für mich? Irgendwie klingt es doch rasend spannend!«

»Ist es sicherlich auch. Aber Oskar hat dir ja seine Hilfe angeboten, er kann dir bestimmt sehr viel erzählen!«

»Toll, daß Omi ihn kennengelernt hat!« Caro strich mit ihrem Löffel zärtlich über die warme, leichte Creme und kostete genüßlich. »Mhhh!« Dann blickte sie auf. »Meinst du, sie behält ihn?«

»Oskar ist doch kein Hund!« Toni schüttelte ihre blonden Haare, und ihre braunen Augen blitzten. »Aber geil wär's schon! Omi mit 'nem Freund!«

»Och, ich könnte mir das schon vorstellen.« Eva lächelte in sich hinein. Zum einen, weil die Zabaione wirklich hervorragend war und jedem einfach ein Lächeln aufs Gesicht zaubern mußte, und zum anderen, weil ihrer Mutter nichts Besseres hätte passieren können. Sie war einfach kein Mensch, der allein glücklich war. Sie war eine Hälfte und brauchte eine andere Hälfte zum Ganzen.

»Mama, dann möchte ich aber auch mal einen Tauchkurs machen.«

»Au ja!« Toni war sofort Feuer und Flamme. »In der Karibik! Dort gibt es tolle Hotels! Steigenberger und so! Dann kann ich mir auch schon gleich mal meinen späteren Arbeitsplatz anschauen!«

Eva nickte. »Das ist eine feine Idee. Und ich gehe dann auf ein Forschungsschiff zum Sonnen und abends in ein Fünf-Sterne-Hotel zum Wohnen!«

Am Mittwoch fuhr um die Mittagszeit plötzlich ein Sprinter vor. Eva war gerade vom Einkaufen zurückgekommen und freute sich über einige aromatische Erdbeeren, die sie beim Türken gefunden hatte, als es klingelte.

Kam Toni schon so früh? Geschwänzt – oder fiel mal wieder eine Stunde aus? Sie steckte sich noch eine Erdbeere in den Mund und öffnete. Thomas stand breitbeinig vor ihr und lächelte sie an.

»So, da bin ich!« sagte er und küßte sie.

»Da bist du!« echote sie verhalten.

Sie hatten sich am Montag abend kurz gesehen, und Thomas hatte ihr den Terminplan einer ziemlich stressigen Woche skizziert. Eigentlich würden sie sich erst zum Frühlingsfest sehen können, aber dann so richtig in Smoking und Bauchbinde, zum Spiel davor müsse er leider passen … Eva fand das zwar ein bißchen wenig für eine ganze Woche, aber sie hütete sich, ein Wort dazu zu sagen.

»Ist völlig in Ordnung«, hatte sie geschwindelt und sofort Oskar angerufen. Wenn schon Thomas keine Zeit für sie hatte, dann hatte doch vielleicht Oskar Zeit für ihre Tochter. Und Oskar kam am selben Nachmittag und erzählte der völlig faszinierten Caro aus seinem Leben. Bei der Gelegenheit legte Eva ihm nahe, doch ihre Mutter zum Frühlingsfest ins Clubhaus zu begleiten. Das wäre für sie das Highlight überhaupt. Auf dem Golfplatz ihres Mannes mit einem neuen Kavalier. Einem Doktor, einem Wissenschaftler. Eine solche Aussicht wäre für ihre Mutter wie ein Jungbrunnen.

»Ich kann aber überhaupt nicht Golf spielen«, hatte Oskar gesagt. »Nur so ein bißchen. Ich glaube, ich habe es in meinem Leben schon zehnmal versucht, bin aber nie über die Anfänge hinausgekommen.«

»Da wird Ihnen Caro gern behilflich sein, so gewissermaßen als Gegenleistung!« Caro stimmte sofort zu, und der Deal wurde bei einem Glas Prosecco beschlossen.

Und jetzt stand Thomas vor ihr. Völlig unangekündigt.

»Du schaust so schräg«, sagte er. »Stimmt was nicht?«

»Ich bin nur irritiert. Hast du nicht gesagt, daß du … aber komm erst mal rein!«

»Ja, hab ich. Aber ich habe dir auch eine SMS geschickt, daß ich heute um die Mittagszeit vorbeischaue. Nicht gelesen?«

Eva schüttelte den Kopf und verzog das Gesicht. Das war mal wieder typisch. Sie hatte ihr Handy heute morgen nicht gefunden, und da der Akku offensichtlich leer war, nützte auch ein Suchanruf nichts.

»Na, gut«, sagte sie. »Schön! Ich habe nichts mitgekriegt, aber ich freue mich trotzdem, daß du da bist!« Sie ging ihm zur Küche voraus. »Magst du einen Kaffee?«

»Du siehst süß aus!« sagte er von hinten.

Sie trug ein geblümtes Sommerkleid, das sie im Schaufenster eines Geschäfts gesehen und sie an die fünfziger Jahre erinnert hatte. Leicht und schwingend, mit viereckigem Ausschnitt und einem breiten Gürtel in der Hüfte. Sie hatte es haben müssen.

»Danke!« sagte sie.

»Aber du solltest dich umziehen, sonst ist das Kleid nachher von all dem Staub vielleicht ruiniert!«

»Staub?« Sie blieb vor der Küchenzeile stehen und drehte sich nach ihm um. Er trug ein dunkelgraues Poloshirt zur Jeans, und um seine dunklen Augen bildeten sich Lachfältchen.

»Ach, so, ja. Kein Handy. Ich habe dir geschrieben, daß ich einen trockenen, sauberen Aufbewahrungsort für deine Gemälde gefunden habe. Dort bringe ich sie jetzt hin, bevor sie dort oben bei dir vergammeln!«

»Hast du extra was angemietet? Das wäre mir viel zu aufwendig!«

»Mach dir keine Gedanken. Sie werden gut versorgt. Kostet nichts!«

»Hmm!«

Eva überlegte, während sie zwei Kaffeetassen aus dem Schrank holte. So viel Aufhebens für diese blöden Bilder?

»Laß nur, ich mach das schon.« Er nahm ihr die Tassen ab. »Ich mache uns einen schönen Cappuccino, und du ziehst dich um. Das nennt man Teamwork. Und dann bin ich auch gleich wieder weg!«

»Okay!« Eva ging hoch und legte sich ein altes T-Shirt und eine Jeans zurecht. Während sie sich umzog, schaute sie aus dem Fenster. Es war ein wunderschöner lauer Frühlingstag. Und in ihrem Garten fing es überall an zu blühen. Die Hyazinthen, die Osterglocken, die Forsythien, und im Nachbargarten blühte schon der Flieder. Ein Traum. Sie mußte heute nachmittag unbedingt in den Garten, um ihn vor ihrem Arbeitsbeginn noch auf Vordermann zu bringen. Und dann konnten die Liegestühle raus und die Gartendekoration, die Fackeln und das Moonlight, die zwei großen Leuchtkugeln, die ihre Töchter ihr zum letzten Geburtstag geschenkt hatten. Jetzt begann wieder die schöne Jahreszeit.

Gutgelaunt sprang sie die Treppe ins Erdgeschoß hinunter.

»Du kommst daher wie fünfzehn«, sagte er, und Eva lachte.

»Ich fühle mich auch so!« Sie riß beide Flügel der Terrassentür weit auf. »Schau mal«, sagte sie. »Jetzt geht es los. Die Natur wacht auf. Ich bin so glücklich!«

»Nur wegen der Natur?«

Sie drehte sich zu ihm um, und er kam auf sie zu.

»Wegen dir auch. Ein bißchen!«

Er grinste und nahm sie in die Arme.

Es war wirklich mühsam, die großformatigen Gemälde durch den Speicher zu jonglieren und dann durchs ganze Haus zu tragen.

»Bin ich froh, daß es nur drei sind«, sagte Eva, als sie sicher im Sprinter verstaut waren.

Thomas hatte extra entsprechende Decken mitgebracht. Jetzt zurrte er die alten Gemälde mit schmalen Haltegurten an der Wand des Kleinlasters fest.

»Wenn ich die Bilder anschaue, sehe ich mich sofort wieder als kleines Mädchen«, sagte Eva. »Das eine, das große, hing im Wohnzimmer hinter dem alten Sofa. Und auf dem Sofa lag mein Großvater oft und machte sein Mittagsschläfchen. Ich stand davor, betrachtete ihn, wie sich sein Gesicht beim Schnarchen verzog und bei jedem Schnaufer in ganz viele Falten legte, die vorher nicht da waren, und schaute ganz ehrfürchtig auf das große Gemälde mit dem riesigen goldenen Rahmen. Ich dachte immer, daß dieser Rahmen ein Vermögen wert sein mußte, bis mir Oma mal erzählte, daß er nicht aus purem Gold war, sondern aus Holz geschnitzt und lackiert. Das war eine riesige Enttäuschung für mich. Trotzdem stand ich immer wieder davor und versuchte, in dem Bild mit der kleinen Hütte und den Hügeln etwas Neues zu entdecken. Ob ein neuer Schmetterling auf der Blume säße. Oder ob das Reh im Hintergrund vielleicht einen Freund gefunden hätte. Das habe ich ihm so gewünscht. Es tat mir immer so leid, so allein am Waldesrand.«

»Oh!« Thomas nahm sie wieder in die Arme. »Mein kleines Mädchen. Genauso siehst du jetzt aus, mit dem Staub im Haar und der schmutzigen Nase!«

»Ach, du!« Sie boxte ihn. »Wann lädst du mich eigentlich mal zu dir nach Hause ein? Ich weiß noch nicht mal, wo du wohnst …!«

»Wenn ich alle Frauen aus dem Haus geschafft habe, schicke ich dir eine Kopie meines Personalausweises. Damit läßt dich der Höllenpförtner unten rein, und du bist die Fürstin in meinem Reich!«

»Okay!« Sie lachte. »Aber jetzt muß ich mich umziehen und los. Mein derzeitiges Höllenreich heißt SWR, und die Fürsten dort sind auch nicht ohne!«

Die Woche ging wie im Flug vorüber. Gucci wurde kastriert, und die beiden konnten, wenn zunächst auch noch durch ein Gitter getrennt, wieder zusammen in dem Käfig leben.

»Der Arme!« sagte Toni.

Aber Sven war der Meinung, daß es sowieso schon zu spät sei. »Oder kommt Pradas Kugelbauch vom vielen Fressen?« wollte er wissen.

Tatsächlich hatte die schlanke Prada ein kleines Bäuchlein, aber Eva tendierte dazu, den Teufel nicht an die Wand zu malen. »Warten wir es ab«, sagte sie. »Die drohende Rechnung für die Voliere macht mir mehr zu schaffen!«

Caro nickte. »Aber wirklich«, sagte sie. »Dafür hätten wir alle in Urlaub fahren können!«

»Für siebenhundert Euro? Zu viert?« Sven schaute sie erstaunt an. »Wohin denn?«

Caro zuckte mit den Achseln. »Ungarn? Polen?«

»Vielleicht an den Bärensee«, sagte Eva und lachte. »Oder zum Campen an den Bodensee!«

»Ist doch auch nicht das Schlechteste«, erklärte Toni. »Und wäre doch ganz witzig! Wir alle im Zelt!«

»Und vielleicht wollen Oskar und Omi auch mit«, fügte Caro hinzu, aber erntete damit nur Gelächter.

»Trotzdem! Tauchen kannst du am Bodensee auch lernen!« erklärte Sven. »So blöd ist das gar nicht!«

»Gibt's denn da überhaupt was zu sehen?« wollte Toni wissen.

»Am Teufelstisch vielleicht ein paar Schlittschuhläufer vom letzten Winter. Die sollen da immer aufsteigen und wieder runtersinken. Sagt man zumindest!«

»Pfui Teufel!« Toni knuffte ihn. »Da geh ich nicht hin!«

»Ist aber spannend. Irgend so ein Sog. Taucher lieben das. Dort wird ständig getaucht!«

»Ich nicht!« Caro verzog das Gesicht. »Vor Meersburg soll es eine Steilküste geben, das hört sich doch besser an!«

»Da gibt es ja auch eine alte Burg und ein Schloß, und bestimmt hat irgend so ein Schwede auf der Flucht eine Goldkiste ins Wasser geworfen!« Sven grinste. »Wenn du die findest, reicht es tatsächlich für die Karibik. Für uns alle!«

»Wieso denn ein Schwede?«

»Na, im Dreißigjährigen Krieg sind sie doch da irgendwo rumgeturnt und haben sich eine Seeschlacht mit den Österreichern geliefert – und die Mainau ist doch heute noch von Schweden besetzt, oder nicht?«

»Wieso denn das?« wollte Toni wissen.

»Na, die gräfliche Familie Bernadotte ist mit dem schwedischen Königshaus verwandt. Mit dem englischen übrigens auch. Und die leben schließlich auf der Insel. Ich denke, ihre Vorfahren haben sie erobert!«

»Donnerwetter, was du alles weißt«, staunte Eva. »Aber trotzdem haben sie die Insel nicht erobert, sondern geerbt.«

Das war der Vorteil, wenn man beim SWR arbeitete – als Gräfin Bettina Gast im Kultur-Café war, hatte Eva sie geschminkt und sich mit ihr unterhalten. Und jetzt war sie einfach den kleinen Tick schlauer …

Am Freitag, dem Tag vor dem Frühlingsfest, rief Evelyne an. »Mit wem spielst du morgen eigentlich?« wollte sie wissen.

Eva lachte. »Nun, wie du weißt, brauche ich mit Thomas nicht anzutreten.«

»Klar!« sagte Evelyne. »Und Luis will nicht mit mir!«

»Ach!« Eva wartete ab.

»Ja, ich weiß nicht, ob er etwas spannt oder ob es nur eine Laune ist. Er meinte jedenfalls, daß es ihm nicht nach einem Fest sei!«

»Ach, du lieber Himmel!«

Eva war betroffen und setzte sich in den kleinen Ledersessel, der in ihrem Wohnzimmer vor dem Fenster stand. »Erzähl!«

»Da gibt es eigentlich gar nicht so viel.« Es war kurz still, und Eva war sich sicher, daß sich Evelyne erst nach möglichen Zeugen umsah. »Ich bin natürlich wahnsinnig verknallt und weiß nicht – vielleicht kann ich es doch nicht so gut verbergen, wie ich selbst meine.«

»Dieses ›Ran an den Mann‹ war der falsche Spruch für dich«, sagte Eva.

»Ja.« Evelyne lachte leise. »Ich habe mir eben schon immer zu Herzen genommen, was du sagst. Warst ja auch immer so schlau!«

»Schlau genug, um Gerold zu heiraten und allein sitzenzubleiben!«

»Ja – aber jetzt. Thomas ist doch wirklich ein guter Typ! Wo hast du den denn aufgegabelt?«

»Da, wo man gemeinhin Männer kennenlernt!«

»Im Puff?«

»Spinnst du? An der Bar! Was soll ich denn in einem Puff?«

Evelyne lachte. »War ein Witz!«

»Ah!«

Es war kurz still.

»Ja, gut«, sagte Evelyne. »Jedenfalls ist er bockig. Will nicht. Selbst die Kinder konnten ihn nicht umstimmen. Er sagt aber auch nicht, warum.«

»Vielleicht hat er ja selber was laufen?«

»Denkst du?« Wieder war es still. »Darüber habe ich noch gar nicht nachgedacht«, sagte Evelyne nach einer Weile. »Ich weiß auch nicht, ob ich es gut oder schlecht fände!«

»Weiß ich auch nicht!«

»Du hast es ja gut. Bei dir liegen die Dinge einfach!«

Eva sah Evelynes Traumvilla vor sich, den Swimmingpool, den Prosecco, die wohlgeratenen Kinder, die dicken Autos, den Bechstein-Flügel. Die großen Urlaubsreisen, die teuren Sportarten. Alles war möglich. Und jetzt hatte *sie* es plötzlich gut? Sie, Eva?

»Die Umstände sind einfach. Aber wie es so weitergeht, weiß ich auch nicht genau!« erklärte Eva.

»Aber Thomas …«

»Keine Ahnung, habe seit Mittwoch auch nur kurz mit ihm gesprochen. Eigentlich kenne ich ihn überhaupt nicht!«

»Aber das ist ja gerade das Reizvolle!«

»Ja.« Sie überlegte. »Vielleicht. Es ist halt neu. Wie dein Oliver. Der ist auch neu. Und neu ist immer reizvoll. Ob es zum Schluß besser ist, wenn es alt geworden ist … keine Ahnung!«

»Werd jetzt nicht philosophisch, sag mir nur, ob du mit mir spielen willst.«

»Wir als Paar gegen den Rest der Welt?«

»Du sagst es!«

»Wie früher?«

»Wie früher!«

»Spitze«, sagte Eva. »Wir gewinnen!«

In der Nacht auf Samstag ging ein fürchterliches Gewitter herunter, mit Sturm und Hagel, so daß Eva aufstand und durch das Haus lief, um alle Fenster und Türen zu kontrollieren. Flash und Hoppeline schliefen wie gewöhnlich bei Toni im Zimmer, die Ratten waren munter und beschnüffelten sich durch das Trennungsgitter, das sie vorsichtshalber installiert hatten, um auf Nummer sicher zu gehen für die nächsten Tage. »Ja, ja«, sagte Eva. »Nur Geduld, bald habt ihr mehr Platz. Eine richtige Rattenspielwiese!«

In der Zwischenzeit hatte sie auch gelesen, daß Ratten »ihren« Menschen brauchen und durchaus Zeit mit ihm verbringen wollen. Und möglichst bis zu zwei Stunden am Tag frei laufen sollten. Und das ihr, die vor zwei Wochen noch beim Anblick einer Maus in Ohnmacht gefallen war.

Die Terrassentür in der Küche war zu, die Fenster auch, aber es toste so gewaltig ums Haus, daß sie Angst um ihre Pflanzen bekam. Und um das Spiel morgen. Wenn es so weiter goß, war das kleine Paarturnier auch nicht die pure Freude. Sie dachte an das Fest. Sie hatte schon ihre beiden Abendkleider herausgesucht, war hineingeschlüpft und hatte sich von ihren Töchtern beraten lassen. Toni fand beide gräßlich, aber Caro entschied sich für das fliederfarbene Kleid. Das andere war klassisch schwarz, kurzärmlig, tief ausgeschnitten und im oberen Teil wie ein Mieder gearbeitet. Es stimmte schon, es war einen Touch zu feierlich, eher etwas für Theaterpremieren. Das fliederfarbene stand ihr gut zu Gesicht, war viel leichter und sommerlicher. Eva stand dicht am Fenster und schaute hinaus. Es stürmte mächtig, die Äste des alten Apfelbaums wurden kräftig durcheinandergeschüttelt, und überhaupt sah es aus, als ob sich der ganze Baum im Wind böge. Hoffentlich fällt er nicht um, dachte Eva und überlegte, ob er dann auf das Haus donnern würde? Sie konnte seine Größe schlecht einschätzen und wollte sich lieber nicht hineinsteigern. Der Fuchs fiel ihr ein, der hier herumgeschlichen war. Wahrscheinlich hatte er Junge und brauchte dringend Futter. Es war ein ewiger Kreislauf von Fressen und Gefressenwerden.

In der Wohnung war es kühl geworden. Sie fröstelte in ihrem dünnen Nachthemd und entschloß sich, wieder ins Bett zu gehen. Hoffentlich war ihr Abendkleid nicht zu sommerlich für die Jahreszeit, denn wenn der Regen anhielt, würde es bestimmt kalt werden, und sie würde in dem Ding richtig frieren.

Sie stieg wieder in den ersten Stock hinauf. Die Treppen knarrten unter ihren nackten Füßen. Es war ein seltsames Gefühl, mitten in der Nacht in der Dunkelheit durch die eigene Wohnung zu schleichen, die Dinge bekamen ein anderes Gesicht. Oben öffnete sich eine Tür. Eva blieb stehen, Toni kam aus ihrem Zimmer. Sie stand regungslos in dem schmalen Lichtstreifen, der aus dem Zimmer fiel, machte einen schnellen Schritt zurück und knallte die Tür wieder zu. Eva hörte, wie der Schlüssel umgedreht wurde.

Eva klopfte. »Ich bin's, Toni. Mach auf!«

Es dauerte eine Weile, bis Toni öffnete und sie mißtrauisch durch einen kleinen Türspalt anstarrte.

»Großer Gott! Mama! Du in deinem weißen Nachthemd, du hast wie ein Geist ausgesehen! Ich dachte schon, Uroma will auf einen Besuch hereinkommen!«

Vor Erleichterung mußte sie lachen und weckte Flash, der gleich losbellte, ohne zu wissen, worum es eigentlich ging.

»Ist schon gut«, sagte Eva. »Alles in Ordnung. Flash ist wirklich eine besondere Marke!«

»Meinst du, er hätte Uromi vertrieben?«

Eva zuckte die Schultern.

»Glaubst du ernsthaft, ein echter Geist ließe sich vertreiben?«

»Bist du's wirklich?!?«

»Aber Kind!« Eva drehte sich um. »Ich geh jetzt wieder ins Bett!«

Hinter sich hörte sie, wie Toni wieder abschloß.

Jetzt war Eva hellwach, und während der Wind ums Haus pfiff und die Fensterläden klappern ließ, ging Eva an die Kommode in ihrem Zimmer und durchwühlte die Schubladen nach Tüchern und Schals. Ziemlich weit unten und auch ganz schön zerknittert fand sie ein großes, dünnes Pashminatuch, das ihr Gerold von einer seiner vielen Reisen mitgebracht hatte. Es war aus feinstem orangefarbenem Kaschmir und mit vielen dunkelblauen kleinen Blumen bestickt, die an Veilchen erinnerten. Es war wunderschön, sie hatte es ganz vergessen. Aber zu dem Kleid und ihrer Haarfarbe würde es ziemlich raffiniert aussehen.

Sie legte sich zufrieden ins Bett, doch kurz vor dem Einschlafen schreckte sie die Frage hoch, welche Schuhe und welche Tasche sie zu ihrem Kleid tragen sollte? Schwarz ging nun mal gar nicht! Aber so üppig war ihr Angebot nicht. Hatte sie nicht noch beigefarbene alte Riemchenschuhe? Konnte sie die morgen früh nicht noch schnell färben? Toni war die Meisterin in so was. Und vielleicht hatten ihre Töchter auch eine entsprechende Tasche. Caro brachte häufiger mal was Originelles mit nach Hause.

Darauf vertraute sie und ließ sich wieder in ihr Kissen zurücksinken.

Ihre Startzeit war erst am Nachmittag. Eva kam etwas früher, um alle Formalitäten in Ruhe zu erledigen und um noch gemütlich einen Latte macchiato trinken zu können.

Die Atmosphäre eines Golfturniers nahm sie immer wieder gefangen. Sie liebte die Aufregung vor einem Start, die Befürchtung, den Ball nicht wirklich beherrschen zu können, und sie wußte, daß es erst ab dem achten Loch besser wurde. Dann wußte sie, ob sie einen Lauf hatte oder nicht. Manchmal war sie gut drauf und fühlte sich topfit, und trotzdem lief überhaupt nichts, und das nächstemal konnte es wieder genau umgekehrt sein. Zuviel Ehrgeiz war nichts, zuwenig aber auch nicht. Es war ein Spiel gegen sich selbst, und niemand außer man selbst konnte schuld sein, wenn es nicht klappte. Das war auch das Gemeine. Beim Reiten hatte man ein Pferd, beim Fußball die Mitspieler, beim Segeln den Partner, und es gab immer jemanden, auf den man das eigene Versagen schieben konnte – nur eben beim Golf waren es der Schläger, der Ball und die Hand, die alles führte. Man selbst war der Esel.

Evelyne sah toll aus. Völlig neu gedreßt, eine Mischung aus englischem Landadel und französischer Avantgarde. Unwillkürlich drängte sich Eva die Frage auf, ob sie wohl noch mal so richtig shoppen gegangen war, bevor alles auffliegen würde und der Geldhahn zu wäre, aber sie verkniff sich die Frage.

»Laß uns einen Prosecco trinken«, sagte Evelyne. »Wolkenschieber und Zielwasser!«

Das Zielwasser war nötiger als der Wolkenschieber, denn die hatten sich nach einem verhangenen Morgen ganz von selbst aufgelöst.

»Auf zweiundsiebzig Schläge«, sagte Eva und stieß mit Evelyne an.

»Na ja«, sagte Evelyne. »Sagen wir mal auf plus acht! Zweiundsiebzig werde ich nicht schaffen!«

»Wir gehen aber mal von zweiundsiebzig aus«, wiedersprach Eva. »So 'ne kleine Parrunde sollte schon drin sein!« Sie grinste. »Wenn wir schon ganz ohne Männer spielen müssen.«

»In diesem Fall wohl eher dürfen!« Evelyne zwinkerte ihr zu. »Wir wollen ja schließlich ankommen ...«

»Apropos.« Eva senkte sie Stimme. »Was ist nun mit Luis? Wenn ihm nicht nach einem Fest ist – was ist mit heute abend?«

»Da kommt er natürlich!« Sie grinste. »Das wäre ihm zuviel Getuschel!«

Bei der ersten Spielbahn kam Evelyne schon etwas aus der Puste. Es ging ständig bergauf, was Eva aber kaum bemerkte. Seltsamerweise spürte sie überhaupt keine Anstrengung. Loch 1 gab Par 4 vor und hatte für die Damen eine Länge von dreihundertsiebenunddreißig Metern. Evas Abschlag war so gut gelungen, daß sie hoffte, ein Birdie zu spielen.

»Was ist eigentlich mit deinen Töchtern, Denise und Maja? Spielen die noch?«

Evelyne mußte sich anstrengen, um mit Eva Schritt zu halten. »Mal mehr, mal weniger«, sagte sie. »Im Moment wenig engagiert, aber beim Jugendturnier sind sie dann dabei. Und deine?«

»Caro büffelt fürs Abitur, und Toni sieht es ja sowieso immer eher spielerisch. Und jetzt bin ich ganz froh, wenn ich keine Trainingsstunden, Greenfee oder Startgeld bezahlen muß. Seit Gerold weg ist, klemmt's an allen Ecken!«

»Und was tust du?«

»Hab die Scheidung beantragt!«

»Bringt das Geld?«

»Nee, aber wenigstens einen Titel. Falls er wieder in Deutschland aufkreuzt, hab ich zumindest was in der Hand ...«

»Ach je!« Sie warf ihr einen Blick zu. »Warum muß das Leben so kompliziert sein?«

Evelyne blieb vor ihrem Ball stehen und stellte den Trolley ab. Der Wind fuhr ihr durch die rötlich getönten Haare, während sie einen Schläger auswählte und ihn herauszog. »Immer eine Herausforderung«, sagte sie dazu. »Jetzt der da.« Sie nickte dem Ball zu. »Und dann zu Hause Luis. Wenn ich nur wüßte, was ich tun soll!«

»Möglichst weit und gut schlagen«, kommentierte Eva trocken. Das Grün war schlecht einzusehen und lag auf zwei Ebenen, trotzdem gelang Evelynes zweiter Schlag perfekt. »Na, also«, sagte Eva. »Geht doch! Und zu Hause gibt es auch eine Lösung, wirst sehen!«

»Meine Töchter verzeihen mir es nie, wenn ich ihr Glück zerstöre.« Sie stopfte das Eisen zurück in das Golfbag und zog wieder an.

»Was ist denn das Glück deiner Töchter?« fragte Eva, während sie wieder nebeneinander hergingen. »Ist es wirklich Luis? Unternimmt er überhaupt was mit ihnen? Hört er ihnen zu? Fragt er sie nach Schule, Freunden, interessiert er sich für ihre Sorgen?«

Evelyne holte tief Luft. »In der Regel kommt er spät nach Hause, und am Wochenende sind auch oft Spieltage.

Und dann natürlich die Theatertourneen, oder kürzlich waren es Dreharbeiten zu einem Spielfilm.«

»Sieht er die Kinder überhaupt? Was ist mit den Ferien?«

Evelyne zuckte die Achseln.

»Klar, schöne Reisen. Das übliche halt. Kreuzfahrt oder Karibikinsel oder Skifahren.«

Das übliche halt, dachte Eva. Ihr Ball lag kurz vor dem Green. Sie wählte das Pitching Wedge, während Evelyne die Fahne aus dem Loch nahm. Jetzt konzentrier dich, sagte sie sich. Wenn du gut bist, brauchst du nicht zu putten. Und du bist gut!

Sie war gut und lochte ein.

»Wow!« sagte Evelyne. Ihr Ball war knapp vor einem Sandbunker liegen geblieben, und als sie jetzt mit dem entsprechenden Schläger hinging, sagte sie nur: »So, mein Freund! Das machst du jetzt Evas Ball nach!«

Ganz reichte es nicht, aber auch sie war mit insgesamt vier Schlägen im Ziel.

»Sind wir doch schon mal gut«, freute sich Eva und steuerte Loch 2 an. Hier galt Par 5, und sie liefen die Spielbahn ohne größere Anstrengung durch. Die Sandbunker rechts und links waren gefährlich und auch das kleine Grün, das sich hinter welligen Vorgrüns duckte, aber trotzdem lief es gut. Par 3 gab die nächste Spielbahn vor, und jetzt hatten beide Frauen Schwierigkeiten beim Putten.

»Es ist das verdammt schwierigste Grün des ganzen Platzes«, fluchte Eva, nachdem der Ball kurz vor dem Loch einen kleinen Haken geschlagen und vorbeigerollt war. »Blöder Kerl!« sagte sie, nahm es aber gleich wieder zurück, denn ein wenig abergläubisch war sie schon. Was, wenn sich der Ball bei den nächsten fünfzehn Bahnen für die Beschimpfung rächte?

Er tat es auf der fünften Spielbahn, indem er beim Abschlag in den Ästen hängenblieb.

Evelyne lachte laut los, das war ihre Bahn. Par 4 war gefordert, sie spielte für diese Spielbahn tatsächlich ein Birdie.

»Okay«, sagte Eva. »Ich spiele mich noch ein. Ab Loch 8 komme ich in Fahrt, wirst sehen!«

Tatsächlich kamen sie beide gut durch. Spielbahn 11 ging noch mal an die Kondition, weil es wieder bergauf ging und weil Eva deutlich oberhalb des Loches lag. Sie mußte zweimal putten, bis sie drin war, das warf sie in ihrer Schlagzahl zurück, aber es ließ sie kalt. Sie war hier ja eher die Außenseiterin, und als Siegerin war man in einer solchen Position unter denen, die regelmäßig spielten und trainierten, sowieso nicht gut gelitten. »Werd ich halt zur echten Bogeyspielerin«, sagte sie und grinste.

»Die sind mir sowieso die sympathischsten.« Evelyne warf ihr eine Kußhand zu. »Und außerdem ist noch nichts entschieden. Wir haben noch sieben Loch vor uns!«

Bei Loch 18 fielen sie sich in die Arme. Sie hatten es geschafft. »Gerade rechtzeitig«, sagte Eva und wies nach oben. Dunkle Wolken zogen auf und trieben Eva und Evelyne recht schnell ins Clubhaus.

»Zwei Pils«, bestellte Evelyne, und gleich darauf waren sie von einem Pulk gutgelaunter Clubmitglieder umgeben.

»Wo sind denn eure Partner?« fragte Nils, der im Vorstand war und die Anmeldungen gesehen hatte.

»Die schonen sich für das große Finale heute abend!« Evelyne lächelte.

»Dabei ist Luis zur Zeit doch ganz gut in Form. Hätte sicherlich vorn gelegen«, erklärte Nils.

»Ach?« sagte Evelyne und runzelte die Stirn. »Zu mir sagt er immer, er arbeitet bloß!«

»Ja, tut er ja auch«, erklärte Nils. »Er hat eine Kollegin, mit der er in dem neuen Stück, das er gerade einstudiert, heftig viele Dialoge hat. Und die sprechen sie, während sie golfen!« Er schaute sie nachdenklich an. »Weißt du das nicht?«

Evelyne schüttelte den Kopf. »Vielleicht weiß er nicht, wie er mir das erklären soll.« Sie mußte lachen. »Ist das nicht komisch?« sagte sie zu Eva. »Wer von uns beiden macht sich eigentlich Gedanken – er oder ich?«

Thomas hatte versprochen, Eva um halb acht Uhr abzuholen. Sie hatte sich im Badezimmer eine Hochfrisur gesteckt und lief nun in ihrem Abendkleid barfuß nach unten, um im Backofen nach ihren Schuhen zu sehen. Toni hatte sie zwar, wie versprochen, gefärbt, aber leider viel zu spät. Sie waren noch feucht, als Eva vom Golfen kam, und das ging nun gar nicht. Caro hatte ihr drei Taschen zur Auswahl hergerichtet, sie standen brav nebeneinander auf dem Küchentisch. Doch die eine war Eva einen Touch zu grell, die andere zwar pfiffig, aber aus Plastik, und die dritte eigentlich zu klein. Es war eher ein Säckchen, das oben mit einer goldenen Kordel geschlossen wurde. Es erinnerte an die Beutelchen, die die Damen im Mittelalter an ihren Gürteln getragen hatten. War damals nicht Riechsalz drin? Sie hatte keine Ahnung, aber es war aus fliederfarbener Seide und somit schon mal tauglich. Woher sie das wohl hatte?

Zwanzig nach sieben schlüpfte sie in ihre Schuhe, gab etwas Gloß auf ihre Lippen und legte sich den Schal um. Letzter Kontrollblick in den großen Flurspiegel, alles okay. Keine ihrer beiden Töchter war da, um das Resultat zu bewundern oder wenigstens zu kommentieren. Caro war mit Lina unterwegs und Toni mit Sven und Flash. Einzig Hoppeline saß vor dem Kühlschrank und machte große Augen. Aber auch nur, weil dort im Gemüsefach ihr Löwenzahn lag. »Okay, Hoppeline, Abendessen!«

Dazu schnitt ihr Eva auch noch ein Stück Banane ab. »Paß gut auf das Haus auf«, sagte sie, und da klingelte es auch schon.

Thomas gab eine so gute Figur ab, daß sie sich fast ein bißchen provinziell vorkam.

»Das ist aber edel«, sagte sie, und er nahm sie in die Arme.

»Dafür wirst du die Königin der Ballnacht sein!« Thomas küßte sie und drehte sie um ihre eigene Achse. »Du siehst phantastisch aus!«

Es war klar übertrieben, fand sie, aber es tat trotzdem gut. Er dagegen war der perfekte Smokingträger. Groß und breitschultrig, dazu seine kantigen Gesichtszüge und die gebräunte Haut. »Wie ein Filmstar«, sagte sie. »Luis wird vor Neid erblassen!«

»Luis?« wollte er wissen.

»Das ist Evelynes Mann, du erinnerst dich? Nicht daß du da was verwechselst ...«

Er lachte. »Nein. Schon klar. Wobei es eigentlich die Solidarität unter Männern verbietet, bei so etwas mitzumachen!«

»Oliver ist aber doch auch ein Mann ...?«

Thomas hielt ihr die Haustür auf. »Jetzt wollen wir aber nicht spitzfindig werden.«

»Aha«, sagte Eva.

»Und weshalb wird er vor Neid erblassen?« wollte Thomas nun doch wissen, während sie die drei Stufen zum Gehsteig hinuntergingen.

»Weil er Schauspieler ist und keine Götter neben sich haben will.«

»Na, das wird was!« Er hielt ihr die Wagentür auf.

»Was?«

»Wenn Oliver aus der Deckung kommt.«

Der Wind zerrte an Evas Kleid, als sie zum Clubhaus gingen, aber es war nicht ganz so kalt, wie sie es befürchtet hatte. Der heftige Platzregen, der nach ihrem Spiel noch niedergegangen war, hatte überall Lachen hinterlassen, und Eva mußte höllisch aufpassen, in keine Pfütze hineinzutreten. Zuviel Wasser, fürchtete sie, könnte vielleicht ihre Schuhfarbe ablösen.

Die ersten waren schon da, es wurde Prosecco gereicht, und Eva schaute sich um. »Ich werde dich gleich mal überall vorstellen«, sagte sie zu Thomas, der keinen Prosecco wollte, sondern statt dessen um ein Pils bat.

»Laß dir Zeit«, bremste er, »der Abend fängt ja erst an.«

Im Nebenraum war festlich gedeckt worden, aber hier im eigentlichen Clubraum trafen sich alle, bewunderten gegenseitig die Garderobe, stießen auf das Angolfen an, tranken und tauschten die neuesten Geschichten aus. Eva wartete auf Evelyne. Sie hoffte nur, daß es zwischen den beiden keinen Streit gegeben hatte. Evelyne schoß manchmal übers Ziel hinaus, dann gab es kein Halten mehr.

Wenn sie ihm das Golfspiel mit einer Kollegin vorgeworfen hatte, konnte ein Wort leicht das andere geben.

Thomas steckte Eva eines der kleinen heißen Blätterteigstücke in den Mund, die eben auf einem silbernen Tablett vorbeigetragen wurden. »Schon mal lecker«, sagte er und drehte sich nach dem jungen Kellner um, um ein weiteres Gebäck zu erbeuten. In diesem Moment wurde es etwas leiser im Saal, und es war klar, daß nun jemand hereingekommen war, der die allgemeine Aufmerksamkeit erregte.

»Evelyne und Oliver«, flüsterte Thomas und kassierte dafür von Eva einen Rippenstoß.

»Psst!« sagte sie, spürte aber trotzdem, wie sich ihr Herzschlag beschleunigte.

Thomas, durch seine Größe im Vorteil, schaute über die meisten Köpfe hinweg und beugte sich dann etwas zu ihr hinunter. »Ein älteres Ehepaar«, sagte er. »Vielleicht die Ehrenmitglieder oder so was. Schade. So ein kleiner Skandal hätte sofort alles aufgelockert!«

»Du bist Skandal genug«, sagte Eva und lächelte ihm spöttisch zu. »Was meinst du, was du für die nächsten Wochen für ein Thema abgeben wirst!«

Thomas nickte. »Klar, die schwarze Witwe. Kaum hat sie den einen in die Tsunamiwelle geschickt, bringt sie den nächsten an! Was dem wohl bevorsteht?«

»Erst mal eine langweilige Siegerehrung!« Sie zeigte hinter sich zu der kleinen Bühne, auf der schon ein Tisch mit Pokalen neben dem Sprecherpult stand. Jetzt traten neben ihr einige Leute zur Seite, und Eva konnte sehen, wer da wie durch ein Spalier auf sie zukam.

»Mama!« sagte sie, und ihr blieb der Mund offen stehen. Ihre Mutter trug zu den weißen, sehr kunstvoll gelegten Haaren ein knallrotes, fließendes Abendkleid aus Chiffon, dessen weite Trompetenärmel hinter ihr her wehten. Ihre linke Hand hatte sie leicht auf Oskars Arm gestützt, der sehr distinguiert und aufrecht neben ihr her schritt. Beide lächelten sie, als sie Eva erkannten.

»Eva, wie schön!«

»Mama!«

Das war ja ein Schlager. Oskar hatte es tatsächlich wahrgemacht und ihre Mutter begleitet, und nicht nur das, ganz offensichtlich waren sie für diesen Anlaß auch noch einkaufen gewesen. Unglaublich!

»Darf ich euch Thomas Rau vorstellen«, sagte sie, und Thomas nahm ihre Mutter sofort für sich ein, indem er sich galant über ihre Hand beugte und einen Kuß andeutete.

»Meine Mutter, Dr. Oskar Stephan«, stellte sie vor.

»Freut mich«, hauchte ihre Mutter.

»Mich auch«, sagte Thomas und hielt erneut nach dem Kellner Ausschau. »Auch ein Pils?« fragte er Oskar, der sofort zustimmte. Kaum schob sich der Kellner mit den beiden Pils durch die Menschenmenge, als in seinem Kielwasser auch Luis auftauchte und hinter ihm Evelyne. Sie rollte schon mit den Augen, bevor sie überhaupt den Mund aufmachte. Luis griff direkt nach einem der beiden Gläser. »Pils«, sagte er. »Das habe ich jetzt auch bitter nötig! Bis Evelyne endlich den letzten Lidstrich setzt, bin ich regelmäßig verdurstet!«

Thomas sagte nichts, sondern bot das zweite Pils Oskar an.

Sie stellten sich gegenseitig vor. Evelyne fielen fast die Augen aus. »Deine Mutter hat einen Lover?« Ihre Frage fiel lauter aus als geplant, aber alle überhörten sie geflissentlich.

Es war wirklich unglaublich, wie schnell sich alles ändern konnte. Vor nur vierzehn Tagen war doch noch alles völlig normal gewesen: Ihre Mutter hatte sich in ihrer eigenen Welt vergraben und in ihren Erinnerungen, sie selbst hatte für ihre Kinder das Andenken an den Vater aufrechterhalten, und Evelyne war die Krone des Familienglücks gewesen.

Und nun lieferten sie gemeinsam Munition für tausend Tratschgeschichten.

»Darf ich um Ihre Aufmerksamkeit bitten?«

Aha. Nils wollte den formellen Teil des Abends hinter sich bringen. Er tat es rasch und in gewohnt witziger Weise. Für Evelyne, die allgemein als ehrgeizig bekannt war, gab es einen Tusch, sie war in der Paarwertung gemeinsam mit Eva zweite geworden. Vor ihnen lag nur das Clubmeisterpaar, das keinen Tusch, dafür aber eine Magnumflasche Champagner bekam. Bis zum zehnten Paar wurde geehrt, wobei Nils betonte, daß es bekanntlich um keine Clubmeisterschaft gegangen sei, sondern nur um ein kleines Anspielen der Saison, die im übrigen von den meisten natürlich längst angespielt war. Danach nahm er seinen artigen Applaus entgegen, räumte die Bühne, und die Musiker trugen ihre Instrumente hinauf.

»Eintanzen« nannten sie das, denn in einer halben Stunde sollte das Büfett eröffnet werden. Thomas bat Eva direkt um den ersten Tanz, und so eröffneten sie mit einem langsamen Walzer die Runde. Es dauerte nicht lang, und die Tanzfläche wurde voller. Eva genoß es, denn in diesem Punkt hatte er nicht übertrieben, er tanzte wirklich gut.

»Hast du auch noch einen Last-Minute-Tanzkurs gemacht?« fragte sie. Es war leicht, mit ihm eins zu sein und die Füße richtig zu setzen. Er führte so gut, daß sie sich bald nicht mehr auf ihre Schritte konzentrieren mußte, sondern nur noch dahinschweben durfte. Der Mann war zum Verlieben, das stand fest. Hoffentlich ging das nicht schief, dachte sie. Irgendwo mußte er doch eine Leiche im Keller haben, sonst war es einfach zu traumhaft. Und Träume konnten böse enden, sie mußte an ihren Alptraum mit dem Bootshaus denken.

Etwas Rotes blitzte auf. Zum nächsten Tanz, einem Foxtrott, hatte Oskar ihre Mutter aufgefordert. Das war klasse, Eva spähte hinüber. Ganz die alte Schule. Eigentlich muß meine Mutter jetzt direkt ausflippen, dachte sie, denn erstens war sie weitaus verschrobener – war sie das wirklich, fragte sie sich im selben Moment – und zweitens natürlich viel älter. Liebe im Alter – aber warum eigentlich nicht?

Sie schmiegte sich an Thomas.

»Verlieb dich bloß nicht«, sagte er. »Du weißt, ich frühstücke mit keiner Frau!«

»Dabei hast du doch schon bei uns gefrühstückt – als du den Schreiner mitgebracht hast!«

»Das gilt ja nicht. Du weißt genau, wie ich das meine!«

Es wurde ein ausgelassenes Fest. Evelyne und Eva zogen sich gegen Mitternacht mit einem Glas Prosecco in eine Ecke zurück, gingen die Ballkleider der Damen durch und amüsierten sich königlich dabei.

»Anett war extra nochmals einkaufen, hast du gesehen?« flüsterte Evelyne. »Das Preisschild hängt ja noch dran!«

»Stimmt!« prustete Eva.

»Dafür hat es bei ihrem Mann nur zu einem schwarzen Anzug gereicht!«

»Du bist ein elitäre Ziege!«

Aber sie mußten beide lachen.

»Aber mal im Ernst, deines ist wirklich hübsch!«

Evelyne trug ein mokkafarbenes, schulterfreies Kleid, das an den Ärmeln und oben einen schmalen weißen Abschluß hatte. Bis zu einem tiefen Gürtel lag die Seide körperbetont an und bauschte sich erst ab den Beinen zu einem weiten Rock.

»Mußt halt mal mit mir nach Singen kommen!«

»Deine Lieblingsboutique? Ich würde es mir bei Gelegenheit lieber mal bei dir ausleihen!«

Evelyne hielt ihr die Hand hin. »Gebongt!«

»Hast du Luis auf seine Golfgefährtin angesprochen?«

Evelyne grinste. »Ich werde doch mein As nicht zu früh opfern! Die bringe ich an, wenn er mir eines Tages Oliver unter die Nase reibt.«

»Wow!« Eva hob das Glas. »Heißes Spiel!«

»Ja.« Evelyne stieß mit ihr an. »Auf das Leben!«

Eva nahm einen tiefen Schluck. Sie spürte den Alkohol schon, aber auf eine angenehme Art. Sie fühlte sich hellwach und zu allem bereit.

»Eine Nacht zum Bäumeausreißen«, sagte sie zu Evelyne.

»Würde es auch ein Tanz mit mir tun?«

Sie drehte sich um, Oskar stand hinter ihr.

»Aber gern«, sagte sie, stellte ihr Glas ab und stand auf.

»Meine entzückende neue Freundin wurde nämlich gerade von einem charmanten jungen Herrn aufgefordert.«

»Oh!« Eva schaute auf die Tanzfläche. Tatsächlich, dort tanzte Thomas mit ihrer Mutter im Dreivierteltakt. Das Kleid ihrer Mutter schwebte, und sie sah wirklich grandios aus. Sie mußte ihr das sagen, die Resonanz auf ihren großen Auftritt würde sie sicher freuen.

»Hübsches Paar«, sagte sie. »Fast so schön wie Sie beide!«

Oskar lächelte sie an. »Wie liebenswürdig! Vielen Dank!«

Sie warteten ein Lücke ab, und dann reihten sie sich ein. Er tanzte etwas steifer als Thomas, mehr die exakte Tanzlehre, weniger schwungvoll, aber es machte auch mit ihm Spaß.

»Kennen Sie Ihren Thomas denn schon lang?« fragte er, als die Musik zu einem Blues wechselte.

»Lang? Nein. Wieso?« Eva schaute ihn an.

Er lächelte, aber seine Augen hinter den dicken Brillengläsern blieben ernst.

Eva war alarmiert.

»Wieso? Was ist mit ihm?«

»Nun, ich habe vorhin, nicht statthaft, ich gebe es zu, aber doch immerhin, ein Gespräch belauscht. Zwei Herren ließen sich über ihn aus, die ihn wohl kennen.«

Eva hielt die Luft an. Kam jetzt die Leiche aus dem Keller? Sie wollte es nicht hören.

»Ja?« fragte sie zaghaft und stolperte dabei über seinen Fuß. Er hielt sie, bis sie wieder im Tritt waren. Warum fiel ihr gerade jetzt auf, daß die Trompete zu schrill war?

»Also, um es kurz zu machen«, er schaute sie wieder bedauernd an, »der eine meinte, er sei ein kleiner Betrüger.«

»Kleiner Betrüger«, wiederholte sie tonlos. Es paßte natürlich zu seiner Behauptung, er könne Golf spielen. Aber war er deshalb ein Betrüger? Und wenn er einer war, was konnte er von ihr wollen?

»Wer hat das gesagt?«

Oskar schaute sich beim Tanzen um. »Der eine wurde von seiner Frau geholt, weil sie nach Hause wollte, deshalb konnte ich auch nicht weiter zuhören.« Er zuckte die Achseln. »Der andere … Augenblick, es sind noch so viele Leute hier!«

Das stimmte allerdings. Die Tanzfläche war noch immer voll, überall standen Grüppchen herum, und der Saal war nicht nur von der Musik, sondern auch von Stimmengewirr erfüllt. Die Vier-Mann-Kapelle war wirklich gut, bot für jeden was, mal klassisch, mal modern, mal schnell, mal langsam. Aber jetzt verklangen die letzten Takte, und Nils sprang auf die Bühne und ergriff das Mikrophon. Er kündigte die letzten drei Tanzrunden an, was sofort heftigen Protest auslöste. Aber Nils erklärte, daß im Nebenraum in dieser Minute die Mitternachtssuppe aufgetragen werde.

Thomas gesellte sich mit ihrer Mutter zu ihnen. »Ich weiß ja nicht, wie es euch geht, aber ich habe schon wieder Hunger!« sagte er.

Eva war gehemmt. Sie suchte Oskars Augen, er blinzelte ihr zu.

»Abwarten!« sagte er.

»Abwarten?« fragte Thomas. »Dann ist der Suppentopf leer. Und es duftet nach schönem scharfen Gulasch!«

In diesem Moment zupfte Oskar Eva am Ärmel und deutete auf einen graumelierten Mann Anfang Sechzig. Sie nickte, sagte aber nichts. Reiner Kleinrath, Galerist. Was hatte der mit Thomas zu schaffen? Sollte sie ihn fragen?

Aber das war albern. Entschuldigen Sie, Herr Kleinrath, aber warum bezeichnen Sie den Mann, den ich liebe, als kleinen Betrüger?

Das war unmöglich.

Und – was hatte sie da gedacht?

Den Mann, *den sie liebte?* Das war doch wohl ein bißchen voreilig. Was sollte sie an ihm schon lieben? Bisher waren es doch reine Äußerlichkeiten. Der Sex, seine Art, mit Menschen umzugehen, seine Hilfsbereitschaft. Deshalb liebte man doch keinen, da gehörte doch wohl ein bißchen mehr dazu.

Ein gemeinsames Frühstück, zum Beispiel.

Sie schaute ihn an. Er lächelte ihr zu und nahm ihren Arm.

»Darf ich dir eine Gulaschsuppe anbieten?«

»Du weißt doch noch nicht mal, ob es eine ist. Es könnte auch eine Griesnockerlsuppe sein.«

»In Stuttgart!« sagte er und zog die Augenbrauen hoch. »Dann doch wohl eher eine Flädlesuppe!«

»Wie auch immer«, erklärte Oskar von hinten, »ich finde die Idee gut. Und dazu ein Pils!«

Um zwei war sie zu Hause. Thomas hatte ein Taxi gerufen, das zuerst ihre Mutter und dann Oskar vor ihren jeweiligen Wohnungen abgesetzt hatte. »Ist was mit dir?« fragte er sie, als sie allein auf der Rückbank saßen. »Du bist so reserviert!«

Das stimmte, sie wußte es auch. Aber Kleinraths Bemerkung drückte auf ihr Gemüt und hatte ihr die Lust verdorben. Sie wollte sich nicht in einen Mann verrennen, der nichts taugte.

Nichts taugte?

Sie sprach wie ihre Mutter. Und trotzdem war dieses Gefühl da.

»Mir geht es nicht so gut«, sagte sie und kam sich dabei unglaublich blöd vor. Über die Migränenummer hatte sie immer gelacht, jetzt war sie selbst knapp davor.

»Tut dir was weh?« Er klang ernstlich besorgt.

»Ich habe heute abend schon mehrfach Aspirin geschluckt«, schwindelte sie. »Ich befürchte, ich bekomme eine Grippe. Mir ist abwechselnd heiß und kalt.« Das zumindest stimmte. Seit diesem blöden Satz fuhr ihr Kreislauf Karussell.

»Kann ich dir was Gutes tun? Kompressen? Tee mit Rum? Fieber messen?«

Sie mußte lachen. »Fieber messen ist eine fabelhafte Idee«, sagte sie. »Aber, nein, im Ernst, ich brauche vielleicht einfach mal einen Tag, um zu relaxen!«

»Versteh ich gar nicht«, sagte er, »bei dir ist doch nie was los …«

Sie schlief unruhig und wachte immer wieder auf, obwohl es dafür eigentlich keinen Grund gab. Ihre Töchter waren zu Hause, die Tiere versorgt, an dem Rattenkäfig, der nächste Woche geliefert werden sollte, wollte sich ihre Mutter beteiligen, obwohl sie sich doch vor Ratten ekelte – sicherlich gehörte das zu ihrer neuen Rolle als Frau Dr. Biologin. Außerdem war Evas Einkommen für eine weitere

Woche gesichert, und die Landesschau hatte auch schon wieder angefragt. Es konnte also tatsächlich nur Thomas sein, der so wild in ihr rumorte.

Aber wenn er eine so wichtige Rolle spielte, daß sie deshalb nicht schlafen konnte, wie sollte sie dann am nächsten Morgen damit umgehen? Und übermorgen? Und überhaupt? Sollte sie ihn einfach mit Kleinraths Bemerkung konfrontieren? Das wäre vielleicht das beste.

Über diesem Gedanken schlief sie ein.

Den Sonntag verbrachte sie mehr oder weniger im Bett: Erstens regnete es, zweitens pflegte sie ihre kleine Depression, und drittens waren ihre Töchter immer besonders freundlich, wenn sie auch mal Schwächen zeigte. Abwechselnd servierten sie ihr Tees und Sandkuchen, und selbst Flash saß mit großen Augen vor ihrem Bett und wedelte nur zaghaft vor sich hin.

»Kümmert ihr euch um Hoppeline und um Prada und Gucci?«

»Aber klar, Mama!« Toni stand breitbeinig in ihrer Tür. »Und stell dir vor: Prada hat neun Junge, Mama! Gaaanz süß!«

»O nein!«

Sie rutschte noch tiefer in ihre Kissen.

»War ein Wiiihiitz!«

Eva tauchte wieder aus ihrem Kissen auf. »Mit so was macht man keine Witze!«

»Aber könnte doch sein!«

»Vieles könnte sein«, sagte sie und dachte an Thomas. Und dieser Zustand sollte sich den ganzen Tag nicht verändern.

Mein Gott, dachte sie, als es Abend wurde. Der Kerl macht mich richtig krank! Ich werde jetzt doch diesen Kleinrath anrufen.

»Magst du 'ne Pizza?« hörte sie von unten rufen. »Selbstgemacht!«

»Ja!« rief sie, entschlossen, wieder zu den Lebenden zurückzukehren. »Und bringt mir das Telefon und das Telefonbuch herauf!«

Welch Wunder, es klappte tatsächlich. Caro kam mit einem großen Tablett, auf das sie alles gepackt hatte, einschließlich eines Glases Rotwein.

»Gegen Weltschmerz!« sagte sie dazu.

»Gegen was?«

»Ich kenn das«, sagte ihre Große. »Vielleicht hab ich's ja von dir geerbt. Aber laß es dir gesagt sein, es geht vorbei!«

»Oh!« Eva setzte sich im Bett auf. »Vielen Dank!«

Galerie Kleinrath. Das fand sie schnell. Aber keine Privatnummer. Sie probierte es trotzdem. Der Anrufbeantworter lief. Sie legte auf. Sie hätte Thomas fragen sollen. Er hatte schon zweimal angerufen, jedesmal hatte sie ihn mit albernen Ausreden abgespeist.

Sie war einfach eine schlechte Lügnerin. Aber sie konnte ihn ja kaum fragen, ob das stimmte, was Kleinrath gesagt hatte.

Sie wollte sich nicht in einen kleinen Betrüger verlieben!

Eva zog sich die Bettdecke über den Kopf und hoffte, die Nacht würde irgendwie vorübergehen.

Der nächste Montag brachte blauen Himmel, und als Eva mit ihrem Morgenkaffee vor der Terrassentür stand, sah sie, wie die Schwalben im Tiefflug um das Haus herumschossen. Das waren ja eigentlich Vorboten für schlechtes Wetter, aber noch hielt es sich, noch waren keine Regenwolken in Sicht.

»Also die besten Prognosen für einen wunderbaren Tag«, sagte sie laut und richtete ihren beiden Töchtern die obligatorischen Brote. Dann lief sie zu Toni hoch, um sie zum drittenmal zu wecken. »Toni!« rief sie und wummerte gegen die Tür.

»Bin schon wach!«

»Du sollst nicht nur wach sein, sondern auch aufstehen!«

»Steh schon auf.«

Das war natürlich glatt gelogen.

»Wenn du in fünf Minuten nicht auf bist, schaffst du es nicht mehr!«

Wie konnten Kinder nur so unterschiedlich sein. Wie wäre wohl ein drittes geworden? Besser gar nicht darüber nachdenken. Reine Utopie.

Ob Gerold wohl wieder Vater geworden war? Gut möglich. Neuer Anfang, neues Leben, neues Glück.

»Toni!«

Wieviel Energie dieser tägliche Aufmarsch kostete. Endlich hörte sie, wie Tonis Zimmertür ins Schloß fiel. Okay, jetzt ging der Tag los. Flash sauste die Treppe herunter, dicht gefolgt von Hoppeline.

Eva öffnete die Terrassentür und richtete dann ihr Futter, auch das für die beiden Ratten, obwohl die jetzt im tiefsten Schlummer lagen. Trotzdem. Auch sie mußte nachher los, vor allem kannte sie das Hotel »Amélie« in Bad Cannstatt nicht und mußte es erst noch auf der Karte suchen. Sie wußte nur, daß diese Hotels ein Familienbetrieb mit vier Häusern waren. »Die beiden anderen stehen in Leonberg und Göppingen«, hatte ihr Tom erzählt. »Und mit etwas Glück brauchen die auch neue Prospekte und Internetauftritte und so …«

Mit etwas Glück … hatte sie im Moment Glück? Keine Ahnung. Vor allem war sie unglücklich! Und Thomas hatte bei seinem letzten Telefonat nichts weiter gesagt als: »Bis dann.«

Bis dann war alles oder nichts. Aber was wollte sie selbst? Sie wußte es nicht.

Doch – nichts jedenfalls nicht.

Sie hatte sich mit Tom auf zehn Uhr verabredet. Und sie war auch schon viel relaxter als beim ersten Mal. Dieses Hotel »Amélie« stand offensichtlich kurz vor der Wiedereröffnung und sah schon von außen völlig anders aus als das erste. Während das in der City hell und offen war, ein moderner Bau aus Glas und Stahl, war dieses hier zwar genauso groß, wirkte aber mit dem großen Biergarten und der kunstvollen Wandbemalung eher ländlich-gemütlich.

Eva war auf die Models gespannt. Weder ein Charly und eine Mirjam noch Isabella und Yanek paßten hierher. Da dachten die Manager sicherlich eher an bodenständige Trachten oder etwas Ähnliches.

Sie parkte ihren Golf, nahm ihren Kosmetikkoffer und ging durch die große Schwingtür an dem Schild »Geschlossen« vorbei ins Foyer hinein. Dort war alles schon fertig gestaltet, sehr aufwendig mit dicken Teppichen, schönen alten Bauernschränken und Truhen, die Wände waren in passenden Pastellfarben gehalten und die Decken mit viel Holz getäfelt. Sie hätte auch in einem österreichischen Skiort sein können.

An der Rezeption arbeitete schon jemand, und sie wollte sich gerade vorstellen, als sie von hinten angesprochen wurde.

»Schön, Sie zu sehen!«

Eva drehte sich um. Gabriela Zell stand hinter ihr.

»Oh!« sagte sie überrascht. »Frau Zell? Sind Sie für alle Hotels zuständig?«

Die Executive-Managerin trug eine extravagante Bluse zu einer schmal geschnittenen Hose und reichte ihr die Hand.

»Für alle wäre zuviel verlangt!« Sie lachte. »Nur für unsere. Und heute ist natürlich dieses hier das wichtigste. Mit dem neuen Glanz soll es nun auch in der Werbung entsprechend zur Geltung kommen!«

Eva nickte. »Doch, es ist prachtvoll! Ich dachte eben, es erinnert mich an ein österreichisches Skihotel!«

Gabriela lachte. »Ganz im Vertrauen – dort haben wir auch die Ideen geklaut …« Sie legte ihr leicht die Hand auf die Schulter. »Kommen Sie, Tom ist schon in der Bar und leuchtet für das erste Shooting aus. Ich möchte Sie mit jemandem bekannt machen!«

Eva folgte ihr. Und obwohl sie sich heute auch seriös angezogen hatte, kam sie sich hinter Gabriela bieder vor. Sie war einfach nicht mehr auf dem neuesten Stand, das war eindeutig. Ihre Blusen waren weiß oder hellblau oder rosé, aber Gabriela trug ein auf den Leib geschnittenes blau-weiß gestreiftes Teil, das absolut halbfertig aussah. An den Nähten hingen Fäden weg, die Manschetten waren aus indischem Stoff, und selbst die Knöpfe sahen orientalisch aus. Diese Bluse war ein wirklicher Hingucker.

Eva war völlig in Gedanken, und als Gabriela eine Tür öffnete, ging sie blicklos an ihr vorbei und blieb erst in der Mitte des Raumes stehen. Dann fiel ihr buchstäblich der Kosmetikkoffer aus der Hand.

»Was ist denn das?« stammelte sie.

Sie stand vor einem Bild aus ihrer Kindheit. Kein Zweifel. An der dezent altrosa gestrichenen Wand hing, raffiniert beleuchtet, das Gemälde ihrer Großmutter.

Sie bekam kein Wort heraus, sondern drehte sich nach Gabriela um. Und da sah sie auch die beiden anderen. Jede Wand wurde von einem ihrer Speichergemälde geschmückt.

»Ich versteh's nicht«, sagte sie und versuchte, sich zu sammeln.

»Es ist nur ein Versuch und bedarf Ihrer Zustimmung«, erklärte Gabriela und lachte nun herzlich. »Aber ich hätte mir denken können, daß Sie von nichts eine Ahnung haben!«

»Von nichts?« Eva schaute sie an. »Das trifft's genau! Und ganz offensichtlich habe ich nicht nur von nichts eine Ahnung, sondern ich kapiere auch nichts. Wie kommen denn meine Bilder hierher?«

»Das soll Ihnen mein Bruder selbst erklären!«

»Ihr Bruder?«

»Ja. Geht es dir besser?« Diese Stimme hätte sie überall herausgefiltert.

Sie drehte sich nach ihm um. Thomas stand in einem lichtgrauen Anzug mit offenem lachsfarbenem Hemd in der Tür.

»Ihr Bruder?« wiederholte Eva.

Thomas kam schnell auf sie zu. »Ja! Gabriela ist meine Schwester. Gabriela Zell, geborene Rau. Sie traute meinem Geschmack nicht und hat hinter meinem Rücken diese kleine Geschichte gedreht.«

»Ah! Der Auftrag von ganz oben …«, mutmaßte Eva.

Gabriela nickte.

»Können wir uns vielleicht irgendwo hinsetzen?« fragte Eva. »Mir wackeln die Knie!« Sie schaute Thomas an. »Und das kommt nicht von einer Grippe!«

Gabriela machte eine kleine Handbewegung. »Das soll so eine Art Wiener Kaffeehaus werden«, erklärte sie. »Mit ausgesuchten Kaffeesorten und feinem Kuchen. Die Möbel kommen noch.«

Eva lächelte schwach. »Immerhin sind die Bilder schon da«, sagte sie.

»Ja, darüber müssen wir noch reden. Sie würden in ihrem Charakter natürlich wunderbar hierher passen, schon deshalb, weil das hintere ein altes Stadtviertel unweit von hier zeigt und das dritte diese liebliche Heuernteszene.«

Eva nickte.

»Und weil Walter Hämmerle natürlich nicht nur Einheimischen ein Begriff ist. Ein gesuchter, berühmter Maler, den Sie da auf Ihrem Dachboden versteckt haben!«

»Was?« Eva glaubte sich verhört zu haben.

»Ja, aber dazu kommen wir später!« Gabriela Zell ging forsch voraus, gefolgt von Thomas, der den Arm um Evas Taille gelegt hatte. Gabriela orderte an der Rezeption drei Cappuccini und zeigte zu einem kleinen Tisch im Foyer, der in einer gemütlichen Ecke stand.

»Ich denke, für das, was wir zu besprechen haben, reicht es aus.«

Eva fiel auf, daß sie ihren Kosmetikkoffer hatte stehenlassen. Aber sie sagte nichts, das war jetzt zweitrangig.

»Also, jetzt mal langsam«, begann sie, nachdem sie sich gesetzt hatten. »Du bist gar kein Unternehmensberater ...«

»Doch, bin ich schon. Aber ich berate unsere Unternehmen mit. Unsere Eltern haben die Hotels gebaut, unsere Mutter, sie heißt übrigens Amélie, hat sie uns überschrieben. Es war nur die Frage, ob wir verkaufen oder einsteigen sollen. Und da Gabriela sowieso in der Branche arbeitete, war die Sache bald klar.«

»Und da Thomas so von Ihnen schwärmte, wollte ich mir das anschauen. Schließlich bin ich die große Schwester, und mein Bruder hat in seinem Leben schon erheblichen Unfug gemacht!«

»Er schwärmte?« wiederholte Eva.

»Ja, recht ungewöhnlich für ihn. Und dann diese absurde Golfreise. Da wurde es mir richtig unheimlich!«

Thomas drückte ihre Hand, und Eva mußte lachen. »Er hat mich schlicht angelogen!«

»Er wollte einfach aufschneiden, um Sie zu ... na, sagen wir mal überreden. Und dann hat er sich in seinem eigenen Lügennetz gefangen.« Gabriela zuckte die Achseln.

Eva schaute sie an. »Aber die Bilder? Das verstehe ich überhaupt nicht!«

»Diese Schätze hat er gleich erkannt. An einer zugigen Wand in Ihrem Speicher. Er hat mir davon erzählt, und wir kamen überein, Ihnen ein reelles Angebot zu machen.«

»Ach, ja?« Der Cappuccino wurde serviert. Eva nahm vor Aufregung einen zu tiefen Schluck und mußte sich den Schaumbart mit dem Handgelenk abwischen.

»Ja, wir hatten eigentlich einen Galeristen beauftragt, aber er fand nichts Passendes und bot uns absolut unmögliche Bilder zu überteuerten Preisen an. Als ich ihn anrief und ihm sagte, er könne seine Bemühungen einstellen, wir hätten auf einem Speicher drei Hämmerle gefunden, war er richtig sauer. Es gäbe keine Hämmerle in dieser Größe und Qualität, das seien auf jeden Fall Fälschungen. Kujau lasse grüßen.«

»Ah!« Eva hörte gebannt zu.

Gabriela nickte. »Ja«, fuhr sie fort, »wir haben ihn eingeladen, sich die drei Hämmerle anzusehen, aber er ist so von seiner Meinung überzeugt, daß er sie nicht einmal sehen will!«

Eva holte tief Luft. »Ach, jetzt wird mir einiges klar. Das war Reiner Kleinrath, stimmt's?«

»Ja!« Thomas schaute sie erstaunt an. »Woher weißt du das?«

»Er hat dich vorgestern im Gespräch mit einem anderen Mann als ›kleinen Betrüger‹ bezeichnet. Oskar hat's gehört!«

»Kleiner Betrüger?« Thomas richtete sich auf. »Wo ich fast eins neunzig groß bin?« Er schüttelte den Kopf. »So ein Idiot!«

Gabriela holte tief Luft. »Trotzdem. Das sieht ihm ähnlich. Er kann nicht verlieren, das war früher in der Schule schon so!«

»Bist du deshalb krank geworden? Hast du gedacht, ich habe deine Bilder versemmelt?«

»Ich hatte doch keine Ahnung! Überhaupt keine!«

»Und damit kommen wir zu unserem Angebot!« Gabriela legte ihr die Hand auf den Unterarm. »Hören Sie genau zu. Wenn es Ihnen nicht paßt, machen wir alles wieder rückgängig, und Thomas bringt die Bilder auf Ihren Speicher zurück!«

»Okay!« Eva nickte und konnte sich dabei ein Lächeln nicht verkneifen. Pfeif auf die Bilder, dachte sie. Die Welt war schön. Kleinrath war beleidigt und setzte Gerüchte in die Welt. Das mußte sie gleich Oskar erzählen. Alles war gut!

»Hören Sie?« fragte Gabriela.

Eva riß sich zusammen, aber ihr Lächeln blieb.

»Hämmerle sind sehr gesucht. Und Bilder dieser Größe gibt es kaum, zumal drei, die auch eine Gruppe bilden. Nach ersten Schätzungen ist das Bild mit der Hütte etwa fünfzigtausend Euro wert und die beiden anderen, kleineren je vierzigtausend. Wir möchten Ihnen jetzt das Angebot machen, daß wir die Bilder entweder kaufen oder entsprechend mieten.«

Eva reagierte nicht. Dann senkte sie den Kopf. »Sagen Sie das noch mal«, sagte sie leise.

Gabriela wiederholte ihren Vorschlag.

»Und Sie scherzen nicht? Sie sind sicherlich nüchtern und nicht auf Drogen?« fragte Eva langsam.

»Weder noch!« Gabriela strich ihre honigblonden Haare zurück. »Ich knüpfe aber eine Bedingung daran!«

»Ja?« Eva schaute sie wachsam an. Sie konnte es nicht glauben.

»Falls Sie mich jemals zu sich nach Hause einladen, dann gehen Sie bitte schonend mit mir um. Nach allem, was ich von meinem Bruder gehört habe, bekomme ich sonst bereits an Ihrer Haustür einen Nervenzusammenbruch.«

»So?« Eva beugte sich vor. »Warum denn das?«

»Nun, pubertierende Kinder, Hunde, Kaninchen, Ratten und das alles wild durcheinander und möglicherweise auch noch angriffslustig, wissen Sie, ganz ehrlich, ich habe die halbe Zeit meines Lebens in einem sterilen New Yorker Hochhaus verbracht. Ich kann mich so schlecht umgewöhnen!«

Eva lachte. »Wir könnten uns ja auch bei Thomas treffen, da gibt's nur die wilde Blumengießerin, habe ich mir sagen lassen!«

»Die ist harmlos«, erklärte Gabriela, und Thomas nickte.

»Gut!« Eva dachte kurz nach. »Wir werden mit meiner ältesten Tochter anfangen, ich glaube, das kann man verantworten. Und dann vielleicht den Hund …«

»Genau!« sagte Gabriela. »Das ist doch der, der den armen Jungen …«

»Sie sind aber gut informiert«, unterbrach sie Eva.

»Information gegen warmes Essen«, erklärte Gabriela. »Das funktioniert bei Männern immer!«

»He!« begehrte Thomas auf.

»Gut zu wissen!« Eva faßte nach seiner Hand. »Trotzdem! Es ist doch einfach nicht zu glauben. Wenn das mein Opa wüßte!« Sie seufzte. »Er war immer so stolz auf seine Bilder!«

»Und wie wir jetzt wissen, zu Recht!« Gabriela erhob sich. »Die Models kommen um elf, da habt ihr jetzt noch ein bißchen Zeit!«

Sie wandte sich noch einmal zu Eva um. »Freut mich, daß er eine so gute Wahl getroffen hat. Ich hoffe, Sie mögen ihn auch ein bißchen?«

»Gabriela!« Thomas scheuchte sie mit einer Handbewegung weg. »Große Schwestern können noch schlimmer sein als Mütter«, sagte er dazu. »Und noch was, bevor du dich erschrickst – und dafür kann ich jetzt nichts!«

»Ich bin noch völlig benommen! Du hast ja keine Ahnung, was das für mich bedeutet! Ich bin plötzlich schwerelos! Von so vielen Sorgen und Gedanken befreit!« Sie schüttelte den Kopf. »Ist das auch wirklich euer Ernst? Habt ihr überhaupt so viel Geld?«

Thomas mußte lachen. »Das ist das Betriebsvermögen, nicht meines. Und meine Schwester weiß genau, was sie tut. Sie kauft nichts über Wert!«

Eva holte tief Luft. »Es ist einfach unfaßbar!«

»Trotzdem muß ich dir noch was sagen!«

»Ja?« Sie war darauf gefaßt, jetzt ein »April, April« zu hören, obwohl es schon weit im Mai war.

»Wir haben auch sehr gute Direktoren. Einen davon kennst du – aber das war nun wirklich der reine Zufall!«

Ein feines Lächeln zog sich durch Evas Gesicht. »Das ist nicht wahr …«, sagte sie.

Thomas lächelte auch. »Doch!«

»Oliver?«

»Oliver Hartmann! Aber das war wirklich ein unglaublicher Zufall. Zeigt aber wieder einmal, wie klein die Welt ist!«

Damit war klar, warum sich die beiden so spontan gut verstanden hatten. Kein Wunder. Eva dachte an Evelyne und sagte nichts.

Thomas griff nach ihrer Hand. »Aber nun ist gut! Komm, ich muß dir was zeigen!« Er stand auf und zog sie aus dem Sessel hoch.

»Noch was? Ich glaube, ich bin heute nicht mehr aufnahmefähig!«

»Oh«, machte er und zog sie hinter sich her auf eine kleine Flügeltür zu. »Jetzt mach die Augen zu!«

»Oje«, wehrte Eva ab und strich ihr Haar nach hinten. »Mit so was bin ich ganz schlecht. Ich spicke immer!«

»Ich lasse es drauf ankommen!«

Eva schloß die Augen und hörte, wie die Türen geöffnet wurden.

»Wenn du mir versprichst, nicht gleich loszuschreien, dann darfst du sie jetzt öffnen!«

»Losschreien?« Eva sah im Geiste ein Krokodil vor sich und riß die Augen auf. Vor ihr lag ein abgedunkelter Raum, in dem eigentlich nur ein üppig gedeckter runder Tisch zu sehen war. Auf dem bodenlangen weißen Tischtuch glitzerte Silber, und in einem großen Leuchter brannten Kerzen. Eva stand wie angewurzelt, während Thomas zu einem der Fenster ging, die Vorhänge aufzog und sich dann nach ihr umdrehte.

»Schreist du nicht?«

Sie schüttelte den Kopf.

»Und du läufst nicht fort?«

Sie schüttelte wieder den Kopf.

»Darf ich dich dann zum ersten gemeinsamen Frühstück einladen?«

Gaby Hauptmann

Hängepartie

Roman. 320 Seiten.
Piper Taschenbuch

Wer will schon einen impotenten Mann fürs Leben? Carmen jedenfalls nicht – sie spürt noch immer das Prickeln im Bauch, ihr ist es ernst mit David. Aber der will nur spielen, am Computer, und scheint auf Carmen gar nicht mehr scharf zu sein. Vielleicht muss sie ihn wieder scharf machen?, denkt Carmen. Und fliegt spontan mit dem smarten Steffen nach New York. Aber auch Steffen hat seine Gründe für diesen Trip …

Liebe, Zweifel und eine doppelte Überraschung – Gaby Hauptmann schickt ihre schlagfertige Heldin in ein aufregendes Wechselbad der Gefühle!

05/2669/01/L

Gaby Hauptmann

Nur ein toter Mann ist ein guter Mann

Roman. 302 Seiten.
Piper Taschenbuch

Ursula hat soeben ihren despotischen Mann beerdigt. Doch obwohl sich der Sargdeckel über ihm geschlossen hat, läßt er sie nicht los. Während sie sich von der ungeliebten Vergangenheit trennen will, fühlt sie sich weiter von ihm beherrscht. Sie wirft seine Wohnungseinrichtung hinaus, will seinen Flügel und seine heiß geliebte Yacht verkaufen, übernimmt die Leitung der Firma. Er schlägt zurück: Männer, die ihr zu nahe kommen, finden ein jähes Ende – durch ihre Hand, durch Unglücksfälle, durch Selbstmord. Erst als Ursula langsam hinter das Geheimnis ihres Mannes kommt, gewinnt sie die Macht über sich selbst zurück. Und als sie dabei eine Ex-Freundin ihres Mannes kennenlernt, öffnet sich ein völlig neuer Weg für sie – doch dann stellt sich die große Frage: Woran ist ihr Mann eigentlich gestorben?
Gaby Hauptmann hat eine listige, rabenschwarze Kriminalkomödie geschrieben.

05/1007/03/R

Gaby Hauptmann

Rückflug zu verschenken

Roman. 304 Seiten.
Piper Taschenbuch

So viel Mut hat Clara sich selbst nicht zugetraut: Eigentlich wollte sie auf Mallorca ja nur günstig Urlaub machen. Nachdenken, was sie ohne Paul und all seinem Geld anfangen soll. Außerdem braucht sie einen Job und zwar schnell. Warum nicht wieder als Innenarchitektin arbeiten, denkt sie spontan, hier sind so viele wundervolle Häuser einzurichten. Und unterstützt von ihren neuen Freundinnen Lizzy, Britta und Kitty stürzt Clara sich ins Abenteuer – doch sie ahnt nicht, worauf sie sich da bei ihrem mysteriösen russischen Auftraggeber eingelassen hat …

Gaby Hauptmanns neuer, herzerfrischend frecher Roman über gute Freundinnen und die Erkenntnis, dass ein Mann doch nicht wie jeder andere ist!

05/2364/02/L

Gaby Hauptmann

Ticket ins Paradies

Roman. 304 Seiten.
Piper Taschenbuch

Sonne für immer! Clara will auf Mallorca bleiben, das steht für sie fest. Ihre kleine Tochter Katie hat schon eine beste Freundin gefunden, und Claras Liebe zu Andrés fegt den letzten Zweifel hinweg. Er ist ein Traum von einem Spanier, aufmerksam und leidenschaftlich, und zusammen mit ihm will sie sein Restaurant, das *Amici miei*, zu neuer Blüte bringen. Bis Maria José aufkreuzt, die neue Köchin, die vor sinnlicher Weiblichkeit nur so sprüht. Natürlich erliegt auch Andrés ihren Reizen, glaubt Clara – und sieht sich das nicht lange mit an …

05/2433/02/R

Gaby Hauptmann

Eine Handvoll Männlichkeit

Roman. 332 Seiten.
Piper Taschenbuch

Das kann noch nicht alles gewesen sein, meint Günther, wohlsituiert und aus den besten Kreisen. Am Abend seines sechzigsten Geburtstags faßt er einen nachhaltigen Beschluß: Eine neue Frau muß her! Auf seiner großartigen Geburtstagsparty sticht ihm die nichtsahnende Linda, die junge, attraktive Freundin des Bürgermeistersohns, ins Auge, das Gegenmodell zu seiner perfekten Frau Marion. Frei nach dem Motto: Hauptsache, er steht, setzt Günther alles daran, Linda herumzukriegen. Außerdem trifft er die notwendigen Vorbereitungen, sein beträchtliches Vermögen vor Marion in Sicherheit zu bringen. Doch Marion kommt ihm auf die Schliche und setzt ebenso unerwartet wie durchschlagend zur Gegenwehr an. Gaby Hauptmann weiß, was Männer mögen – und Frauen gerne lesen.

05/1006/02/L

Gaby Hauptmann

Suche impotenten Mann fürs Leben

Roman. 315 Seiten.
Piper Taschenbuch

Wer seinen Augen nicht traut, hat richtig gelesen: Carmen Legg meint wörtlich, was sie in ihrer Annonce schreibt. Sie sucht den Traummann zum Kuscheln und Lieben – der (nicht nur) im Bett seine Hände da läßt, wo sie hingehören. Die Anzeige entpuppt sich als Knüller, und als sie schließlich in einem ihrer Bewerber tatsächlich den Mann ihres Lebens entdeckt, wünscht sie, das mit der Impotenz wäre wie mit einem Schnupfen, der von alleine vergeht.
Gaby Hauptmann ist das Kunststück gelungen, das Thema »Frau sucht Mann« von einer gänzlich anderen Seite aufzuziehen und daraus eine fetzige und frivole Frauenkommödie zu machen, die kinoreif ist.

»Mit Charme und Sprachwitz wird der Kampf der Geschlechter in eine sinnliche Komödie verwandelt.«
Schweizer Illustrierte

05/1005/02/R